中公クラシックス W97

ホワイトヘッド

科学と近代世界

上田泰治
村上至孝 訳

JN158928

中央公論新社

目次

近代科学「脱構築」の書

中村　昇

いままでいろんな哲学者の本を読んできた。十年二十年読みつづけていると、ある程度は、その哲学者のことがわかってくる。いわゆるベルクソンの言う「直観」によって、内側から書いていることが、わかるようになる。その哲学者の視点を手に入れるとでも言おうか。その哲学者が世界を見ているのと同じ場所に立つことができるようになるのだ。私の場合は、ウィトゲンシュタイン、ベルクソン、西田幾多郎。それぞれかなり読み応えのある硬質な哲学者たちだが、何十年もつきあえば、それなりに秘密を明かしてくれる。わからない状態をひたすら続けていると、突然、それぞれ独特に整地された広大な土地に立っていることに気づく。自分なりに「わかる」のだ。

ところが、ホワイトヘッドは、ちがう。もう半世紀近く読みつづけているのに、いまだに景色のいい場所にはたどり着かない。いつまでも、暗く深い森のなかをさまよっているかのようだ。ときどき美味しい果実が落ちていたり、こぎれいな公園を見つけたりすることはあるが、しかし、見晴らしのいい高台に立つことはない。

だから、私にとっては、西洋哲学史のなかで、このホワイトヘッドという人は、ある意味で「最強の」哲学者なのである。謎が謎のまま残りつづけ、なかなか本音を吐露してくれない。外側からしか理解できないのである。その「最強の」哲学者が書いた本のなかでも、もっとも硬く難解な本は、言わずと知れた『過程と実在』(一九二九年)だ。西洋形而上学の金字塔とも言っていいだろう。むろん、この哲学者の代表作である。

この本は、とびぬけて難しい。ホワイトヘッドの著作群のなかだけに限らなくても、おそらく古今東西の思想・哲学書のなかでも、その難解さは、かなり上位にランクインするだろう。だから、この哲学者のことを知ろうとして、最初に『過程と実在』を手にとるのは、とても危険だ。絶対に避けた方がいい。

そういうときに勧めるのが、本書『科学と近代世界』(一九二五年)である。

この本は、イギリスで、数学者・論理学者として、バートランド・ラッセルと一緒に『プリンキピア・マテマティカ』(一九一〇―一三年)を刊行し、その後、数学や自然科学が使っている諸概念を徹底的に吟味し(『自然認識の諸原理』一九一九年、『自然という概念』一九二〇年)、一方で、アインシュタインの一般相対性理論の代替理論(『相対性原理』一九二二年)をも提示したあとに、アメリカにわたって最初にだした本だ。

論理学者であり科学哲学者であった人物が、還暦を過ぎて、突然大幅に看板(専門)を変えて上梓した哲学書なのである。しかも『過程と実在』という、西洋哲学の数多の山脈のなかの最高峰を出版する直前にだした本なのだ。

だから面白くないはずがない。過渡期（科学者から哲学者への）の、そして発端（形而上学者としての）の、さらに準備期（『過程と実在』の）の著作ならではの、このうえなく豊饒な内容が、ずっしりつまっているのだから。「過渡期」と「準備期」というのは、つぎのような意味だ。

なぜ数学は、実際にはどこにも存在しない、面積のない点や幅のない線から出発して、あのような壮大な公理系をつくれるのか。物理学は、その点や線を利用して、どうやって、われわれが生きるこの現実の諸法則を、数式をつかって導きだせるのか。この疑問に対してホワイトヘッドは、「延長抽象化」（extensive abstraction）というやり方をもちだした。この〈いま・ここ〉（「出来事」）から逆にたどって、点や線を導きだす方法を編みだしたのだ。つまり、われわれがやっていることは、出発点と方向が、そもそも反対だというのである。科学哲学期につくりだされたこの方法も、『科学と近代世界』のなかでは、ひじょうに重要な基盤をなしている。

さらに、『過程と実在』で登場する、とてつもなく緻密に、全宇宙の隅々まで解明し尽くすためのさまざまな道具が、その萌芽的な姿を見せる。のちにきちんと定義され、精巧な体系をつくる礎石となる概念群が、まだ生まれたての姿で目の前にたたずんでいる、という感じだろうか。

なるほど、あの「現実的存在」（actual entity）という森羅万象を意味する概念は、もとは、こういう場所で生まれたのか、ということがわかり、なぜ「現実的存在」は、充足したらすぐに消えてなくなるのか、そうなると、この世界の「現実」と言えるものは、一刻も持続していないことになるのではないか、といった疑問も、これらの概念誕生の瞬間に立ちあうことによって腑に落ちていく。

それでは、そもそも『科学と近代世界』という本は、何を目指した本なのだろうか。内容は、実に豊富だ。近代科学を、その起源から丁寧にたどり、二十世紀におこった「相対論」と「量子論」も詳細に説明し、最終的にみずからの形而上学の諸概念を第十章以下で提示する。ホワイトヘッドの数学や自然科学に関する知識は当然のことながら、それ以外の歴史についての該博な知識にも驚くばかりだ。しかも、第五章では、文学についても、深く鋭利な分析をしている。「哲学は詩だ」といったこの哲学者ならではの分析と言えるだろう。

このような歴史や哲学、科学についての叙述は、どこへとわれわれを導いていくのか。うがった言い方になるかも知れないが、この本は、「脱構築」(déconstruction)の本だと言えるかもしれない。かのジャック・デリダが、フッサールやオースティンに対しておこなった哲学の戦略だ。相手の哲学体系の懐深く入りこみ、その最奥から、当の体系を瓦解させる。あの目の覚めるような方法である。

ホワイトヘッドが脱構築する相手は、近代科学、あるいは、自然科学的な世界観、つまりは、唯物論的宇宙像だと言えるだろう。だからこそ、本書では、その歴史を丁寧にたどったのである。そして、ホワイトヘッドが手にしている武器は、「具体者置き違いの誤謬」(fallacy of misplaced concreteness）のみ。自然科学や数学を熟知しているホワイトヘッドが、その根本的なおかしさを、「具体者置き違いの誤謬」という道具だけを駆使して、その内側から切り崩していく。それが、この本の中心テーマだと言っていいだろう。何といっても、この誤謬こそが、自然科学や唯物論的世界観すべての始まりだからだ。それは、どういうことだろうか。

「具体者置き違いの誤謬」というのは、われわれがいるこの現場（最も具体的な場所）の複雑で厚みのある状態を、抽象化し単純でわかりやすい概念をつくりあげ、そして、そのつくりあげた概念を具体的なものだと勘違いする誤謬である。ホワイトヘッドもだしている例でいえば、ベルクソンが批判する「空間化された時間」がまさにその例である。われわれにとって、真に具体的な時間というのは、「純粋持続」という意識なのに、それを空間的なものに投影して、万人に共通の時間にしてしまう、このことによって、もともとの具体的なものをわれわれはとりにがしてしまう、という誤りだ。

この世界には、空間における「点」や時間における「瞬間」など存在しない。「点」や「瞬間」というのは、数学や物理学が、とほうもない抽象化をすることによってつくりあげたものである。だから、この世界のどこを探しても、そんなものは見つからない。もともとどこにもないのだから。これはまさに、「具体者置き違いの誤謬」のひとつである「単に位置をしめる誤謬」（fallacy of simple location）である。そして、この誤謬を基盤にすえて、自然科学は発展してきたとホワイトヘッドは指摘する。

ホワイトヘッドによれば、本当に存在するのは、「出来事」(event) だけだ。それを「現実的契機」(actual occasion) ともいい、のちに「現実的存在」ともいうことになる。そしてこの「出来事」は、まわりの「出来事」とかかわることで存在している。というよりも「かかわること」自体が、存在することだと言ってもいい。この「かかわること」を、「抱握」(prehension) とホワイトヘッドは名づけた。「ダイナミックに関係しあっていること」という意味である。

この「出来事」は、本書でもホワイトヘッドがひじょうに高く評価しているウイリアム・ジェイムズの「純粋経験」とも通底すると言えるだろう。この世界の基盤をなす主客が分かれる前の〈それ〉である。もちろん、それは、西田幾多郎の「純粋経験」と同じことだと言ってもいい。

そして、世界は、この出来事が、周りの出来事と関係することによって生成しつづけている。だから、この動きを止めることは決してできない。さらに、この生成は、ホワイトヘッドによれば、連続的に生成しつづけているわけではない。「生成の連続」ではない。そうではなく、すべての出来事の連続が、ひとつの「エポック」(時間の塊)として生成する(「エポック」という概念については、「第七章　相対性」で詳しく説明されている)。時間の流れにおいても、「単に位置を占める」瞬間などは存在しないのだから。「エポックという連続」が、まるごと生成するのである。ようするに、「連続の生成」なのだ。

この「連続の生成」は、あきらかに量子論も意識してはいる。ホワイトヘッドは、本書「第八章　量子論」のなかで、量子の不思議なふるまいについて、卓抜な比喩で(アメリカとイギリスの通貨の例）説明している。さすがに見事な説明だ。しかし、量子論の影響の下で、この「エポック的時間」を考えたわけではないだろう。もともと「単に位置を占める」瞬間など存在しないのだから、時間の流れも、塊（エポック）で現れなければならないのだから。ホワイトヘッド哲学そのものからでてきた時間論だと言えるだろう。その時間論が、当時の量子論と符合したということだ。

ホワイトヘッドは、みずから隅々まで知悉している自然科学の世界観を内側から丁寧に批判していく。静かに破壊していく。唯物的な考えにもとづく「点」や「瞬間」や「生命なき物質」などを、オセロの盤面で黒が白にまるごと代わっていくように、「出来事」、「エポック」、「有機体」へと代えていく。こうして唯物的な世界の様相は、生命に満ちみちた宇宙になる。『科学と近代世界』で、ホワイトヘッドが壮大なスケールでなしたのは、まさに近代科学の脱構築であり、われわれの宇宙像の大きな転換とでも言えるものだろう。このことによって、唯物論的世界を有機体の世界へと根底から変容させたのだ。

（なかむら・のぼる　中央大学教授）

凡例

一、本書は Alfred North Whitehead, *Science and the Modern World* の全訳である。『ホワイトヘッド著作集第6巻　科学と近代世界』（一九八一年、松籟社刊）を底本とし、新たに解説を付した。ただし、底本に付録として収録されたT・S・エリオット「詩と宣伝」は割愛した。

一、本文中の（1）（2）は原注の番号を、〔1〕〔2〕は訳注の番号を示す。注はともに各章末に付した。

一、底本中、明らかな誤植と考えられる箇所は訂正した。人名・書名など固有名詞の表記は、一部現在の一般的なものに改めた。表記のゆれが見られるが画一的な統一はしなかった。本文中の〔　〕は編集部による補足である。

一、本文中、今日の人権意識に照らして不適切な語句や表現が見られるが、訳者が故人であること、刊行当時の時代背景と文化的価値を考慮して、底本のままとした。

科学と近代世界

つねづね親交のうちに教示激励を賜う
かつてのまた今の
わが同僚諸兄に本書を捧ぐ

Alfred North Whitehead
Science and the Modern World
Lowell Lectures, 1925

序

本書は、過去三世紀における西欧文化の諸相を、それが科学の発達によって影響された範囲において研究した一つの試みである。この研究を進めるにあたりわたくしは、一時代の精神は当該社会の教養ある人たちの間に事実上有力な世界観から生じる、という信念を常に手引きとした。そのような世界観の図式は、文化の諸部門に照応して一つならずありうるだろう。人間が興味をもつさまざまの事柄で、宇宙論を暗示すると同時に宇宙論から影響を受けるものは、科学、美学、倫理学および宗教である。どの時代にも、これら四つの問題はそれぞれ一つの世界観を暗示する。同じ一群の人びとが彼らの関心をひくこれらの問題の全部あるいは一部以上によって動かされているかぎり、実際に働く彼らのものの見方は、これらさまざまの源から一体となって生まれたものであろう。しかしどの時代にも主としてその興味を占有するものがある。いま扱おうとする三世紀の間には、科学から出た宇宙論が他の部門に起源を有する旧来の見地を押しのけて強く表面に出てきている。人間は空間の場合と同じように時間においても局所的となることがある。そこでわれわれは、ま近な過去における近代世界の科学的精神がそうした局所的な制限をもつ見事な実例でないかどうか、という疑問を発してもよいであろう。

哲学にはいろいろな役目があるが、その一つはもろもろの宇宙論を批判することである。事物の本性についての種々異なった直観を調和し、作り直し、正当化することがその役目である。それは、根底をなす諸観念を吟味せよ、また宇宙論の図式をかたちづくるにさいして証拠をそっくりそのまま保持せよ、と主張しなければならない。つまり、さもないと合理的な吟味を加えないで無意識に行われてしまう道程を、明晰なものにし、かつできるだけ有効なものにするのが哲学の仕事である。

わたくしは以上のことを念頭に置いて、科学の進歩に関する多種多様の細かな、専門に立ちいった事項を取り入れることを避けた。いま必要なこと、そしてわたくしが果たそうと努めたことは、主要なもろもろの思想を内から眺めて共感をもって研究することである。もし哲学の役目についてのわたくしのこの見方が正しければ、哲学というものはあらゆる知的な営みの中で最も生きた働きをするものである。それは職人がまだ一つの石をも運ばないうちに大伽藍を建立しもすれば、風雨がそのアーチをすり減らさないうちにそれを破壊しもする。それは精神の殿堂の建設者であると同時に、またその解体者でもある。精神的なものが物質的なものに先行するわけである。哲学の仕事はのろい。もろもろの思想は幾時代もの間眠りこけているが、いわば不意打をくらったように人類は、自分たちの思想が具体的な文物制度となって現われているのを発見する。

本書の大部分は一九二五年二月に行った八回のローウェル講演である。それに多少の増補を加え、講演の一つを第七・第八章に分けたほかは、そのまま印刷に付した。しかしながら限られた講演の範囲をやや越える本書の思想を完全なものにするために、いくらかの材料を付け加えた。この新しい材料のうち、第二章『思想史における一要素としての数学』はロード・アイランド州プロヴィデンス市のブラウン大学数学会で講演したものであり、また第十二章『宗教と科学』はハーヴァードのフィリップス・ブルックス館で話したもので、本年（一九二五年）のアトランティック・マンスリー誌八月号に掲載の予定である。第十章『抽象』および第十一章『神』も新たに付加したもので、本書で初めて発表する次第である。しかし本書は一つの一貫した思想を表わしており、本書をまとめる一端として、その内容のいくつかをこれまでの機会に用いたわけである。

ロイド・モーガン著『創発的進化』やアレグザンダー著『空間、時間、神性』に対しては、本文の中でいちいち言及する余裕がなかった。わたくしがこの二著から大きな示唆を受けていることは読者にはよくお分かりになるであろう。特にわたくしはアレグザンダーの大著に負うところが多い。本書の範囲が広いために、わたくしに知識やいろいろの考えを授けてくれたさまざまの源流をこと細かに記すわけにはゆかない。本書は過去幾年かにわたる思索と読書の産物であるが、今日の目的に役立てることを予想して考えたり読んだりしたわけではなかった。したがって、細かな点でわたくしが示唆を受けている源流に言及することは、たとえ望ましいとしても、いまはできないであろう。だがその必要はない。本編の根拠となっている事実は簡単であり、誰にも知られているからである。哲学に関する面では認識論の考察をいっさい除外した。もしその問題を論じれば、いきおいこの著作の全均衡を覆すことにならざるをえないであろうから。本書を解く鍵は、或る時代を支配する哲学が圧倒的な重要さを持つということの感得にある。
同僚ラファエル・デモス氏に対し、本書の校正刷を見、表現について多々助言を賜わったことを、ここに衷心より感謝したい。

一九二五年六月二十九日　ハーヴァード大学にて

A・N・ホワイトヘッド

第一章　近代科学の起源

文明の進歩というものは、必ずしもより良き状態に向かって一様に動くものではない。われわれがよほど大きな規模において文明の地図を描くならば、あるいはそうした姿を帯びることもあろう。しかしそうした広い見方をとれば、文明の進む過程を完全に捉えるのに必要な細部がぼやけてしまう。歴史全体が占めている幾万年という歳月を頭に置いて見ると、新しい時代は比較的突如として現われてくるものである。遠くに離れていた民族が突然事件の主流の中に躍りこんでくる。技術上の新発見が人間生活のメカニズムを変形させる。原始的な芸術が急速に開花して、或る美的欲求を充分に満足させる。十字軍的な青春の気に燃えている偉大な宗教は、諸国民の間に天国の平和と主の剣とを押しひろげるのである。

キリスト紀元十六世紀は西洋キリスト教の分裂と近代科学の勃興とを見た。それは醱酵の時代であった。新世界、新思想など、多くのものが開かれたけれども、安定したものはなにひとつなかった。科学ではコペルニクスとヴェサリウス[1]とが代表的な人物として選び出されるであろう。

彼らは新しい宇宙論と直接観察を重んじる科学的立場とを代表している。ジョルダーノ・ブルーノ[2]は殉教者であった。もっとも彼が苦難を嘗めたのは科学を擁護したためではなく、自由な想像的思弁を盛んに行ったためである。彼が死んだ一六〇〇年という年から、厳密な意味での近代科学の第一世紀が始まった。彼の処刑は誰ひとり気づくことのない象徴であった。なぜなら、その後の科学思想の帯びた色調には、彼流儀の広く思弁に頼る行き方に対する不信が含まれているからである。宗教改革は、なるほど重大なものではあるが、ヨーロッパ民族の内輪の問題と見てよいであろう。東方キリスト教会でさえも対岸の火災視していた。のみならず、そのような分裂は、キリスト教ないしその他の宗教の歴史において、決して目新しい現象ではない。キリスト教会の歴史全体の上にこの大改革を投射してみれば、人間生活に一つの新原理を導き入れたものとは見なされない。善かれ悪しかれ、それは宗教の一大革新であったが、宗教の到来ではなかった。またみずからそうだと主張してもいなかった。宗教改革者たちはただ忘れられていたものをとり戻しているのだと唱えていた。

近代科学の勃興については事情がまったく違っている。それはあらゆる面で同時代の宗教運動と対照をなしている。宗教改革は民衆の蜂起であった。一世紀半の間、ヨーロッパを流血の惨に陥れたのである。一方、科学運動の萌芽は傑出した知識人の中の少数者に限られていた。三十年戦役[3]を目撃し、オランダにおけるアルバ公[4]を記憶していた世代において、科学者の上に起こった最悪のことといっても、せいぜいガリレオが軟禁され、戒告を受け、結局わが家の寝床で安らかに死んだ、というくらいのことであった。人びとはガリレオへの迫害を心に留めていたが、その受け取り方は、人類史上前例のない、ものの見方の極めて奥深い変化が静かに開始されたことへの尊敬を表わすものである。一人のみどり児が飼槽《かいばおけ》で生まれて以来、あのように大きなことがあれほどいとも静かに起こった、というためしはまずないであろう。

わたくしが本書において例証しようとする問題は、こうした科学の静かな発達がわれわれの精神をほとんど新しい色に塗りかえてしまい、以前は例外的であった考え方が今では教育ある人びとの間に広く行きわたっている、ということである。考え方のこのような新しい塗りかえは、ヨーロッパ諸国民の中で幾時代にもまたがって徐々に行われてきていた。そして、それがついに科学の急激な発達となって現われた。またきわめて明瞭に実地に応用されていよいよ力を増した。だが、この新しい精神は、新しい科学や新しい技術にもまして重要なものである。それは、哲学的前提やわれわれの精神が思い浮かべる内容を変革した。その結果、いまでは古い刺戟が、新しい反応を呼び起こしてくる。わたくしが用いている新しい色という比喩はあるいは強すぎるかもしれない。わたくしの言いたいことは、色調がほんの少し変わっても全体ががらりと一変する、というそのことにほかならない。この適切な例として、あの崇敬すべき天才ウィリアム・ジェイムズの公刊された書簡の中の言葉がある。大著『心理学原理』の筆を擱くにあたって彼は弟のヘンリー・ジェイムズ[5]にあてて、「わたくしは、原理にまで還元し難い頑固な事実にもひるまず、ひとつひとつの文章を錬《ね》りあげなければならない」、と書き送っている。

近代人の精神に加えられたこの新しい色合とは、一般原理と、原理にまで還元し難い頑固な事実との関係に対して寄せられる、この上もなく熱烈な興味である。全世界にわたりあらゆる時代をつうじて、「原理にまで還元し難い頑固な事実」に魂を打ちこんでいる実地の人というものがあった。また全世界にわたりあらゆる時代をつうじて、一般原理を織りなすことに魂を打ちこんでいる哲学的傾向の人があった。細かな事実に対する熱烈な興味と、抽象的概括に対する等しく熱烈な愛情との結合こそ、現代社会の新しさをかたちづくるものである。今まではこうした結合はちらほら、いわば偶然に、姿を見せていた。しかしこの精神の平衡は、今や教養豊かな思想に浸みこんでいる伝統の一部となっている。人生に甘い味わいを持たせているものは塩なのである。大学というものの主要な仕事は、広く世の人のために代々継承された遺産として、この伝統を譲り伝えることである。

十六・十七世紀におけるヨーロッパのいろいろの運動の中で、特に科学だけがもっていたいまひとつの対照的特色は、その普遍性である。近代科学はもともとヨーロッパに生まれたが、その住み家は全世界である。過去二世紀の間、西欧的な方式がアジア文明に対して長い間錯雑した衝撃を与えてきた。東洋の賢者たちは、人生を規制する秘密がいかなるものであれば、これを西洋から東洋に移しても、自分たちが当然尊重してもよい東洋自身の遺産をむやみに破壊せずにすむか、という問題について頭を悩ましてきたし、また現在も頭を悩ましている。西洋が東洋に最も容易に与えうるものはその科学および科学的なものの見方である、ということが年を追って明白になりつつある。このものは、合理的社会が存している国なり、民族なりの間では、一から他へ、移すことができるものである。

わたくしは本書の中で科学的発見の個々の事実を論じないであろう。わたくしの扱う題目は、近代世界において一つの精神的態度が力強く動いていること、それが広く一般にゆきわたっていること、それが他のいろいろな精神文化に影響を与えていること、などである。もともと歴史の読み方に前向きと後向きとの二つあるが、思想史の場合には両方の方法が必要である。「思想の風土」とは或る十七世紀の作家[6]が作った巧みな言葉であるが、この風土を理解するには、それに先立つものとそれに続くものとを考察しなければならない。したがって、本書においてわたくしは自然探求に向かうわれわれの近代的な態度に先立つものを、いくつか考察するであろう。

まず第一に、広く人びとの間に、事物の秩序、特に自然の秩序の存在に対する本能的確信がなければ、生きた科学はありえない。わたくしは本能的という言葉をいま故意に使った。人間の諸活動がそれぞれ定まった本能に支配されているかぎり、言葉でなんと言おうと問題ではない。言葉が最後には本能を滅ぼすこともあるだろうが、そうなるまでは言葉はたいした意味をもたない。いま言ったことは科学思想史に関して大切なことである。なぜなら、ヒュームの時代以来、世に流行した科学観は科学の合理性を否定するような思想であったから。こういう断定はヒュームの哲学の前面に浮かび出ている。例えば、彼の『人間本性論』の第四部に出ている次の文章を見るがよい。

そこで要するに、いずれの結果もその原因とは別種のものである。したがって結果は原因の中に発見されるはずがないであろう。アプリオリに結果をまず案出したり、想定したりするなら、まったく恣意的にならざるをえない。

原因それ自体は結果についてなんの知識も与えず、したがって初めに結果を案出することはまったく恣意的にならざるをえないとするならば、その結論としてただちにこういうことが言える。すなわち、科学は、原因・結果いずれかの本質に内在しているものによって保証されないまったく恣意的な関係を樹立する、という意味でなくては成立できない、と。このヒュームの哲学的見解と大同小異のものが、これまで科学者たちの間にひろく行われていた。しかし科学的信念は巧みに難局に対処して、山のように立ちはだかるこの哲学をそっと取り除いたのである。

科学思想に含まれているこの奇妙な矛盾を考えると、首尾一貫した合理性への要求を頑として阻む信念の、誕生以前を考察することがなによりもまず大切である。したがってわれわれは、ひとつひとつの小さな出来事にも、そのつながりを辿り得る〈自然の秩序〉というものが存在する、という本能的信念がどのように生じてきたか、を探らなければならない。

もちろんわれわれはみな等しくこの信念をもっており、したがって、この信念の由来する正当な理由があるからこそわれわれはその信念の正しさを把握している、と信じている。しかしながらある一般観念——たとえば〈自然の秩序〉という観念——の構成、その重要性の把握、さまざまの場合におけるその実例の観察、これらは決して当該観念の正しさから必然的に出てくるものではない。いろいろ卑近なことが起こっても、人間はそれには無頓着である。分かりきった事柄の分析を企てるには、きわめて非凡な頭脳が必要である。そこでわたくしはこうした分析がはっきり行われるようになり、ついに教養ある西欧人の精神に深く灼きつけられて、容易に取り去り難くなった時期を考察したいと思う。

明らかに、人生における主要な出来事は、合理的な考えの最も乏しい人間の眼にも必ず止まらずにいないほどしばしば繰り返される。合理的精神が目覚める以前でさえも、そのことを動物の本能はしかと悟っていた。大ざっぱに見れば自然のある一般的な状態は繰り返し現われるということ、そしてわれわれ人間のいろんな性質そのものがそうした繰り返しに適応したということ、この問題をここで詳説する必要はあるまい。

しかしその裏に、右と等しく真実明白な補足的事実がある。すなわち、なにごとも細部のひとつひとつにわたって正確に繰り返されない、ということである。二つ同じ日もなければ、二つ同じ冬もない。過ぎ去ったものは永久に過ぎ去ったのである。したがって人類の実用向きの哲学では、大ざっぱな反復を予期し、細部は合理的精神の窺いえない、事物の奥深い胎内から発するものとして、そのまま受け入れてきている。人間は太陽の昇ることは予期していたが、風は己れが好むところに吹く〔7〕というのである。

確かに古典ギリシア文明よりこのかた、このように根原的な非合理性を受け入れる立場から脱け出した人、ないし一群の人びとはあった。そのような人たちは、一切の現象を、あらゆる細部にゆきわたる事物の秩序から出たものとして、説明することに努力を傾けてきた。アリストテレス、アルキメデス、ロジャー・ベイコン、[8]のような天才は生まれながら完全な科学的精神を持っていたにちがいない。その精神は、ことの大小を問わず、いかなる事物もみな、自然の秩序をあまねく支配している一般的諸原理の例証として認めうる、という立場を本能的にとるのである。

しかしながら、中世の終わりに至って初めて教養ある一般の人びとが、そのような観念に対する深い信念と細部にもわたる興味とを抱くに至り、そうしてこれらの仮説的原理の発見に向かって、協同研究を行うに充分な能力と機会とを備えた人びとを陸続と輩出させるようになった。これまで人びとは、そのような原理の存在を疑っていたか、それらの発見の成否を疑っていたか、あるいはそれらについて考える興味を持たなかったか、あるいはさらに発見された場合の実用的な意味に気がつかなかったか、そのいずれかであった。原因はいずれにあるにせよ、高度の文明を開く幾多の機会と彼らが費した時間の長さとを考えてみると、研究は生気を欠いていた。なぜ、十六・十七世紀に至って歩調は急速に早められたのであろうか。中世の終わりに新しい精神が現われてくる。発明は思想を刺戟し、思想は自然についての思弁を活発にし、ギリシア人の書いた稿本が古代人のなした発見を顕わにした。そしてついに、一五〇〇年当時のヨーロッパは紀元前二一二年に死んだアルキメデスよりものを知らなかったけれども、一七〇〇年にはニュートンの

『プリンキピア』が書かれ、世界は立派に近代への一歩を踏み出したのである。

偉大な文明でありながら、そこでは、科学に必要な精神の特殊な均衡が、時折断続的にしか現われず、きわめて微弱な結果しか産み出さなかった文明が、史上にいくつかあった。例えば、われわれは中国の芸術、中国の文学、中国の人生哲学について多く知れば知るほど、その文明が到達した高さに驚嘆する。幾千年にわたって中国には主として生涯を学問に捧げた俊敏博学な人びとが出ている。その継続の期間、またそれにあずかった人の数からいって、中国は世界に現われた文明の最大部分を占める。個々の中国人が科学研究にたずさわる能力を本来持っていることを、疑うべき理由はさらにない。それにしても中国の科学はほとんど無きに等しい。もし中国が好むがままに進んだなら、科学になんらかの進歩をもたらしたであろう、と信じるべき理由もさらにない。同じことがインドについても言えるであろう。さらにまた、もしペルシア人がギリシア人を奴隷にしていたと仮定するならば、それでもなおヨーロッパに科学が栄えたであろう、と信じる明確な根拠もない。ローマ人もこの方面になんら特殊な独創力を示さなかった。だが実際のところギリシア人は、科学運動の土台を築いたけれども、近代ヨーロッパが示したような集中した興味をもって運動を持続させはしなかった。わたくしがいう近代のヨーロッパとは、大西洋両岸に住む過去二、三世代のヨーロッパ諸民族ではなくて、戦争と宗教上の紛争とによって分裂していた宗教改革時代の狭いヨーロッパである。アルキメデスの死（紀元前二一二年）からタタール人の侵入に至る約千四百年間の、シシリー〔シチリア〕島から西アジアにまたがる東地中海の世界を考えてみられたい。そこには多くの戦争や革命や宗教の大変化があったが、ヨーロッパ全体にわたる十六・十七世紀の戦争ほどひどいものはなにもなかった。そこには、異教的、キリスト教的、回教的な、富める大文明があった。この時代に多くのものが科学につけ加えられた。しかし全般的にいってその進歩はのろくてためらいがちであった。数学の領域を除けば、ルネッサンスの人びとは、実際のところアルキメデスの到達していた地点から出発したのであった。それ以前に医学における多少の進歩、また天文学における多少の進歩はあった。しかし科学の全般的発達は、十七世紀の驚異的成功に比べれば微々たるものであった。例えば、ガリレオおよびケプラーの生まれる直前の一五六〇年から、ニュートンが名声の絶頂にあった一七〇〇年にかけての、科学知識の進歩を、まさにその十倍の長さをもつ右に述べた古代における進歩と比較するがよい。

とはいうものの、ギリシアはヨーロッパの母であった。われわれの持っている近代的諸観念の起源を見出すためには、われわれはギリシアに眼を注がなければならない。周知のように、地中海の東岸地方に、自然についての観想に深い興味を寄せていた、イオニアを舞台とする哲学者たちの学派が非常に栄えていた。彼らの観念は、プラトンおよびアリストテレスの天才によって豊かにされて、われわれに伝えられてきている。しかしアリストテレスを除けば――彼は大きな例外をなしている――ギリシアの思想家たちは完全な科学的精神に到達していなかった。ある面ではそれがかえって良いことでもあった。ギリシアの天才は哲学的であり、明澄で論理的であった。この一群に属する人びとがなによりもまず考えていたことは、哲学的な疑問であった。自然の基体は何であるか。それは火か土か水か、あるいはそのうちのいずれか二者の結合か、それとも全三者の結合であるか。あるいはまた、なんらかの静的な物質に還元できない単なる流れであるか。そしてまた数学は強く彼らの眼をひきつけた。彼らは普遍性に立つ数学を創出し、その前提を分析し、演繹的推理を厳守することによって注目すべき定理を発見した。どこまでも普遍性を突きとめようとする考えが彼らの頭に浸みわたっていた。彼らは明晰な透徹した観念とそれに基づく厳密な推理とを求めた。これらはすべて素晴らしいことであり、天才的な営みであり、理想的な御膳立てであった。だがそれはわれわれの理解している意味での科学ではなかった。辛抱強い綿密な観察はそれほどめだって行われなかった。彼らの天才は、帰納法による概括に成功する前に必要な、想像の暗中模索状態には適していなかった。彼らは明晰な思索と透徹した推理とを行う人であった。

もちろん、例外的でしかも傑出した人びとがあった。アリストテレスやアルキメデスがそれである。また辛抱強い観察にかけては天文学者たちがいた。彼らは、星辰について明晰な数学的観念を持ち、数少ない一団のさまよう遊星に深い魅惑を感じていた。

いかなる哲学も、それが行う一連の推理にはっきり現われることのない、背後に隠れた想像活動の色合を含んでいる。ギリシア人の自然観、少なくとも彼らから後代に伝えられたあの宇宙観は、本質において演劇的なものであった。そうだからといって必ずしも誤っているわけではないが、いちじるしく演劇的であった。したがって自然というものは、劇の進行に見られるように、その各部分が、それぞれ一般観念を例証しながら最後の目標に結集していくように、結びつけられたもの、と考えられた。自然はあらゆる事物にそれぞれ固有な目標を与えるように分化させられた。重いものには運動の目標として宇宙の中心があり、その本性上、上昇するものには運動目標としてそれぞれの天球があった。天球は生成もしなければ消滅もしないもののためにあり、下層の領域は生成もすれば消滅もするもののためにあった。[9]自然はおのおのの事物が一役演ずる一つの劇であったのである。

わたくしは右の宇宙観に対してアリストテレスが厳格な留保を加えないで、すなわち事実われわれ自身が加えたいと思うような種類の留保を置かないで、賛成したであろうとは言わない。しかしそれは、彼以後のギリシア思想がアリストテレスから引き出して、中世にゆずり渡した自然観であった。自然をこのような想像の舞台面に置いて眺めた結果は、歴史的精神を鈍らせることになった。なぜならば、光り輝いているものは目標であり、それゆえに、起源について心を労する必要はなかったからである。宗教改革と科学運動とは、後期ルネッサンスの主要な知的運動である歴史的反逆の二面であった。キリスト教の起源に訴えたことと、フランシス・ベイコンが目的因と対立する意味をもつ動力因に訴えたこととは、一つの思想運動の両側面であった。またこのためにガリレオとその論敵とは、彼の『二つの宇宙論に関する対話』〔天文対話〕にうかがわれるように、果てしない水掛論に終始したわけである。

ガリレオはあくまで物事がいかにして起こるかについて繰り返し説いたのに反し、彼の論敵たちは物事がなぜ起こるかに関して一つの完全な理論を持っていた。不幸にして、この二つの理論は同一の結論をもたらさなかった。ガリレオは、「原理にまで還元し難い頑固な事実」を固守し、相手のシムプリチオは、少なくとも彼自身にとって完全に満足すべき論拠を提示している。こうした歴史的反逆を理性への訴えと見るのは大きな誤りである。むしろ反対に、それはどこまでも反主知主義の運動であった。それは非情の事実を熟視することへの復帰であり、中世思想の融通のきかない合理性からの後退に基づくものであった。わたくしがいま述べていることは単に、旧套を墨守する人たち自身が主張したことを要約しているにすぎない。たとえばパウロ・サルピ教父の『トレント宗教会議史』[10]第四巻を見ると、一五五一年にこの会議を司会した法王の使節が次のようなことを命じている。「神学者は、聖書、使徒の伝統、および神聖にして公認された会議に従い、かつ聖なる教父たちの法規と権威とに服して、各自の考えを固めなければならない。彼らは簡潔を旨とし、冗漫無益な質疑や強情な論争を避けるべきである、と。……イタリアの神学者たちはこの命令を不満としてこう言った。『これは初耳だ。どんな難問にも理性で当たるスコラ神学をぶっつぶすことだ。それに、聖トマス・アクィナス、聖ボナヴェントゥラ[11]、そのほか有名な方々がなさった扱い方は（この教令によると）違法ということになる』、と」。

旗色の悪くなった野放図の合理主義を守り続けているこのイタリアの神学者たちに対しては、同情を禁じえない。彼らは四面楚歌のうちにあった。プロテスタントは完全に彼らに反抗していた。法王庁は彼らを支援することができず、宗教会議の僧正たちは彼らを理解することさえできなかった。右の引用に続く数行にこういう言葉がある。「多くの者がこれについて（すなわちその教令について）苦情を述べたが、ほとんどなんの効き目もなかった。というのは、教父たち（すなわち僧正たち）は一般に『義認』の問題、そのほかすでに彼らの扱った問題の場合と同じように、深遠にではなく分かりやすい言葉でものを言ってもらいたいと望んだから」。

あわれ、時代おくれの中世人種！　彼らが理性を用いたとき、彼らの時代の支配勢力にもまったく分かってさえもらえなかった。頑固な事実が理性によって原理にまで還元されるようになるまでには、数世紀を要するであろう。そしてそれまでの間、振子は歴史的方法の極限に向かってのろくゆったり揺れ動いていく。

イタリアの神学者たちが右の回想録を書いて四十三年後に、リチャード・フッカー[12]もその名著『教会法』の中で、彼の論敵である清教徒に対してまったく同じ苦情を述べている。[1] フッカーの中正な思想——そこから「公平なフッカー」という呼び名が出た——と、そういう思想を盛るにふさわしい散漫な文体とのために、彼の書いたものを簡潔適切な引用文によって概括することはまったく無理である。しかし、いま取り上げた一節の中で彼は、その論敵が〈理性排斥〉を犯していると非難し、自分の立場を擁護して、「スコラ神学者中の第一人者」をはっきり引合いに出している。彼がこう呼んでいる人はおそらく聖トマス・アクィナスであろう。

フッカーの『教会法』の出たのは、サルピの『トレント宗教会議史』のほんの少し前であった。したがって両書は互いにまったく独立して書かれたものである。しかし一五五一年のイタリアの神学者たちも、その世紀の終わりに出たフッカーも、ともに当時の反合理主義的思想傾向を裏書きしている。そしてこの点で彼ら自身の時代をスコラ哲学の時代と対照させているのである。

この反動は確かに、中世ののんびり構えた合理主義に対してすこぶる必要な療法であった。しかし反動というものはとかく極端に走るものである。したがって、この反動の一つの結果が近代科学の誕生であったが、しかも科学がそれによってその生みの親である思想の偏見をも受け継いだことを忘れてはならない。

ギリシア演劇の影響は、それが中世思想に間接的に影響したさまざまの方面に関するかぎり、多面的なものであった。今日存在しているような科学的想像の草分けは、アイスキュロス、ソフォクレス、エウリピデス、などの古代アテナイの大悲劇作者たちである。悲劇的事件を避け難い結末に向かって押し動かしていく、仮借なき無関心な運命について、彼らの描いた形像は、すなわち科学の持つ形像である。ギリシア悲劇における運命は近代思想における自然の秩序となる。運命の働きの実例実証としての、特殊な悲壮な事件に興味を打ちこむことが、現代においては検証実験に対する興味の集中として再現している。わたくしはたまたまロンドンで開かれた王立協会での会合に出席する好運を得たが、その席上、イギリス代表の王立天文学協会員が、グリニッジ天文台での同僚が測定した有名な日蝕の写真板により、恒星からの光線は太陽の近傍を通過するさいに屈曲するという、あのアインシュタインの予言が今や実証された[13]と発表したのである。われわれは、最強烈な興味に満ち溢れた会場の雰囲気は、まさにギリシア劇そっくりであった。

も崇高な事件の展開に示される運命の掟に、説明を加える歌舞合唱団《コーラス》であった。演出そのものにも劇的効果があった。古式豊かな儀式が行われ、背景にはニュートンの肖像画が掲げられてあって、科学史上最大の普遍的立場が二世紀以上を経て最初の修正を受けなければならなくなったことを、われわれに教えていた。また役者にも不足なかった。大胆なる思想の冒険がついにめでたく新天地に到達したというわけである。

念のために一言しておきたいが、悲劇の本質は、決して不幸にあるのではない。ものごとの仮借なき働きの厳粛さにある。この運命の不可避性を人生のかたちで例証しようと思えば、事実上不幸を含んでいる事件をとり出すほかはない。そうした事件によってのみ、脱出の空しさが劇において明らかに示されうるからである。この仮借なき不可避性が科学思想全体に満ちわたっているのである。物理学の法則は運命の掟なのである。

ギリシア劇に見る道徳的秩序の概念は、確かに劇作家の新たに発見したものではなかった。それは、当時人びとが一般に持っていた真摯な考えから文学の伝統へ流れこんだに違いない。しかしこの壮大な表現を発見したさいに、その源をなす思想の本流はこれによっていっそう深く掘り下げられた。まざまざと示された道徳的秩序は、古典文明に属する人びとの脳裡に深く刻みこまれた。

やがてその社会が衰微して、ヨーロッパが中世に移る時代が訪れた。ギリシア文学の直接の影響は消滅した。しかしながら道徳的秩序および自然秩序の概念はこれよりさきストア哲学の中に安住の場所を得ていた。例えばレッキー[14]は『ヨーロッパ道徳史』の中でこう言っている、「セネカ[15]によれば、神は、神が定めながら神自らも服従する、運命の容赦なき掟によって万事を決定した」と。しかしストア派が中世の精神に最も影響を与えたものは、ローマ法から出て世間一般に知られた秩序の観念であった。さらにレッキーを引用すれば、「ローマ法制は二重に哲学の子であった。第一に哲学を規範として制定された。すなわち、社会に現存するいろいろな要求に即応した単なる経験的制度ではなくて、それ自らが合致しようと努力する抽象的な正義の原理を規定した。第二に、これらの原理は直接ストア主義から借用された」。ローマ帝国崩壊の後、ヨーロッパの広大な地域をつうじてまったくの無政府状態が支配していたにもかかわらず、法的秩序の観念は、帝国内居住民の血に残っている記憶から片時も去らなかった。また西方教会が、ローマ帝国統治の伝統の生きた具現者として厳として存在していた。

特に注目すべき点は、中世文明に彫りつけられたこの法の刻印が、行住坐臥の心得とすべき二、三の賢明な教訓というかたちをとらなかったことである。その刻印は、社会組織のこみいった構造、ならびに、それのこみいった働き方の合法性を定める、一つの明確な、各部分の整った法体系の観念であった。曖昧なものはなにひとつなかった。身を律すべき立派な格言の問題ではなくて、万事を正しく整えかつその秩序を維持する明確な手続きの問題であった。中世は西欧の知性に秩序の観念を教えこむ長い訓練の時代であった。実際の面では必ずしも完全に行われないこともあったであろうが、しかしこの観念が一瞬たりとも人びとの頭を離れることはなかった。特に中世は骨の髄まで合理主義に徹した、秩序正しい思想の時代であった。無教府状態であることがかえって組織的統合の観念を盛んにした。ちょうど、現代ヨーロッパの無秩序が国際聯盟という知的映像を活気づけたのと同様である。

しかし科学には、事物の秩序についての一般的観念以上になにか別のものが必要である。明確厳密な思惟の習慣が、長期にわたるスコラ論理とスコラ神学との支配によって、ヨーロッパの精神に植えつけられたことを指摘するには多言を要しない。この習慣、すなわち問題の急所を探り、それが見つかればつかんで離さないというきわめて貴重な習慣は、ストア哲学が斥けられた後にも残っていた。ガリレオがアリストテレスに負うところは、彼の『対話』の表面にうかがわれる以上に大きいものである。すなわち、明晰な頭脳と分析的精神を負うているのである。

しかしながらわたくしは、中世が科学運動の形成に対してなした最大の貢献についてまだ一言も述べていないと思う。それは、すべての個々の事件が、それに先立つものとまったく明確に連関させられて、一般原理を実証する、という抜き難い信念である。この信念がなければ、科学者たちの信じ難いほどの努力も希望のないものとなるであろう。想像的思考の眼前にはっきり姿を現わすこの本能的確信こそ、まさに科学研究の動力である。すなわち、一つの秘密、ヴェールを剝ぐことのできる秘密、があるという確信である。いったいこの確信はどのようにしてヨーロッパの精神にこんなにも生き生きと植えつけられたのであろうか。

ヨーロッパの思想が帯びているこの色調を、外部の影響を受けなかった他の諸文明の思惟態度と比較してみれば、それの起源となるものはただ一つしかないようである。それは、エホバの人格的力とギリシア哲学者の合理的精神とを併せ持つものと考えられた〈神〉の合理性を、中世の人びとがあくまで強調したことに由来するものにほかならない。いかなる些事も神が照覧し秩序づけている。自然探求の行きつくところ、合理性に対する信仰の弁護になるほかはない。断っておくが、わたくしは少数個人の表明した信仰のことを言っているのではない。わたくしの言うのは、幾世紀にもわたって自明とされていた信仰から現われてきた、ヨーロッパ精神のもつ刻印のことである。またわたくしのいう信仰とは思想の本能的な色調のことで、単なる言葉に表わされた信条を指しているのではない。

アジアにおいて人びとの考えていた神は、極めて専断的であるか、あるいは非人格的なものであったから、右に述べたような観念は精神の本能的な習慣にあまり影響を与えなかった。どの一つの事件も、非合理的な専制主の命令に基づくものかもしれず、あるいは非人格的な探知し難い根源から発しているかもしれない。人格的存在のもつ理解しやすい合理性に対して寄せられると同じような信頼は、そこにはなかった。だがわたくしは、ヨーロッパ人の持っていた自然の可知性に対する確信が、ヨーロッパ自身の神学によってさえも論理的に正当づけられる、と論じているわけではない。わたくしの主眼はただ、それがどのようにして生じてきたか、を理解することである。そしてわたくしは、近代科学の発達以前に生まれた、科学の可能性に対する信仰が中世神学から無意識のうちに出てきたものである、と説明しているのである。

しかし科学は単に本能的信仰から生じたものではない。それは人生の簡単な出来事に対して、その出来事それ自身のために抱く積極的な関心をも必要とする。

この「それ自身のために」という但し書きは重要である。中世の初期は象徴主義の時代であった。それは観念壮大にして技術幼稚な時代であった。自然の与えるままにかつかつ生活を続けていく以外に、自然とほとんど没交渉であった。しかし彼らには探検すべき思想の領域、すなわち哲学の領域と神学の領域とがあった。幼稚な芸術は、すべての思索する人びとの心を満たしていた、いろいろな観念を象徴することができた。中世初期の芸術は比類のない、忘れえぬ魅力をもっていた。それ自身が本来もっている特性は、すぐれた美を造り出すという芸術本来の使命を果たした上に、その表現内容は自然の背後にある何ものかの象徴であった、という事実によってこよなくうるわしいものとなっている。この象徴的な局面において、中世の芸術はその媒材としての自然の中に生き生きと動いているが、目標は彼方の世界にあった。

この中世初期と科学的精神に必要な雰囲気との対照を理解するためには、われわれはイタリアの六世紀と十六世紀とを比較しなければならない。どちらの世紀においても、イタリア人の天賦の才能が新時代の土台を築きつつあった。六世紀に先立つ三百年の歴史は、キリスト教の勃興がもたらした未来の明るい希望にもかかわらず、文明衰退の意識に強く染められていた。世代ごとになにものかが失われていった。当時の文献を読んでいるとき、われわれは来たらんとする野蛮時代の暗影を身近に感じるのである。行動なり思想なりにおいて立派な仕事をした偉人がいるけれども、全体として彼らのなしたことは、ただ全面的衰退を一時食い止めたにすぎない。イタリアに関するかぎりでは、六世紀は歴史の描く曲線の最低点に位置する。しかしこの世紀に、すべての動きは、新しいヨーロッパ文明の素晴らしい勃興に対する土台を築きつつある。背後においてユスティニアヌス治下のビザンツ帝国が、三つの面で西ヨーロッパ中世初期の性格を決定した。第一に、ベリサリウス[16]とナルセス[17]に率いられたその軍隊がイタリアをゴート族の支配から解放した。こうして、文化活動の理想を保護するような組織を産み出すために、古来イタリア人の備えていた天賦の才能が自由に働ける舞台が開けた。ゴート族には同情を禁じえない。だが、ヨーロッパにとっては、一千年にわたる法王制の方が、ゴート族の揺るぎなきイタリア王国の産み出すどんなものよりもはるかに貴重であった、ということは疑うべくもない。

第二に、ローマ法の編纂によって、そのヨーロッパ社会思想を支配した合法性の理想が確立された。法というものは政治が動く機関であるとともに、政治を拘束する条件である。キリスト教の教会法とローマ帝国の市民法とがヨーロッパの発展に影響を与えたのは、ユスティニアヌス法典編纂者たちのおかげである。彼らは、西欧人の心に、権威をもつものは法に忠実であると共に法を励行すべきであり、合理的に調整された組織体系をそれ自身示すべきだ、という理想を固く植えつけた。イタリアにおける六世紀は、このような観念の刻印がビザンツ帝国との接触によってしだいに強められていった事情を、ぼつぼつ示し始めていた。

第三に、芸術や学問という政治外の領域において、コンスタンチノープルは実際に人間の成し遂げた業績の一つの規準を示した。そしてその規準が、一つには直接模倣しようとする衝動により、また一つにはそうした業績があったと知っているだけで間接に受ける鼓舞によって、西欧文化に対する不断の拍車の働きをした。初期の中世精神の想像に現われたビザンツ人の智慧と、初期ギリシア人の想像に現われたエジプト人の智慧とは、互いに似通った役割を演じた。おそらく、このそれぞれの智慧について人びとが実際持っていた知識は、どちらの場合にもそれを受け取る人にほぼ手頃のものであったと思われる。彼らの知識の程度は、到達できる種類の規準を心得ていて、しかも動きのとれない伝統的な考え方に束縛されないものであった。したがって、いずれの場合にも人びとは自分の力で前進し、先師を凌いだ。ヨーロッパの科学的精神の勃興を説明するさいに、背後におけるビザンツ文明のこの影響を見逃してはならない。六世紀にビザンツ対西欧関係の歴史における一つの危機がある。そしてこの危機は、十五・十六世紀におけるギリシア文学のヨーロッパ思想に与えた影響と対照して考えるべきである。六世紀のイタリアで未来の土台を築いた二人の傑出した人物は、聖ベネディクトゥス[18]とグレゴリウス大法王[19]とであった。彼らと結びつけて考えれば、ギリシア人が到達した科学的精神への道がいかに完全に荒廃していたか、ただちに理解される。時まさに科学の温度は零度を示していた。しかしながら、グレゴリウスとベネディクトゥスとの生涯の仕事は、ヨーロッパ再建に地盤を与え、それによって、ひとたび再建の時機がくれば、古代世界よりもいっそう力強く働く科学的精神がこの再建に含まれることになった。ギリシア人はあまりに観想的であった。彼らにとって科学は哲学の一分枝であった。

だがグレゴリウスとベネディクトゥスは、日常的なものの重要性を見抜いている実際的人間であり、この実際家的気質を彼らの宗教活動に結びつけた。とくに、修道院が聖者や芸術家や学者ばかりでなく、農事にたずさわる実際家たちの住居になっていたのは、聖ベネディクトゥスのおかげである。学問は、科学と技術との結合によって、原理にまで還元し難い頑固な事実との接触をつねに保つものであるが、その結合は初期のベネディクトゥス修道僧たちの実際的傾向に負うところが多い。近代科学はギリシアにもローマにも由来するものであり、つねに事実の世界との緊密な接触を保っている思想の力が近代科学に顕著である理由は、このローマ的傾向にある。

ところで、各派修道院と自然の事実とのこうした接触の影響は、まず芸術に現われた。中世後期における自然主義の勃興は、科学の勃興に必要な究極的要素がヨーロッパ精神に入りこんだことを意味する。それは、自然の事実や自然の出来事を、それ自身のために愛《め》でる興味の勃興であった。ある地方に見られる草木の自然の姿が、ただそうした見慣れたものに対する喜びを表わすものとして、後期の建築の目立たぬ箇所に彫刻された。どの芸術もその雰囲気全体が、われわれを取り巻くものを把《とら》える直接の喜びを示していた。中世後期の装飾的彫刻を作った職人たちも、ジョットも、チョーサーも、ワーズワースも、ウォルト・ホイットマンも、また現代ではニュー・イングランドの詩人ロバート・フロストも、みなこの点ではお互いに同類である。単純な直接の事実が興味の種であり、こうした事実が「原理にまで還元し難い頑固な事実」として科学思想に再現している。

ヨーロッパ精神は今や、思想の新しい冒険に乗り出す用意ができた。科学勃興の現われである さまざまの事柄、たとえば、富と閑暇との増大、大学の発展、[20]印刷術の発明、コンスタンチノープルの陥落、コペルニクス、ヴァスコ・ダ・ガマ、コロンブス、望遠鏡、などについて詳しく説明する必要はない。土壌も気候も種子も三つ揃って、おのずから森林をなした。科学は、ルネッサンス後期の歴史的反逆に起源を発しているその刻印を、一度も除き去ったことはない。それは依然としてなによりもまず、素朴な信仰を基盤とした反合理主義運動であった。それに欠けていた推理法はすべて、演繹法を採るギリシア合理主義の生き永らえた形見である、数学から借り受けた。科学は哲学を寄せつけない。言い換えれば、科学は、その信仰を弁証しようとも、その意味を説明しようとも考えたことがなく、ヒュームの攻撃[21]に対しても体よく空とぼけていた。

もちろん、科学の歴史的反逆が正当であったことは充分証明された。それは必要であった。否、それどころか、健全な進歩のために絶対不可欠なものであった。世界は、原理にまで還元し難い頑固な事実について思いを凝らす幾百年を必要とした。人間は一時に一つ以上のことを容易にやれるものではない。ところが、中世が理性をかつぎまわった後に、人びとはまさにそうした困難な仕事をしなければならなかった。それはしごく筋の通った反動ではあったが、理性を擁護する側に立っての抗議ではなかった。

しかしながら、知識の大道を故意に避けようとする人びとを待ち構えている復讐の女神ネメシスというものがある。オリヴァー・クロムウェルの叫びは、なお今日に至るまでこだましている。

「兄弟よ、余はキリストの御心にかけて希う、おんみらが誤てるやもしれざることに思いを致せ」。

科学の進歩は現在において転換期に到達した。物理学の安定した土台は崩壊し、さらに初めて、生理学が知識の寄せ集めではない強力な知識体系として、その地歩を築きつつある。科学思想の古い土台は意味不明になりつつある。時間、空間、物質（matter, material）、エーテル、電気、メカニズム、オーガニズム（organism）、配列（configuration）、構造、パターン、機能、これらはすべて意味を考え直す必要がある。力学の意味を知らないのに、力学的説明について語るのはまったく馬鹿げたことである。

真実のところ、科学は、アリストテレスの継承者たちの哲学の最大弱点から出た諸観念をわが物として、近代の道を踏み出した。或る点ではこの踏み出し方は適切であった。それによって十七世紀の知識は、物理学と化学とに関するかぎり、現代まで続いているような完全なかたちで形成されることができた。しかし生物学と心理学との進歩は、あやふやな真理を無批判に受け入れたことによって阻まれたようである。科学が、便宜主義的な仮説の雑多な寄せ集めに堕すべきでないとすれば、それは哲学的にならなければならず、自らの土台の徹底的な批判を開始しなければならない。

以下の諸章においてわたくしは、ヨーロッパの知性が過去三世紀の間に身にまとっていた特殊な宇宙論の思想の浮沈の跡を辿るであろう。思想の全般的な風土は約二、三世代、すなわち六十年ないし百年の間、持続する。それと同時に、時の潮汐の表に戯れる小さい波にも似た思想の動きもある。したがってわれわれは、ヨーロッパ人のものの見方がかたちを変えてゆき、それが次々の世紀を徐々に変化させていること、を知るであろう。しかしながら、この期間全体をつうじて固定した科学的宇宙論が存続している。この宇宙論は、配列が絶えず変動しながら空間全体に拡がっている、原理にまで還元し難い非情の物または物質を、究極の事実として前提している。そのような物質はそれ自身としては無感覚、無価値、無目的である。それは、その存在の本質から発生しない外的関係によって課せられた一定の軌道を辿って動いているにすぎない。わたくしは、まさにこのような考えを「科学的唯物論」(scientific materialism)と呼ぶのである。そしてまた、わたくしは、まさにこの考えが、現在われわれの到達した科学の状態にまったくふさわしくないものとして、排撃するであろう。この考えも、解釈を誤らなければ間違った考えではない。事実の生起する周辺状況全体を捨象した、あるタイプの事実に事を限るならば、唯物論の考えはそれらの事実を完全に表現している。しかし、われわれがわれわれの感覚をさらに微妙に働かせるか、意味や一貫した思想を求めるかして、抽象の域を脱すれば、この図式はただちに瓦解する。この図式が狭い範囲で威力を発揮することがまさに方法論として大成功を収めた原因であった。なぜなら、それはただ、当時の知識の状態からして探求を要した数群の事実に、人びとの注意を向けたからである。

この図式の成功は、ヨーロッパ思想のさまざまの流れに不幸な影響を与えた。その歴史的反逆は、スコラ派の合理主義が非情な事実との接触によってきびしく修正されなければならなかったために、反合理主義的なものであった。しかしデカルトとその後継者たちによって行われた哲学の再興は、その発展にあたって、科学的宇宙論を額面通りに受けとる傾向にすっかり染め上げられた。デカルトたちの持っていた究極的諸観念が成功したために、科学者たちは、その合理性を吟味した上でこれらの観念を修正することを、いよいよ固く拒んだ。その後の哲学思想はいずれも、それらの観念をともかく丸呑みにしなければならなかった。さらに科学の手本が思想の他の領域に影響を及ぼした。こうして歴史的反逆がますます大げさなものになった結果、方法論的思想から出てきたさまざまの抽象観念を調和させるという、哲学本来の役割から哲学を閉め出すことになった。思想というものは抽象的であり、狭い量見で抽象観念を用いることは知性の大悪である。この悪は具体的経験に立ち帰ったからといって完全には直らない。なぜなら結局のところ、ひとはその具体的経験の中の、ある限られた図式にあてはまる面だけを注意しさえすればよいのだから。観念の浄化には二つの方法がある。その一つは感情を混じえず感官によって観察を行うことである。しかし観察することとは実は選択することである。したがって、相当広い範囲に成果を上げているある抽象図式を超越することは困難である。いま一つの方法は、いろいろなタイプの経験に強固な基礎を置いた、さまざまな抽象図式を比べ合わすことである。この比較は、パウロ・サルピが述べたイタリアのスコラ神学者たちの要求を満たすようなかたちをとる。彼らは理性が用いられることを求めた。理性への信仰はすなわち、事物のもろもろの究極本質は相合して単なる恣意を許さない調和をなす、ということへの信頼である。またそれは、事物の根底に単なる恣意的神秘は存在しない、ということへの信仰である。自然の秩序の信仰が科学の発達を可能としたのであるが、それは一段と深い信仰の特殊な一例である。この深い信仰はどんな帰納的概括をもってしても弁証できるものではない。それは、われわれ自身の現在の直接経験のうちに顕わになる事物の本質を、じかに洞察することから出て来る。ひとは己れの影から離れることはできない。この信仰を体験するならば、われわれがわれわれ自身でありながらいつもわれわれ以上のものである、ということを悟るのである。われわれの経験は曖昧模糊として断片的ではあるが、しかも実在の最も深い奥底を探り当てるということ、離れ離れの個々のものは、ただそれがそれ自身の存在を持とうとして、一つの整った体系に加わろうとするということ、しかもこの体系は論理的合理性の調和と美的成立形態の調和とを包含するということ、さらに論理の調和は鉄のごとき必然性として宇宙にのしかかっているのに対し、一方美的調和は、より繊細微妙なものの産出を目指すその歩みも途切れがちな進行の中にあって、全体の流れの方向を定める生命ある理想として宇宙に微笑みかけているということ、を悟るのである。

(1) 第三巻、第八節、参照。

〔1〕ヴェサリウス　Anbreas Vesalius（一五一四—六四）はベルギー生まれの人体解剖学者、医者。骨、神経

および筋肉に関する研究によって、従来の不完全な解剖学を改革した。

〔2〕ブルーノ　Giordano Bruno（一五四八―一六〇〇）はイタリアのルネッサンス期の代表的な哲学者。一五九二年ヴェネチアで宗教裁判所により捕えられ、ローマに送られて七年間禁錮のあと、破門の上焚刑に処せられた。コペルニクスの新宇宙論を支持したが、彼自身は雄大な汎神論的世界観を唱えた自由思想家であった。

〔3〕一六一八年ボヘミア王の地位をめぐる新教側と旧教側の対立に端を発したこの戦役は、ドイツを主戦場として、ヨーロッパ全土に広がった。一六四八年ウエストファリア条約によって終結をみたが、その結果、神聖ローマ帝国の勢力が空名に等しくなり、オランダ、スイス、ポルトガルの独立が承認され、新教は旧教と同等の地位を認められるに至った。この戦役は、宗教改革派と反宗教改革派との闘争であったといえる。

〔4〕アルバ公　Duque de Alva くわしくは Fernando Álvarez de Toledo（一五〇七―八二）はスペインの将軍、政治家。一五六七年にフェリペ二世よりネーデルラントの総督に任命されたが、新教徒を圧迫する恐怖政治を布いた。彼に対する抵抗によって、オランダが独立した。

〔5〕ヘンリー・ジェイムズは、兄ウイリアム・ジェイムズの書簡集を二巻にまとめて、一九二〇年に出版している。

〔6〕「思想の風土」という言葉は、イギリスの作家グランヴィル　Joseph Glanvill（一六三六―八〇）のもの。

〔7〕ヨハネ伝、第三章、第八節。

〔8〕ロジャー・ベイコン　Roger Bacon（一二一四頃―九四）は、イギリスの自然科学者、哲学者。フランチェスコ会の修道士で、スコラ哲学の思弁を排し経験を尊重することで近代哲学の遠い祖先とみられている。

〔9〕一九二五年の初版本には impasible とあるが、二六年以後の版では passible となっている。後者に従った。
〔10〕パウロ・サルピ　Paolo Sarpi（一五五二―一六二三）はイタリアのヴェネチアの聖職者。ヴェネチア市と教皇庁との争いにおいて、重要な役割を演じた。
〔11〕聖ボナヴェントゥラ　Bonaventura（一二二一―七四）はフランチェスコ会の神秘主義者。本名は Johannes Fidanza。
〔12〕リチャード・フッカー　Richard Hooker（一五五三―一六〇〇）はイギリス国教会の神学者で、国教会の弁証のため、『教会法』*Of the Laws of Ecclesiastical Polity* を書いた。
〔13〕アインシュタインは、一般相対性理論の帰結としての重力場における光線の屈曲という現象は、皆既日食における太陽の近くの恒星の位置のずれによって実証されるだろうと予言した。第一次大戦中にもかかわらず、イギリスの王立天文協会は、エディントン、デヴィドソン、クロンメリンなどの天文学者を、ブラジルや西アフリカの小島に送り、一九一九年五月九日の皆既日食を観測させた。その結果、アインシュタインの予言が正しかったことが、同年十一月六日の王立協会の集まりにおいて発表された。
〔14〕レッキー　William Edward Hartpole Lecky（一八三八―一九〇三）はアイルランドの歴史家。『ヨーロッパ道徳史』*History of European Morals from Augustus to Charlemagne*, 1869 の他に『十八世紀英国史』八巻がある。
〔15〕セネカ　Lucius Annaeus Seneca（前四頃―六五頃）はローマのストア哲学者。ネロ皇帝の師。
〔16〕ベリサリウス　Belisarius（五〇五頃―五六五）は東ローマ帝国の名将。ペルシア、ヴァンダル王国、イタリアのゴート族を討った。
〔17〕ナルセス　Narsés（四七八頃―五七三）は、アルメニア生まれで、捕虜として東ローマ帝国に連れてこられたが、ユスティニアヌス一世に重用され、イタリアからゴート族を追い出す際、将軍として功をたてた。

〔18〕聖ベネディクトゥス（四八〇頃―五四七）は、ベネディクトゥス派修道院の建設者。十四歳でローマから四〇マイル離れたスビアコの岩窟に隠れた。多くの修道士が彼を慕って共に住んだ。やがて多くの修道院を建立し、五二八年にはモンテ・カッシーノに移ってそこで修道院を営み、ベネディクト戒律を定めた。

〔19〕グレゴリウス一世（五四〇頃―六〇四）のこと。五九〇年より六〇四年までの彼の在位中に法王権が確立された。また彼の諸著は、中世カトリック教会の信仰の基礎となった。

〔20〕中世においてオックスフォード、パリ、ボローニャ、サレルノ等の大学が設立されていたが、ルネッサンスおよび宗教改革とともに多くの大学が設立された。

〔21〕本書一一―一二頁を参照。

第二章　思想史における一要素としての数学

近代めざましい発展をとげた〈純粋数学〉は、人間精神の最も独創的な創造物であると認められるよう要求してもよいであろう。いまひとつこの承認を要求するものは音楽である。しかしいまはこういった競争相手は全部除外して、数学自身がそのような要求をなしうる根拠を考察しよう。数学の独創性は次の事実に存する。すなわち、人間理性の働きを離れてはきわめて不明瞭になる事物間の諸関係が、数学において明らかに示される、という事実である。こうして、現代数学者たちの頭の中にある諸観念は、感官による知覚から直接引き出されるいかなる概念とも遠く離れたところにある。ただし、あらかじめ数学の知識によって刺戟され指導された知覚の場合はまた別である。以上の問題についていてわたくしはいまから例証を試みたいと思う。

かりに幾千年の昔に想像の眼を向けて、そのような古代社会においては最も知性のすぐれた人でもどんなに単純であったかを、努めて理解してみるとしよう。われわれに直接明白な抽象観念が、彼らにとっては、きっと最もおぼろげにしか理解できないものであったにちがいない。例えば数の問題をとってみよう。われわれは「五」という数を考える場合、五匹の魚、五人の子供、五個のリンゴ、五日、など、およそいかなる事物でもそれらの然るべき集合にこの数があてはまるものと考える。そこで「五」という数の「三」という数に対する関係を考えるとき、五個から成るものと三個から成るものとの、二つの集合を考えている。しかしそのときわれわれは、どういう特殊の存在が、またどういう特殊の種類の存在が、二つの集合の成員を構成するか、というような考察をすっかり捨象している。すなわち、各々の集合に所属するいかなる成員の個別的本質とも完全に離れた、二つの集合の相互関係だけを考えている。これは実に見事な抽象の働きである。人間がこの高さまで達するには幾千年を要したにちがいない。長い間、魚のいくつかの集合はその多寡に関して互いに比較され、また日のいくつかの集合についても同様のことがなされていたであろう。しかし、七匹の魚のなす一つの集合と七つの日のなす一つの集合との類似に初めて気づいた人が、思想史上注目すべき一大躍進を成し遂げたのであった。彼は初めて純粋数学に属する一つの観念を思いついた人である。当時彼は、やがて発見されるべき運命にあった抽象的な数学の諸観念の複雑微妙さを、予知できなかったにちがいない。また彼は、これらの観念がその後どの世代にも広く人びとを魅惑するであろう、とも推測できなかったにちがいない。世には一つの誤った文学的伝承があり、これによると、数学に対する愛は、各世代の少数の変人に限られた一種の偏執狂として表わされる。しかしそれはともかくとして、当時の社会にその裏付けをなすもののない一種の抽象的思考から得られる喜びを、古代の人びとが予想することは不可能であったであろう。第三に、その後に数学の知識が人間の生活、日々の仕事、日常の習慣、社会組織、に与えた甚大な影響は、抽象的思考を行った古代の人びとの眼にはさらに完全に覆い隠されていたにちがいない。現代でもなお、思想史における一要素としての数学の正しい位置について、その把握の仕方は、すこぶるあやふやである。わたくしは、各時代の数学的諸観念を深く研究せずに思想史を編むことは、ちょうど『ハムレット』と題された劇からハムレットを除くようなものであるとまでは言わない。それは数学のために言い過ぎになるであろう。だが確かに、オフィリアの役割を除くことに似ている。この比喩は格別ぴったりする。なぜなら、オフィリアはこの劇に全く不可欠であり、きわめて魅力に富み、それにやや気がふれているから。数学の研究は人間精神の神々しい狂気であり、偶然事の峻烈な呵責からの避難であることを認めようではないか。

われわれは、数学のことを考えるときに、もっぱら数、量、幾何学、の探究にあたる学問、そして近代ではさらに、順序に関するなおもっと抽象的な概念と、純論理的な諸関係の相似た形式との研究をも含む学問を、念頭に浮かべる。数学の眼目は、その中ではわれわれはつねに特殊の事例から、さらにはいかなる特殊の種類の存在からも、解放されることである。したがって例えば、いかなる数学の真理も、魚にだけとか、石にだけとか、色にだけとか、あてはまるというものではない。純粋数学をとり扱っている間は、ひとは完全絶対な抽象の世界にいる。そのときひとの断言することはただ、これだけである。すなわち、およそいかなる存在にもせよ、そのものがこれこれのまったく抽象的な条件を満足させる何らかの関係を持つとき、それらの存在は他のまったく抽象的な条件を満足させる他の関係をも持たなければならない、ということの承認を理性は主張する、と。

数学というものは、それが語っているいかなる特殊の事例をも完全に捨象した領域を動いていると考えられている。しかしこのような数学観は決して誰にでも分かるというものではないから、今日でもなおこの見方が一般に理解されていないことは、容易に確かめられる。例えば、数学の確実性がすなわち、物理的宇宙の空間についてわれわれのもつ幾何学的知識の確実性の理由である、と普通に考えられている。これは、過去において哲学的思索を多分に損い、現在においても相当損っている一つの謬見である。この幾何学の問題はかなり重大なテスト・ケースである。任意の存在のなすいくつかの集合間の関係に対して幾組かの純抽象的な条件が成り立つことができ、ひとはそのいずれか一つを選ぶことができる。わたくしはこれを幾何学的条件と名づける。わたくしがこう名づける理由は、われわれが直接自然を知覚するときにわれわれの観察する事物間の特殊な幾何学的関係について当てはまる、とわれわれが信じているような条件と、大体において似かよっているからである。われわれの観察に関するかぎりでは、充分正確とまではいかないから、われわれが自然において出会うもろもろの事物を規制している厳密な条件を、絶対確実に捉えるというわけにはいかない。しかし、仮説にごくわずか手を加えれば、われわれの観察した条件を純抽象的幾何学的条件のどれか一組と合致させることができる。そのさいにわれわれは、抽象科学においては関係項〔1〕である任意の存在のなす集合について、特殊の規定を与える。幾何学的関係を扱う純粋数学においては、われわれは次のように言う。すなわち、或る集合をなすものがその成員間に、この抽象的幾何学的条件の組を満足させる或る関係をもつならば、これこれの付帯的な抽象的条件もまた、こうした関係に対して成立しなければならない、と。しかし、物理的空間を問題にする場合には、われわれは次のように言う。すなわち、物理的存在のなす明確に観察された或る集合は、その成員間に、上述したこの抽象的幾何学的条件の組を満足させる、或る明確に観察された関係をもつ、と。そこからわれわれは、どんなそのような場合にも成立すると結論した付帯的関係が、それゆえにこの特殊な場合にも成立しなければならない、と結論する。

数学の確実性はその完全な抽象的一般性に依存する。しかしわれわれは、具体的な世界における観察された存在が、われわれの一般的推理に従うものの特殊な事例をなす、と信じることの正しさについて、アプリオリな確実性をもつことはできない。算術からいまひとつの例をとってみよう。四十個の存在からなるいかなる集合も二十個の存在からなる二つの集合に分割できる、ということは純粋数学の一般的抽象的真理である。したがって、四十個からなると信じるリンゴの特殊な一つの集合が、それぞれ二十個からなるリンゴの二つの集合に分割できる、とわれわれが結論するのは正しい。しかし、初めの大きい方の集合の勘定を間違ったかもしれない、という可能性はつねに残っている。したがって、実際にこれを分ける場合、二つのリンゴの山の一方が一つだけ足りないとか、一つだけ多すぎるとか、いうことがありうる。

したがって、特殊な事実問題に数学を適用することを地盤とした議論を批判するさいには、われわれがはっきり頭に入れておかなければならない三つの過程がつねにある。われわれはまず、純粋に数学的な推理をよく吟味して、その中に迂闊な過ち、すなわち不注意による偶然の不条理、がひとつもないことを確かめなければならない。初めて一連の推理を行うときに、ささやかなものでありながら結果はまるで違ってしまうような過ちをとかく犯しがちだ、ということを、数学者は誰も苦い経験から承知している。しかし数学の一領域が修正を加えられて、しばらくの間専門家たちの前に示されていたような場合には、偶然の過ちを犯す機会はほとんど皆無である。第二の過程は、成立するものと前提されていたすべての抽象的条件を、完全に確かめることである。これは換言すれば、数学的推理の出発点となる抽象的前提を規定することである。これは相当骨の折れる仕事だ。今までに、幾代も相次ぐ最も偉大な数学者たちによってさえも、ずいぶん大きな過ちがなされ、かつそれがそのまま受け入れられてきている。最大の危険は、すなわち、われわれが前提するのも無理はないが、実際はつねに必ずしも成立するとはかぎらないような条件を、暗黙のうちに持ちこむ過ちである。いまひとつ、誤りではなくただ単純化の欠如をきたすような、右とはまったく別の過ちがある。ややもするとわれわれは、実際必要以上に多くの条件が要請されなければならない、と考えがちである。言い換えれば、すでにわれわれの手もとにある他の要請から実際証明されうるような、或る抽象的な要請を、これもまた是非必要だと、考える場合がある。このような抽象的要請が多過ぎる結果はただ、数学的推理に対する美的快感を減少させ、批判の第三過程に入るとき面倒さを増すだけである。

この批判の第三過程は、われわれの抽象的要請がいま問題にしている特殊な場合に成立することを、検証する過程である。そして特殊の場合に対するこの検証の過程に関連して、あらゆる面倒なことが起こる。四十個のリンゴの勘定のような簡単な場合には、わずかな注意で本当の確実性を得ることができる。しかし一般にもっと複雑な場合については、完全な確実性はとうてい得られない。多くの書物が、百万巻の書物が、この題目について書かれている。それは相対立する哲学者たちの戦場である。二つの別々の問題がこれに絡まっている。観察された特殊の明確な事物があり、われわれは、この事物間の関係が或る明確な厳密な抽象的条件に本当に従うことを確かめなければならない。ここに過ちを犯す大きな隙がある。科学における厳密な観察方法はすべて、直接の事実問題に関してこのような誤った結論を少なくするための工夫である。しかしここにいまひとつの問題が生じる。直接観察された事物はほとんど常に見本にすぎない。われわれは、見本に対してだけ成立する抽象的条件が、何らかの理由でわれわれには同種のものと思われる他のすべての事物に対しても成立する、と結論したがる。見本から種全体に向かうこの推理法が〈帰納〉である。〈帰納〉という理論は哲学を絶望に陥れるものである。[2] しかもわれわれのすべての活動はこれに基づいて行われる。とにかく、ある特殊の事実問題に関する数学的結論を批判するとき、本当の困難は、それに含まれた抽象的仮定を見つけ出して、それが当面の特殊な場合にあてはまる証拠の価値を計ることにある。

したがって、応用数学のすぐれた書物や論文を批判するときに、もっぱら最初の一章だけに、あるいは最初の一ページだけにさえ、苦労させられることがよくある。なぜならそこで、そもそもの出発点で、筆者が彼の設けた仮定において過ちを犯していることがありうるから。その上、苦労の種は、筆者が言っていることではなくて、筆者の言っていないことにある。また筆者が自分で仮定したと知っていることではなくて、彼が無意識に仮定したことにある。われわれは筆者の誠実さを決して疑わない。彼の洞察力をとやかく言っているのである。各世代は、先代が作った無意識の仮定をとやかく言う。すなわち、その仮定に同意するかもしれないが、とにかくそれを検討してはっきりしたものにする。

言語発達の歴史はこの点を例証している。それは諸観念を漸次分析していく歴史である。ラテン語とギリシア語とは屈折語[3]であった。すなわち、これらの言語は、ただ単語を変化させるだけで諸観念の分析されない全体を表現する。それに反し、例えば英語では、われわれは前置詞や助動詞を使って、その場その場に関連をもつ一束の諸観念全部を表現する。或る形式の文学にとっては――いつもそうとはかぎらないが――主要な一語に付随的諸観念をぎっしり詰めこむことが有利となるであろう。しかし英語のような言語は明晰さにおいてはるかに優っている。このように明晰さを増すということは、文章全体の意味をなす一つの複雑な観念に含まれた、さまざまの抽象観念がより完全に表わされる、ということである。

言語と比較することによって、われわれはいまや、純粋数学が果たす思考の機能が何であるか、を理解できる。それは、完全な分析の方向に向かって一路直進し、単なる事実問題の要素を、それが例証している純抽象的条件から分離しようとする、断乎とした企てである。

そのような分析の習慣がつけば、人間精神の働きのひとつひとつが知的にすぐれてくる。それによってまず（この習慣だけ強く養われたとき）、経験内容の感性的な直接理解が強められる。この直接理解とはすなわち、この経験の直接もつ具体的価値を含めて、この経験がそれ自身の特有の本質において本来何であるか、を把握することである。これは、微妙な感受性に依存する直接経験の問題である。次いで、経験に含まれた特殊の存在（entity）の抽象が行われ、われわれがそのときそれらの存在を把握している特殊の経験の契機（occasion of experience）を離れて、ただ存在をそれ自身として眺める。最後にさらに進んで、その経験に現われたそれらの存在の特殊の関係が満足する、まったく一般的な条件の把握がなされる。これらの条件は、その特殊の経験の契機に現われる特殊の関係、または特殊の関係項、にかかわることなく表わしうる、という事実からその一般性を獲得する。これらの条件は、他の存在や存在間の他の関係を含む、かぎりなく多種多様の他の経験の契機にもあてはまると思われる条件である。こうしてこれらの条件は、いかなる特殊の経験の契機にも、さまざまの経験の契機に加わるいかなる特殊の存在（緑とか青とか樹木とか）にも、そのような存在間のいかなる特殊の関係にも、かかわりなくあてはまるゆえに、完全に一般的なのである。

しかしながら、数学の一般性に対して一つの限界を設けなければならない。それは一切の一般的立言に等しく適用される制限である。直接契機と結びついて、その直接契機の本質を構成する要素とならないような、すべての縁遠い契機に関しては、ただ一つの立言しか許されない。わたくしの言う「直接契機」(immediate occasion) とは、そのときにあたって個人のなす判断作用を成分として含む契機のことである。ただ一つ許された立言とは、こうである。関係ないものがあれば、それについては完全な無知に止まる、と。ここで私が「無知」といっているのは文字通り無知の意味である。したがって、「実地」にあたって、あるいはその他どんな面においても、いかにそれを予期すべきか、あるいはいかにそれを取り扱うべきか、についてなんらの助言をも与えることはできない。われわれは、それ自身直接の契機の一要素として含まれる認識によって、縁遠い契機を幾分か知るか、あるいはまったく何も知らないか、そのいずれかである。したがって、千種万様の経験に対して顕わにされる全宇宙とは、すべての細部が直接契機とそれぞれ適当な関係をもっている宇宙である。数学の一般性は最も完全な一般性であって、相集ってわれわれの形而上学的境位を構成する一団の契機と矛盾なく結びつく。

さらに注意すべきことは、特殊の存在がいかなる契機にも進入するためには、さきに述べた一般的な条件が必要であるが、いろいろなタイプの特殊の存在が同じ一般的条件を必要とする場合がある、ということである。一般的条件がいかなる一組の特殊の存在をも超越する、ということの事実が、数学や数学的論理学[4]の中へ「変数・変項」の概念の入ってくる理由である。まさにこの概念を使うことによって、特殊の存在について特に言及せずに一般的条件の研究がなされる。このように特殊の存在が不必要であることは従来一般には理解されていない。例えば、われわれが実際に経験する円、球、立方体などの形状そのままは幾何学的推理に入ってこないのである。

論理的理性の働きは、つねにこれらの全く一般的な条件に関連している。数学の発見は、その最も広い意味からいえば、次の事実の発見である。すなわち、任意の具体的契機をつくる存在間の諸関係に一様にあてはまるこれらの一般的抽象的諸条件全体は、それを解く鍵を伴った一つのパターンのかたちで相互に関係づけられている、という事実である。一般的抽象的諸条件間に成り立つこの関係のパターンは、いかなる事物もみなまさに独自の個別的本質を有し、他の一切のものと異なる独自の個別的な在り方を示さねばならない、という一般的必然性によって、外的実在の上にも、それを表わすわれわれの抽象的表象の上にも押しつけられる。このことは抽象論理の必然性であり、それぞれの直接的経験の契機に示されるような、現実存在（existense）の相互関係という事実そのものに含まれている前提にほかならない。

パターンを解く鍵とは次の事実を意味する。いかなる同一の契機においても例証される、任意の一組の一般的条件から、かぎりなく多種多様の他の一般条件を含んでいて、同じ契機においてやはり例証されるようなパターンが、純粋に抽象論理を用いることによって展開される、という事実である。そのような任意の一組の条件はいずれも、そこから推理が出発する一組の要請もしくは前提、と呼ばれる。推理とは、選ばれた要請に基づくパターンのうちに含まれている、一般的諸条件のパターン全体を顕示することにほかならない。

要請に含まれている完全なパターンを洞察する論理的理性の調和は、統一体をなす一つの契機の中にそれが同時に共存するという、単なる事実から生じる最も一般的な感性的性質である。統一体をなす契機が存する場合には、いつも、それによって、その契機に含まれた一般的諸条件の間に感性的関係が成立している。この感性的関係は合理性を働かせるとき洞察されるものである。その関係に入ってくる一切のものは、入ることによって、その契機において例証され、その関係に入らない一切のものは、入らないことによって、その契機における例証から除外される。このようにして例証される一般的条件から成る完全なパターンは、これらの条件の多くの組の中からどの一つを選んでも、それによって決定される。鍵の役目をするこれらの組はそれぞれ等値的要請からなる組である。ある複合的な契機が統一体をなすに必要な、存在（being）のこの合理的調和は、その論理的調和に含まれた一切のもののその契機における完全な実現と相共に、形而上学の主要な項目をなす。すなわち、もろもろの事物が共存するということはそれらが合理的に共存することを含んでいるのである。言い換えれば、思惟はあらゆる事実的契機の中に貫入することができ、したがって、鍵の役目をなす諸条件を理解することによって、諸条件のなすパターンの全体が思惟の前に顕わにされる。つまり、任意の契機を構成する諸要素についてなにか完全に一般的なものを知れば、そのときわれわれは、その同じ契機において必ず例証されなければならない、他の等しく一般的な概念をいくつも知ることができる。統一体をなす或る契機に含まれる論理的調和は排除的でもあれば、包含的でもある。すなわち、その契機は不調和のものを排除したければならず、調和するものを包含しなければならない。

ピタゴラスはこの一般原理の全域をともかくも捉えた最初の人であった。彼は紀元前六世紀の人である。彼についてわれわれのもっている知識は断片的である。しかしわれわれは思想史上における彼の偉大さを確立したいくつかの卓見を知っている。彼は推理において最高度の一般性が重要であると主張し、自然の秩序に含まれた諸条件のいかなる表象をつくるにも、その助けとして数が重要であることを洞察した。われわれはまた、彼が幾何学を研究し、直角三角形についての有名な定理の一般的証明法を発見したことを知っている。ピタゴラス教団の結成と、その教団の祭式や影響についての神秘めいた言い伝えとは、ピタゴラスが科学を形成するさいに数学が重要なものになりうることを、おぼろげながらも洞察していた、という証拠を与えている。哲学の面では、彼以後の思想家たちを騒がせた或る議論の口火を切った。彼は、「事物の領域において数学的存在、例えば数のごときもの、はいかなる位置を占めるか」、と問うた。例えば「二」という数は、或る意味においては、時間の流れと共に流れもせず、また空間において位置を持つ必要もない。だがそれは現実界に含まれている。幾何学的概念、例えば円、についても同じことが考えられる。ピタゴラスは、数や形のような数学的存在が、われわれの知覚経験の示す現実的な存在を構成する究極の素材である、と教えたと言われている。このような不充分な述べ方では、この考えは粗雑に見え、また実際馬鹿げたものにさえ見える。しかし、疑いもなく彼は、相当重要な一つの哲学的概念を思いついたのであった。この概念は長い歴史をもち、多くの人びとの思索を刺戟し、キリスト教神学の中に入りさえした。約一千年がアタナシウス信条[5]をピタゴラスより隔てており、約二千四百年がピタゴラスをヘーゲルから隔てている。しかしこのような時間的な隔たりにもかかわらず、〈神的本質〉の組成における一定数の重要性、および、現実界を理念の発展を表わすものとして見る思想、は共にピタゴラスが初めて取り上げた一連の思想にまでさかのぼることができる。

個々の思想家が重要な意味を持つか持たないかは、いくぶん偶然に支配される。なぜなら、そのことは彼の後継者たちの精神のなかで彼の抱いた諸観念がどういう運命をとるかによって決まるから。この点でピタゴラスは幸運であった。彼の哲学的思弁はプラトンの精神を通してわれわれにまで伝わっている。プラトンのイデアの世界は、数が現実界の基底に存する、というピタゴラスの学説の洗練され修正されたものである。数を点のかたちで表わすギリシア人の方法によって、数の考え方と幾何学的配列の考え方とは、われわれの場合におけるほど分離していない。またピタゴラスは確かに、純粋な数学的存在とはいえない図形の形状そのままのものをも含めていた。それゆえ今日、アインシュタインおよび彼の継承者たちが、たとえば重力のような物理的事実は空時性質の局所的特性を表わすものとして解釈されなければならないと断定するとき、彼らはピタゴラスの正統に従っているのである。ある意味で、プラトンとピタゴラスはアリストテレスよりも近代物理学の立場に接近している。初めの二人が数学者であったのに対し、アリストテレスは、もちろん数学をまるで知らなかったわけではないが、とにかく医師の息子であった。ピタゴラスから学びうる実際的な教えは、測定し、かつそれによって数として限定される量を用いて質を表わすことである。しかし生物科学は当時より今日に至るまで、ほとんど分類に終始している。したがって、アリストテレスは彼の「論理学」によって分類に力点を置いている。アリストテレスの論理学がもてはやされたために、中世をつうじて物理科学の発達が遅れた。もしスコラ学派の人びとが分類でなく測定を行っていさえすれば、彼らはどれだけ多くのことを学びえたことであろう。

分類というものは、個体の直接的具体性から数学的概念の完全な抽象性へ行く途中の宿である。種は種の性格を重要視し、類は類の性格を重要視する。しかしながら、計算、測定、幾何学的関係、順序の諸型式などを用いて数学的概念を自然の事実に結びつける過程において、合理的思弁は、限定された種や類に含まれた不完全な抽象観念から高められて、数学の完全な抽象観念に至る。分類は必要なものではあるが、分類から数学へ進みえなければ、われわれの推理はあまり進歩しないであろう。

ピタゴラスからプラトンに至る時期と、近代世界の十七世紀内に含まれた時期との間に約二千年が経過した。この長い中間の期間に数学は長足の進歩を遂げた。幾何学には円錐曲線[6]と三角法[7]の研究が新たに加わった。搾出法[8]はほとんど積分法の先駆をなすものであった。なかんずくアラビア算術の記数法と代数とがアジア人の思考によってわれわれに贈られた。しかしこういった進歩は技術的方面に偏していた。哲学の発達における形成的要素としての数学は、この長い期間の間に、かつてアリストテレスから逐《お》われた地位を一度も回復したことがなかった。ピタゴラス・プラトン時代に発する古い観念の或るものは、なお消えやらず、キリスト教神学の発展の第一期をつくったプラトンの影響の中に名残りを留めてはいたが、しかし哲学は数学の着実な進歩からなんの新しい鼓舞も受けなかった。十七世紀に至ってアリストテレスの影響は底をつき、数学は昔日の重要な地位を回復した。それは大物理学者と大哲学者の時代であり、物理学者も哲学者も同時に数学者であった。ジョン・ロックは王立協会のニュートン一派から大きな影響を受けたけれども、彼は例外と見なければならない。ガリレオ、デカルト、スピノザ、ニュートン、ライプニッツ、の時代に、数学は哲学の諸観念の形成における最も重大な影響力であった。しかしこのとき急に顕著な地位を占めることになった数学は、古代の数学とは著しく異なった科学であった。それは古代よりも一般性を増し、精密細緻な一般化を次から次へ積み重ねて、複雑さを増すごとに、物理科学なり哲学思想なりに新たな応用の道を見出す、という近代におけるほとんど信じ難いほどの躍進を開始した。アラビアの記数法は、科学が数を取り扱うさいに技術的にほとんど完全な能率をあげうるようにした。算術上の些事とのとっくみ合い（例えば、紀元前一六〇〇年のエジプトの算術に見られるような）からこうして救われたために、後期ギリシアの数学におぼろげながらすでに現われていた発達を、今や花々しくなし遂げる余裕ができた。今や代数が登場したが、代数というものは算術を一般化したものである。数の概念が存在のいかなる特殊の組との連関からも抽象されているのと同様に、代数においてはいかなる数にもせよ特殊の数の概念からの抽象が行われる。数「五」が五個の事物から成るいかなる集合にも公平に関係するのとまったく同様に、代数においては、いかなる数にも公平に関係するように文字が使用される。ただしそのさい、各文字はそれが使用される同一の文脈の全体をつうじて同一の数に関係しなければならない。

この扱い方は、複雑な算術の問題を解く方法である方程式において、初めて用いられた。これと結びついて、数を表わす文字は「未知数」と名づけられた。しかし方程式は、やがて新しい観念、すなわち一つまたはそれ以上の一般的記号を含む関数という観念を、示唆した。そしてこれらの記号は任意の数を表わす文字である。この用法においては代数的文字はその関数の「引数」[9]と呼ばれ、時には「変数」と呼ばれることもある。さて例えば、任意の単位でもって測定された数的規定を表わす代数的文字で角が表わされるならば、三角法はこの新しい代数に吸収される。こうして代数が発達し、未限定の引数を含む種々の関数の性質を考察する一般解析学となる。最後に、三角関数、対数関数、代数関数、のような特殊な関数は、「任意関数」の観念に一般化される。ところで、一般化が過大になれば具体的な結実を得られなくなる。一般化を進めながら適切な特殊性によって制限すれば、みのり多い観念となる。例えば、連続という制限を導入した任意の連続関数の観念は、のちに重要な応用の大部分を産み出したみのり豊かな観念である。この代数的な解析学の誕生は、デカルトの解析幾何学の発見、[11]続いてニュートンとライプニッツの微分法の発明[12]と時を同じくした。もしピタゴラスが彼の唱導した一連の思想の前途を予見できたとしたならば、彼はおそらく、神秘的祭式の陶酔にひたる教団を持っているのは充分正しいことなのだ、と自認したであろう。

わたくしがここで主張したい点は、数学の抽象的領域においてこのように関数観念が有力であったことが、数学的に表現された自然法則という姿をとって自然の秩序に反映した、という事実である。この数学の進歩を離れて十七世紀における科学の発達はありえなかったであろう。科学者たちが自然の観察に向かうときの想像的思考に対して、数学がその背後の力となった。かくしてガリレオが公式をつくり、デカルトが公式をつくり、ホイヘンス[13]が公式をつくり、ニュートンが公式をつくった。

ますます抽象化に向かって発達した数学が当時の科学に及ぼした影響の特殊な一例として、周期の概念を考察してみよう。一般にいろいろなものが繰り返されることはわれわれの日常経験においてきわめて明瞭である。日々は繰り返され、月の盈虚《えいきょ》は繰り返され、四季は繰り返され、回転する物体は繰り返し元の位置に帰り、心臓の鼓動は繰り返され、呼吸は繰り返される。どちらを向いても繰り返しに出会う。繰り返しを離れて知識は成立しないであろう。なぜなら、その場合にはなにごとも過去の経験に連関させることができないから。また、繰り返しの規則正しさを離れて、測定は不可能であろう。われわれが精密という観念を獲得する場合の経験において、繰り返しは不可欠のものである。

十六・十七世紀に周期の理論は科学において最も重要な位置を占めた。ケプラーは、各遊星の軌道の長軸を、各遊星がそれぞれ軌道を描く際の周期と結びつける法則を発見した。ガリレオは振子の周期的振動を観察した。ニュートンは音を、濃縮と稀薄との交替による周期的な波が空気中を通過することによって生じる、空気の擾乱に基づくもの、として説明した。ホイヘンスは光を、微妙なエーテルの振動の横波に基づくものとして説明した。メルセンヌ[14]はヴァイオリンの絃の振動周期を、その絃の太さ、張力および長さと結びつけた。近代物理学の誕生の由来は、周期という抽象観念をさまざまの具体的な事例に適用することにあった。しかしそのことも、周期概念の周りに集まるさまざまの抽象観念を数学者たちがすでに抽象的にまとめあげていなかったならば、行われえなかったであろう。三角法は、直角三角形の各角と、その三角形の両辺と斜辺との比、との関係を知ることから生じた。次いで、新たに発見された解析学という数学の影響の下に、三角法はその幅を拡げて、これらの比が例証する簡単な抽象的な周期関数の研究となった。こうして三角法は完全に抽象的なものとなり、またこのように抽象的になることにおいて有用なものとなった。それは、まったく異なった物理的諸現象の組と組との間に潜んでいる類似を明らかにした。また同時に、そのような組のいかなるものも、そのさまざまの特徴を分析され相互に関係させせられるための手段を提供した。[1]

数学がいよいよ極端な抽象的思考の上層圏にますます深く入りこむにつれて、地上に立ち戻ってくるときには具体的事実の分析に対するその重要性を比例的に増した、という事実はまことにこの上なく感銘深いものがある。十七世紀の科学の歴史を読むと、あたかもそれがプラトンやピタゴラスの夢をまざまざと写したもののように感じられる。しかもこの特性において十七世紀は、それに続く時代の先駆をつとめたにすぎなかった。

極度の抽象は具体的事実についてのわれわれの思考を統御するための絶好の武器である、という逆説が今や完全に成立する。十七世紀において数学者たちが卓越していた結果、十八世紀は数学的精神が盛んであり、ことにフランスの影響が優勢なところではなおさらそうであった。[15] ただしロックに由来するイギリス経験論は除外して考えなければならない。フランス以外では、哲学に対するニュートンの直接の影響はヒュームにではなくて、カントに最もよく窺われる。

十九世紀に数学の一般的影響は衰えた。文学におけるロマン主義運動および哲学における観念論運動は数学的精神の産物ではなかった。さらに、科学の内部においてさえも、地質学、動物学、生物科学一般、の発達はいずれの場合も数学との連関から完全に切り離されていた。この世紀に耳目を聳動《しょうどう》させた主要な科学的問題は、ダーウィンの進化論であった。したがって、この時代の一般思想に関するかぎりでは、数学者たちは背景に退いていた。しかしこのことは、数学が閑却されていたこと、さらには、影響力がなかったということさえ、意味するものではない。十九世紀中に純粋数学はピタゴラス以降このときまでの全世紀にほとんど匹敵する進歩を遂げた。[16] もちろん、数学の技術が完成されていたから、進歩は以前よりも容易であった。だがそれにしても、一八〇〇年から一九〇〇年の間に起こった数学内の変化はきわめていちじるしいものがある。先立つ百年をそれに加えて、現代以前の二世紀を取り上げるならば、われわれは、数学の基礎が初めて築かれたのは十七世紀の最後の二十五年内のどこかであった、と考えたくなる。基本的諸概念の発見の時期は、ピタゴラスのときからデカルト、ニュートン、ライプニッツのときまで続き、それらの学問的展開は過去二百五十年間に初めて成し遂げられた。ただし、こういったからとて近代世界の優秀な天才をほめちぎることにはならない。なぜなら、学問を展開するよりもその基礎を発見することの方がより困難であるから。

十九世紀をつうじて数学の影響は、力学および物理学に、さらにそこから派生的に工学および化学に与えた影響であった。これらの科学を媒介として人間生活に間接に及ぼした影響は、いくら高く評価しても高すぎることはない。しかし数学がこの時代の一般思想に影響するところはまったくなかった。

ヨーロッパの歴史全体にわたる数学の影響を描いたこの大づかみな描写を見直してみると、それが一般思想に直接影響を及ぼした二つの大きい時期があり、そのどちらも約二百年間続いたことが分かる。第一の時期は、ピタゴラスからプラトンに至る期間で、そのときこの学問の可能性ならびにその一般的性格が初めてギリシアの思想家たちの頭に浮かんだ。第二の時期は近代のうちの十七・十八紀世を含んでいた。この二つの時期はある共通の特徴をいくつか持っていた。後の時期と同じように始めの時期にも、諸事万般における思想の一般的範疇は崩壊の状態にあった。すなわち、ピタゴラスの時代には、美々しい祭式と呪術的儀式との伝統的な装いに包まれた、自らそれと悟らぬ異教精神が、二つの影響の下に新しい局面へ移りつつあった。存在の隠れた深みを直接照らし出そうと努める宗教的狂熱の波が押し寄せていた。他方反対の極においては、感情に動かされずあくまで冷静に、ものの究極的意味を探る批判的分析的思考が目覚めつつあった。産み出した結果においては、大いに異なっていたが、この二つの影響のいずれにも共通した一要素があった。すなわち、求知心の覚醒ならびに伝統的方式の再建を目指す運動がそれである。異教の秘儀は清教徒の反動および旧教徒の反動になぞらえられるであろうし、批判的科学的関心は、細かな点ではきわめて重要な相違があったけれども、両時期とも相似たものであった。

右の二つの時代のいずれにおいても、初期の段階は、隆昌繁栄への道を辿り、多くの新しい機会を開かれた時期であった。この点でそれらの段階は、キリスト教がローマ世界の征服に向かって進んでいた二、三世紀における衰退凋落の時期と異なっていた。環境の直接の圧力から解放される機会においても、また旺盛な求知心においても、恵まれている時期にのみ、〈時代精神〉は基礎的な抽象的諸観念を直接修正する仕事に着手できる。そしてこの基礎的諸観念は、或る時代の重大な思想の出発点となるいっそう具体的な諸概念の中にひそんでいるものである。この仕事に着手できる時期は稀であるが、そうした時期には数学が哲学と切り離せない間柄になる。なぜなら、数学はおよそ人間精神が達成しうるかぎり最も完全な抽象的諸観念を扱う学問であるから。

ところで、この二つの時期の類似をあまりきびしく考えすぎてはならない。近代世界は、地中海沿岸をめぐる古代文明に較べ、またさらにコロンブスやピルグリム・ファーザーズを大西洋の彼方に送り出したころのヨーロッパの文明に較べてさえも、なお一層広大であり複雑である。今日われわれは現代を説明するにあたって、一時天下を風靡してその後一千年間は忘れ去られるような、ある簡単な公式をもってするわけにはいかない。したがってルソーの時代以後、数学的精神がしばらく影をひそめた時期も、今やすでに終わりに近づいているように思われる。われわれはまさに、宗教、科学および政治思想、における再建の時代に入りつつある。そのような時代は、もし無自覚にただ極端から極端へ揺れ動くことを避けようと思うなら、真理をその最も深い奥底に求めなければならない。そしてこの真理の奥底を見ようと思えば、およそ哲学というものを離れることはできない。哲学は、数学が究極的な抽象的諸観念間の相互関係の探索を任務とするに対し、それらを完全に説明するものであるから。

現代いかに数学が一般的な重要性を増しつつあるか、を正確に説明するため、科学内の特殊な紛糾をまず取り上げて、その難題を解こうとする企てによってわれわれがおのずから到達するいろいろの考え方を考察してみよう。現在物理学は量子論の問題に悩んでいる。この理論を未だよく知らない人びとに対して、わたくしがいまそれを説明する必要はないであろう[2]。だが要するに、最も期待のもてる説明法の一つは、電子が空間におけるその径路を連続的に通過するものではない、と想定することである。電子の存在の仕方に関するいま一つの考え方は、その出現が空間における位置の断続的一系列をなし、それが次々に一定時間ひとつひとつの位置を占める、と見なすことである。それはあたかも次のような自動車の進行に似ている。すなわち、或る道路を毎時三〇マイルの平均速度で走るが、道路の通過は連続的ではなく、順次つぎつぎの里程標のところに姿を現わし、そこで二分間停車する、というような進み方である。

まず第一に、この考え方がはたして量子論の多くの困難な問題を本当に説明するか否か、を決定するためには、純技術的に数学を利用することが必要となる。この考え方がこうしたテストに合格するならばもちろん物理学はそれを採用するであろう。ここまでの範囲では問題はまったく数学と物理学とが両者の間で、数学的計算と物理学的観測とに基づいて決定すべきものである。

しかしながら今や一つの問題が哲学者たちに渡される。上記のように電子が空間において非連続的に存在すると考えた場合、そうした存在の仕方は、われわれが通常明白と見なしている、物質的事物の連続的な存在の仕方といちじるしく異なっている。電子は、チベットの大聖者たちが持つと或る人びとが考えている性格を拝借しているらしい。電子とそれに関係深い陽子とは現在、日常経験される物体を構成する基礎的存在と考えられている。したがって、もしこの説明が許されるなら、われわれは物質存在の根本性格に関して抱く一切の観念を訂正しなければならない。なぜなら、これらの基礎的存在にまでつき進むと、空間における存在の仕方のこの驚くべき非連続性が顕わになるからである。

物質の、外見上はもはや不動にして分解されえないと見える存続性に対して、音や光について現在認められているのと同じ原理を適用することにもしわれわれが同意するならば、さきに示した矛盾を説明するのになんら困難はない。われわれの耳に音として聞こえるものは空気の振動の産物として説明され、われわれの眼に色として見えるものはエーテルの振動の産物として説明されている。もしわれわれがこれと同じ原理によって、物質の不動と見える存続性を説明するならば、それぞれの根原的要素を、表に出ないエネルギーすなわち活動力の干満する振動と考えることになるであろう。かりにエネルギーという物理学的観念に立ってしばらく考えてみるならば、それぞれの根原的要素は、振動するエネルギー流の有機体的結集系（organized system）となるであろう。したがって各要素に一定の周期が結合されるであろうし、その周期内においてこのエネルギー流の結集系は、一方の定常的最高値より他方の定常的最高値へ移り動くであろう。あるいは、海の潮に譬えるならば、この結集系は一方の波の背から他方の波の背へ移り動くであろう。根原的要素を構成するこの結集系は一瞬一瞬には存在しないものである。それは全周期をまって初めて表にあらわれる。同じように、音楽の一音符は一瞬には存在しないで、やはり全周期をまって初めて表にあらわれる。

したがって、根原的要素の在り場所を問うさい、われわれは各周期の中心におけるその平均位置を決定しなければならない。もしわれわれが時間をさらに細分して考えるならば、一つの電気的存在をなす振動系はそのとき存在しない。このような振動する存在——といってもこの存在は実は振動より成り立つのであるが——の空間における径路は、ちょうど次々の里程標のところで姿を現わしながら、その間のどこにも姿を見せない自動車のように、空間内のとびとびの位置からなる一系列によって表わされなければならない。

われわれはまず、量子論を振動と結合するなんらかの証拠があるか否か、を問わなければならない。この問いに対してはただちに肯定の答えが得られる。量子論全体は原子の輻射エネルギーを中核とし、輻射する波系の諸周期と密接に結びついている。それゆえ、振動を本質とするものの存在を仮説として立てることが非連続的軌道という矛盾に対する最も期待のもてる説明法である。

第二に、もしわれわれが、物質の究極的要素はその本質において振動的である、という仮説を立てるならば、今や一つの新しい問題が哲学者と物理学者の前に提出される。その仮説によってわたくしの意味することは、周期をもつ系であることを離れてそのような要素は存在しえない、ということである。この仮説を使ってわれわれは、振動する有機体を構成する因子はいったいどんなものであるか、を問わなければならない。われわれはすでに、外見上分解されない存続性を備えた物質という考えを離脱した。なにか形而上学的な要求に迫られるのでなければ、右にひととおり説明した物質の代りにほかのもっと微妙なものをもち出すべき理由はない。今やなにか新しい有機体説（doctrine of organism）[17]を導入すべき場面が開かれた。この新説は、十七世紀以来科学が哲学に押しつけた唯物論にとって代るであろう。ここで忘れてならないのは、物理学者のいうエネルギーとは明らかに一つの抽象観念だ、ということである。有機体としての具体的事実は現実の出来事のもつ特性を完全に表現するものでなければならない。もし科学的唯物論がこのように席を譲ることがあるとすれば、その結果、思想のあらゆる領域に必ずや重大な影響を及ぼすものと思われる。

最後に、いまひとつ考えなければならないのは、数学および数学的物理学の始祖ピタゴラスの学説の焼き直しについにわれわれが立ち戻った、ということである。彼は抽象的諸観念を扱うこととの重要性を発見した。また特に音楽の各音符の周期を特色づけるものとして数に注意を向けた。周期という抽象観念の重要性はこのようにして、数学およびヨーロッパ哲学、いずれもの誕生の当初から認められていたわけである。

十七世紀において、近代科学の誕生は新しい数学を必要とした。この数学は、振動的存在の特性を分析するための用意を、以前より充分に備えていた。ところで今や二十世紀に入って、物理学者はもっぱら諸原子の周期の分析にたずさわっている。実際、ピタゴラスは、ヨーロッパ哲学およびヨーロッパ数学の土台を築くにさいして、この両者のために万に一つとない当たり籤《くじ》を引きあてた。——それとも神のごとき天才の閃きが万有の内奥の本質に貫入したのであっただろうか。

（1）純粋数学の本質および機能についてのさらに詳細な考察に関しては、拙著『数学入門』を参照されたい。
（2）第八章参照。
〔1〕論理学において、xがyにたいしてRの関係をもつとき、xはRに関しyの referent と呼ばれ、yはR

に関し x の関係項（relatum）といわれる。複数形が relata である。

〔2〕これについては第三章、七四頁以下および八六頁以下を参照のこと。

〔3〕屈折語（inflected language）とは語幹と接辞とが極く抽象的にしか分離できないほど、高度の膠着をなしている言語をいう。ギリシア語やラテン語はその例である。例えば、'amabor' という一語で、'I shall be loved' を意味するように。

〔4〕数学的論理学は、記号を広汎に使用して推理を数学的計算のかたちで取扱う一種の形式論理学で、その考想はライプニッツに始まり、ブールによって土台が築かれ、ホワイトヘッドとラッセルの共著『プリンキピア・マテマティカ』三巻（一九一〇―一三）において大成された。記号論理学とも呼ばれる。

〔5〕アタナシウス Athanasius（二九五―三七三）はキリスト教教父で、異端アリウス派を激しく攻撃して、神とキリストとの同質性を主張した。アタナシウス信条は、アタナシウスに帰せられてはいるが、六世紀以後に成立したもので、四十箇条よりなり、この中に三位一体性が述べられている。

〔6〕紀元前三世紀、アポロニオスによって『円錐曲線論』が書かれている。

〔7〕三角法の基礎は古代ギリシアの天文学者ヒッパルコスによって築かれ、同じく天文学者プトレマイオスにおいて発展した。

〔8〕搾出法とは、古代に使用された求積法であり、アルキメデスはこれを用いて、一つの弦で限られた放物線の截片の面積をみごとに計算した。

〔9〕例えば、平方根表において、x の種々の値に対する $\sqrt{x}$ の種々の値が記されているが、このときの x の種々の値を「引数」と呼ぶ。この例では $\sqrt{x}$ は x の関数と呼ぶのに対して、x は変数と呼ばれるのが普通であるが、ホワイトヘッドは『数学入門』第十一章で、引数と変数を同義に使用している。

〔10〕ここでホワイトヘッドが解析学に「代数的な」という形容を与えているのは、「数の代りに文字記号を

用いて、数学における一般法則を研究する方法を採る」というほどの意味であろう。
〔11〕デカルトの『方法叙説』に三篇の付録があり、そのうち一篇が解析幾何学を示したものである。幾何学に代数学を応用したのはデカルトが最初ではないが、関数の考えを明確に保持して曲線を方程式で表現したところに彼の創意がある。
〔12〕微分法の発明に関しては、どちらが真の発明者かについて論争があったが、現在では、二人とも独立の発明者であると認められている。ニュートンの微分法は「流率法」Fluxionと呼ばれ、その発明は一六六六年であるといわれる。また発表は一六七八年である。ライプニッツとの関係は一六七六年に始まるが、ライプニッツの微分法は一六八四年に発表された。
〔13〕ホイヘンス　Christiaan Huygens（一六二九―九五）はオランダの物理学者。光を波動と考え、その媒質をエーテルと名づけて「ホイヘンスの原理」を確立し、反射、屈折、複屈折などの現象を説明した。また、振子運動を研究して遠心力の法則を明らかにするとともに、振子の等時性を応用して初めて振子時計を製作した。
〔14〕メルセンヌ　Marin Mersenne（一五八八―一六四八）は、フランスの神学者、哲学者、かつ数学者。デカルトの友人で、デカルトと当時の学者たちの仲介者である。
〔15〕十八世紀の著名な数学者の名を挙げてみれば、この間の事情がよくわかる。スコットランドのマクローリン、スイスのベルヌーイ一家、スイス生まれのオイラー。フランスでは、ラグランジュ、クレーロー、ダランベール、ラプラス等。この中にはイングランド人はひとりも入っていない。
〔16〕十九世紀には、次のようにドイツを中心として多くの数学者が輩出している。ドイツでは、ガウス、ヤコービ、ヴァイエルシュトラス、リーマン、カントール、デデキント。フランスでは、コーシー、ルジャンドル、エルミート、ガロア、ポアンカレ。イギリスでは、シルヴェスター、ケイリー。その他、

ノルウェーのアーベル、ハンガリーのボヤイやロシアのロバチェフスキーなどなど。

〔17〕後に（例えば、一二三頁、一七六頁以下、あるいは、二二一頁以下）見られるように、organism という語は、ホワイトヘッド独自の意味をこめられた言葉である。本書では、有機体、（organic は有機体的）と訳すが、本来の意味を充分に理解していただきたいと思う。くわしくは「あとがき」を参考にしていただきたい。

第三章　天才の世紀

前二章は、十七世紀における科学の急激な勃興のためにあらかじめ土壌を培うという役目を果たした諸条件の考察にあてた。そこでは、思想ならびに本能的信念のさまざまの要素を跡づけて、古代世界の古典文明における最初の開花から、それらが中世において受けた変形をへて、十六世紀の歴史的反逆にまで至った。そのさい、三つの主要な原動力がわれわれの注意をひいた。すなわち、数学の勃興、細部にまでわたる自然の秩序に対する本能的信念、中世後期思想における野放図な合理主義、がそれである。この合理主義によってわたくしの意味するものは、真理に至るにはほとんどもっぱら事物の本質の形而上学的分析の道を通る、しかもその本質が事物の活動と機能とを決定する、という信念である。あの歴史的反逆はこの方法を完全に放棄して、前件および後件となる経験的事実の研究におもむくことであった。宗教においてはそれはキリスト教の起源に訴えることを意味し、科学においては実験および帰納的推理法に訴えることを意味した。

それ以後現代に至る二百二、三十年間におけるヨーロッパ諸民族の知的生活を、簡単でしかも充分正確に言い表わすならば、彼らは十七世紀の天才が供与してくれた諸観念の蓄積資本をもとにして生活してきている。この世紀の人たちは、十六世紀における歴史的反逆に伴った諸観念の醱酵をゆずり受けて、人間生活のあらゆる面に関する整然たる思想体系を後に残した。この時代こそ、終始一貫して、かつ人間活動の全域にわたって、この時代の諸問題の偉大さに拮抗できるような知的天才を提供した世紀である。この百年間の舞台に登場する人間のひしめきあいは、著作年表に現われるさまざまの年時合致によって示される。すなわち、この世紀の明け始めた頃、ベイコンの『学問の進歩』とセルバンテスの『ドン・キホーテ』とが同じ年（一六〇五年）に公刊されたが、それはあたかもこの時代が前を見やり後を見やりつつ現われたようであった。「ハムレット」の四つ折判初版はその前年に現われ、わずかな異同のある版が同じ年に現われた。最後に、シェイクスピアとセルバンテスとは同じ日、すなわち一六一六年四月二十三日に死んだ。この同じ年の春、ハーヴェイはロンドンの内科医学会で行った一連の講演において、彼の血液循環説を初めて説明したと信じられている。ニュートンが生まれたのはガリレオの死んだのと同年で（一六四二年）、コペルニクスの『天体の周行』の公刊後ちょうど百年にあたる。その一年前にデカルトは彼の『省察』を、その三年後に『哲学原理』を出版した。天才的な人たちに関係した重要な出来事について、この世紀は適当に間隔をあけてやる余裕がまったくなかったのであった。

わたくしは今、この時期に含まれている知的進歩の諸段階を年代順に話すわけにはゆかない。それは一つの章には大きすぎる題目であるし、わたくしが詳説しようと思っている諸観念を曖昧なものにするであろう。ざっと名前を挙げるだけで充分であろう。すなわち、この世紀内に重要な著作を世に問うた人びとに、フランシス・ベイコン、ハーヴェイ、ケプラー、ガリレオ、デカルト、パスカル、ホイヘンス、ボイル、ニュートン、ロック、スピノザ、ライプニッツ、がある。わたくしはこの名簿を十二という神聖な数に限定したが、この数は時代を正しく代表させるには小さすぎる。例えば、そこにはイタリア人が一人しか出ていないが、イタリアは自国の学者だけで名簿の人数を揃えることができたであろう。また生物学者はハーヴェイただ一人であり、それにイギリス人が多すぎる。このあとの欠点は一部分、著者のわたくしがイギリス人であり、かつわたくしと同じく、あれはわれわれイギリス人の世紀であった、と認める読者に向かって書いている、という事実に基づいている。もし著者がオランダ人であったならば、オランダ人の名を多く挙げたであろうし、イタリア人ならばイタリア人を、フランス人ならばフランス人を、多く挙げたであろう。不幸な三十年戦役がドイツを荒廃させていたが、そのほかの国はいずれもこの世紀をふりかえって、その天才の極盛を見た時代だと考える。確かにこれは、後にヴォルテールもフランス人に教えたように、イギリス思想の偉大なる時代であった。

ハーヴェイ以外の生理学者を省略したこともまた説明を要する。もちろん、この世紀内に主としてイタリア、ことにパドヴァ大学[1]と結びついて、生物学の大きな進歩があった。しかしわたくしの目的は、科学から引き出されかつ科学によって前提される哲学的世界観を跡づけ、これが各時代の一般的風土に及ぼした影響のいくつかを評価することにある。ところでこの時代の科学哲学は物理学によって支配されていた。したがってそれは、この時代およびそれに続く二世紀の物理学的知識の状態を、一般的諸概念のかたちに転じた最も明瞭な引き写しである。事実、これらの概念は生物学にはすこぶる不適当なもので、こんにち生物学者たちが取り組んでいる物質や生命や有機体という解き難い問題を提起する。しかしながら生きている有機体を扱う科学は、今やっと、それのもつ諸観念が哲学に影響を与えうるほどに成長してきた。この十五年間に生物学の諸概念を十七世紀の唯物論に彫りつけようとするいくつかの試みがなされたが、いずれも失敗に終わった。こうした結果をどう評価しようとも、次の事実だけは確かである。十七世紀の根本的諸概念は、ガリレオ、ホイヘンスおよびニュートンを生んだ思想の流派から出たもので、パドヴァの生理学者たちからは出ていない、ということである。未解決の問題である一つの考えは、それがこの時代に発しているかぎり、次のように定式化することができる。「物理学の諸法則によって定められた空間内の位置移動をなす物質の配列を与えて、生きている有機体を説明せよ」。

この時代を論じるにあたってまずフランシス・ベイコンの言葉を引用するのが最もよいであろう。それは彼の『自然誌』、すなわち『森の森』[2]（Silva Silvarum）の第九節の冒頭である。彼の家庭付き牧師ローリー博士が当時書いた回想録によれば、この著述は彼の生涯の最後の五年間に作成された。したがって一六二〇年から一六二六年までの間に書かれたと見なければならない。引用文は次の通りである。

「あらゆる物体は、よし覚識（sense）を持たないにしても、表象（perception）を持っている、ということは確かである。なぜなら、一つの物体が他の物体に出会うとき、好ましいものを抱き、好ましからぬものを排除または排斥する一種の選択が行われる。そしてこの物体が変化しつつあろうとすでに変化していようと、つねに表象は行動に先立つ。さもなければ、すべての物体は互いに似通ったものになるであろうから。そして、ある種の物体においては時としてこの表象が覚識よりもはるかに鋭敏であり、したがって表象に比して覚識がまったく鈍いものにすぎないことがある。たとえば、晴雨計は、われわれが発見しないのに、寒暑の極めて微細な相違を発見する。またこの表象は接触した場合だけでなく、時には距離をおいて得られることがある。たとえば、磁石が鉄を引きつけたり、あるいは焰がバビロンの揮発油を相当離れたところから引きつける場合などである。したがって、比較的鋭敏な表象について研究することは、大いに立派な研究題目である。なぜならば、それは覚識と相携えて自然を開くいま一つの鍵であり、時としては覚識に優る鍵であるから。なおその上、自然現象を予知する主要な手段でもある。なぜなら、これらの表象に早く現われるものは、ずっと後になって大きな結果として出てくるからである」

右の引用文には興味深い問題が多々含まれており、その或るものは今後の各章において重要な意義を発揮するであろう。まず第一に、ベイコンが一方において表象、即ち影響受容（taking account of）、他方において覚識、すなわち認識的経験（cognitive experience）、の区別を立てている注意深いやり方に心を留められたい。[3] この点でベイコンは、十七世紀を支配した物理学の考え方の外に立っている。後になって人びとは、外からの力の作用を受ける受動的物質というものを思いついた。だがベイコンの考え方は、当時物理学に妥当なものとして形成されつつあった唯物論的諸概念よりもずっと根原的な真理を表わした、とわたくしは信じる。現在われわれは、十七世紀の天才によってわれわれの学問に植えつけられた唯物論的なものの見方にすっかり慣らされてしまっているので、自然の諸問題にたち向かう他の方法があり得ることを理解するのに相当困難を感じる。

わたくしがいま特に挙げた引用文においては、この文章全体も、それがはめ込まれている前後関係も、実験的方法によって、すなわち「原理にまで還元し難い頑固な事実」への注意と一般法則を引き出す帰納法とによって、あくまで貫かれている。十七世紀がわれわれに遺したいまひとつの未解決の問題は、〈帰納〉というこの方法の合理的弁証である。スコラ学者たちの演繹的合理主義と近代人のいろんな帰納的観察的方法との対立を、明確に表現することは主としてベイコンから始まったと見なければならない。もっともガリレオや当時のすべての科学者たちの頭の中で、その表現がおぼろげになされていたことはもちろんである。しかしベイコンは彼ら全部の中で最も初期に属する人びとの一人であり、また当時進展していた知的革命の全意義を最も端的に把握していた。ベイコンおよび近代的なものの見方全体のいずれもの最も完全な先駆をなした人は、おそらくベイコンより約百年前に生きていた画家レオナルド・ダ・ヴィンチであろう。レオナルドもまた、わたくしが前章で述べた説、すなわち自然主義美術の勃興が近代の科学的精神の形成における重要な一素因であるという説、を例証している。実際レオナルドはベイコンよりもいっそう完全に科学者であった。自然主義美術にたずさわる方が、法律にたずさわるよりも、物理学、化学、生物学にたずさわることに縁が近い。ベイコンの同時代人で、血液循環の発見者たるハーヴェイが、ベイコンは「科学について大法官のように書いた」、といった言葉は誰にも知られている。しかしながら近代の初頭においてダ・ヴィンチとベイコンは相並んで、近代世界を構成するために結合したさまざまの傾向、すなわち、法則尊重の精神および自然主義美術家の忍耐強い観察の習慣を証する実例である。

さきにわたくしがベイコンの著述から引いた文章では、帰納的推理法についてはっきり述べた言葉は一つもない。しかし、この方法の重要性ならびにこれによって発見される自然の秘密が人類の福祉に対してもつ重要性を強調することが、その著述においてベイコンの専念した主要な題目の一つである、ということはわざわざ彼の言葉を引いて証明するまでもないであろう。その後帰納法は、ベイコンが予想したよりも幾分もっと複雑な手続きであることが明らかになった。彼は、実例を集めるにあたって充分な注意を払えば一般法則はひとりでに顕わになる、という信念を心に抱いていた。この考えは科学的概括を産み出すもろもろの手続きを説明するにはきわめて不充分である、ということを今日われわれは知っているし、それはおそらく当時ハーヴェイも知っていたであろう。しかし差引くべき点をすべて差引いてしまえば、ベイコンは依然として近代世界の精神を建立した偉大な建設者たちの一人である。

帰納法の引き起こすもろもろの特殊な困難は、ヒュームの批判の結果として十八世紀に顕わとなった。ベイコンは歴史的反逆の予言者たちの一人であった。そしてこの反逆は合理主義一色の方法を放棄して、すべてのみのり多き知識の基礎は過去における特殊の契機から未来における特殊の契機への推論にあり、と考える他の極端に突入した。わたくしは帰納法の妥当性に対して、それがしかるべく用心して用いられた場合、少しも疑いを挿しはさむ気はない。わたくしの言わんとするところは、われわれに現在意識されている直接契機の一般的特性を引き出すために、理性を用いるというすこぶる厄介な仕事が、帰納法を正当づけようとするかぎり、一つの必要な予備段階であるということである。ただし、帰納法はもちろん正しい、という漠然とした本能をそれの根拠とすることにわれわれが満足しているならば、話は別である。直接契機に即してなにか過去および未来の知識を与えるものが見出されるか、あるいはわれわれが記憶および帰納法について完全な懐疑に陥るか、いずれかである。科学においても日常生活においても用いられる帰納法という手続きを解く鍵は、われわれの知る直接契機を完全な具体相において正しく理解するにある、という点はいかに強調してもなお足りないほどである。これらの契機のもつ一般性格をそれらの具体相において捉えることに関連して、近代における生理学および心理学の発達がきわめて重大な意義をもつ。わたくしはこの点を以下の諸章において例証するであろう。われわれはこの具体的な契機の代りに、物質的対象を時間および空間におけるその配列の変動においてのみ考察する、単なる一つの抽象的方式を立てるならば、種々の解き難い困難にとりまかれる。そのような対象が、それらはそのとき在るところに在る、ということだけしかわれわれに教えないのはきわめて明白である。

したがって、われわれは、わたくしが第一章で引用した中世のイタリア人たちによって説明されたような、スコラ学の方法に立ち帰らなければならない。われわれは直接契機を観察し、理性を用いてその契機の本質についての一般的記述を引き出さなければならない。帰納法は形而上学を前提する。換言すれば、それに先行する一つの合理主義を足場にする。われわれの形而上学がわれわれの訴えるべき歴史的過去が存在すると保証してくれるまでは、われわれが歴史的過去に訴えることの正しさは合理的に証明されない。また同様に、未来に関するわれわれの推測は、いくつかの限定をすでに含む未来が存在する、という知識の地盤をなにか前提する。困難はこの二つの観念のいずれをも筋の通るようにするところにある。もしそうしなかったならば、帰納法というものは筋の通らないものになる。

お気づきになると思うが、わたくしは〈帰納法〉というものを、その本質において一般法則を引き出すことであるとは考えていない。それは、特殊の過去のすでに知られた特性から特殊の未来のいくつかの特性を予測することである。さらに広く、知られうるすべての契機にあてはまる一般法則を仮定することは、この限られた知識に加えるにははなはだ危険なつけ足しであるように思われる。われわれが現在の契機に対して要求しうることはただ、同じ集合体（community）に含まれているがゆえにいくらかの点において同様の条件を受けているもろもろの契機が相寄って構成する一つの特殊の集合体を、現在の契機が決定すべきだ、ということだけである。物理科学において考察されるその契機の集合体とは、われわれのいわゆる共通の空時において互いにしっくり結びつき、したがって一から他への移り行きを辿ることができるような、もろもろの出来事の一組である。それゆえにわれわれは、われわれの知る直接契機に示されるその共通の空時に連関させて考える。帰納的推理は、特殊の契機からもろもろの契機の特殊の集合体に進み、特殊の集合体からその集合体を成すもろもろの特殊の契機間の関係に進む。われわれが他の科学的諸概念を検討するまでは、帰納法についての論議をこの暫定的結論以上におし進めることはできない。

ベイコンからの引用文について注意すべき第三の点は、そこでなされているいろいろな立言の性格がどこまでも質的である、ということである。この点でベイコンは、十七世紀科学の成功の背後にあった主調を完全に見逃した。当時科学はなによりも量的なものになりつつあったし、その後こんにちまでそうである。現象に含まれた測定できる要素を探求し、しかる後、物理学的諸量のこれら測定値間の関係を探求せよ。ベイコンはこうした科学の規則を無視している。例えば右に挙げた引用文の中で彼は遠隔作用について語っている。しかし彼の考え方は質的であって量的でない。彼が彼よりも年少の同時代人ガリレオや彼の遠い後輩ニュートンの先手を打つように、と要求することは無理である。それにしても彼は量の探求がなされるべきである、とはひとことも言っていない。たぶん彼は、アリストテレスから伝わってきた当時流行の論理学説に迷わされたのであろう。なぜなら実際、これらの学説は物理学者に向かって、「測定せよ」と言うべきところを「分類せよ」と言っていたからである。

この世紀の終わりまでに、物理学は測定という満足すべき土台の上に建設された。究極的かつ充全なる説明はニュートンによって与えられた。質量という測定可能な共通要素が一切の物体を量の差において特色づけるものとしてはっきり立てられた。実体、形状、大きさ、において外見上同一である諸物体はほとんどまったく同じ質量を持ち、外見的な同一性が密接であればあるほど、質量の同等性はそれだけ接近する。近接によると遠隔によるとを問わず、物体に作用する力は、（実際）次のように定義された。物体の速度変化の割合がその力によって生じたかぎり、その割合を物体の質量に乗じたものに等しい、と。このようにして力は、物体の運動に及ぼすその結果によって確立される。ここで次のような問題が生じる。力の大きさをこのように考えた場合、そこから、もろもろの実体およびそれらの物理学的諸特性のなす、配列の状況次第では別のかたちで限定されるもろもろの力を含む、簡単な量的諸法則を発見できるだろうか。ニュートンの考え方は近代をつうじてまことに鮮やかにこのテストをきり抜けてきた。その最初の勝利は重力の法則であった。その勝利の集大成は力学的天文学、工学および物理学の発展全体であった。

　運動の三法則ならびに重力の法則の形成というこの題目は冷静慎重な注意を払う価値がある。この思想の全展開にはまさに二つの世代を要した。すなわち、それはガリレオから始まり、ニュートンの『プリンキピア』に終わった。そしてニュートンは、ガリレオが死んだ年に生まれたのであった。またデカルトおよびホイヘンスの生涯は、両端に位置するこの二人の偉人の生存した期間内に入る。この四人の人びとの努力を結集して生まれた結果は、人類の獲《か》ち得た最大唯一の知的成功と当然見なされてよいであろう。その結果の大きさを量るときに、われわれはそれの支配する範囲の全体を考えなければならない。それはわれわれに物質的宇宙の構造を手に取るように眺めさせ、個々の出来事について微に入り細にわたって計算できるようにする。ガリレオがまず真先にこの新しい考え方に思い当たった。彼は、注意すべき重大な点が物体の運動ではなくて運動の変化であることに気づいた。このガリレオの発見はニュートンによって運動の第一法則として定式化された。すなわち、「各物体は、外力によって静止あるいは一様な直線運動の状態を変えるよう強制されないかぎり、その状態を持続する」。

この法則は、二千年来物理学の進歩を阻んできた一つの信念の放棄を含んでいる。それはまた科学に不可欠な一つの根本概念、すなわち観念的に組み立てられた孤立系という概念、を取り扱う。この概念は事物の一つの根本性格を表わしたもので、これがなければ科学は、否、実際われわれ有限な知性のもち得るいかなる知識も成立不能となるであろう。この「孤立」系は、自分以外に実在を認めないような唯我論者の世界ではない。孤立といっても宇宙の内部での話である。こう言う意味は、この系に関してもろもろの真理が成り立つが、それらの真理がこの系外の事物に対して持つ関係においては、この系外の事物全体が一つの一様な体系的関係図式と見なされているに止まる。このようにして孤立系の概念は、それがこの系外の事物より全体として独立していると考えるものではなくて、宇宙内にあってこの系の外にある個々のものに対する偶然的な依存関係をまったく持たないと考えるものである。さらに、このように偶然的な依存関係をまったく持たないことが必要とされるのは、ただ孤立系に伴うもろもろの抽象的特性を把えることに関する場合だけであって、この系を完全な具体相において把えることに関する場合ではない。

運動の第一法則は、力学的な孤立系について、それの特殊な在り方およびそれの各部分の内的配置を捨象して、それの全体としての運動に関するかぎり、どういうことが言えるかを問う。アリストテレスは、そのような系は静止しているものと考えなければならない、と言った。ガリレオはこれに付け加えて、静止の状態は特殊の場合にすぎず、一般的な命題は「静止の状態か、あるいは一様な直線運動の状態かのいずれか」である、と言った。したがって、アリストテレス派の人は、他の物体の作用から生じる力を、その力によって与えられた速度というかたちで量的に測定されることができ、かつその速度の方向によって方向の定められるものである、と考えるであろう。これに反して、ガリレオの流れを汲む人は、加速度の大きさおよびその方向に注意を向けるであろう。この相違はケプラーとニュートンとを対照させることによって明らかに示される。彼らはいずれも、遊星をその軌道に保つ力について思いを凝らした。ケプラーが遊星をその軌道に沿って押し動かす切線力を求めたのに対し、ニュートンは遊星の運動の方向を逸らせる中心力を求めたのである。

アリストテレスが犯した過ちをとやかく言うよりも、われわれの経験に現われる明白な事実を顧みて、その過ちのもっともな理由を強調した方が有益である。われわれの普通の日常経験に入る一切の運動は、それらが明らかに外部からの力によって支えられていないかぎり、停ってしまう。健全な経験主義者が運動の存続というこの問題に彼の注意を集中しなければならないことは明白である。われわれはここで構想力を欠いた経験主義に伴う危険の一つにぶつかる。十七世紀はこの同じ危険のいま一つの見本を示しており、万人と同じくニュートンまでもその穴に落ち込んだ。ホイヘンスはすでに光の波動説を出していた。しかしこの説は、われわれの日常経験に現われる光に関する最も明白な事実、すなわち障碍物の投じる陰影は直進光線によって決まる、ということを説明できなかった。したがってニュートンはこの説を斥けて、陰影を完全に説明する粒子説を採った。それ以来この二つの説はそれぞれ黄金時代を持った。現在科学界はこの両説の結合を求めている。右の例は、或る観念が当面の問題に含まれた最も明白な事実の一つを説明できないという理由でその観念を受け入れられない、とすることとの危険を教えている。もしわれわれが生きている間に接するいろいろの斬新な考え方に注意を向けたならば、真に新しい観念はほとんどすべて、それが初めて持ち出されたときには、どこか愚にもつかぬところがあることに気づくであろう。

ここで運動の法則に立ち帰るとして、アリストテレスふうの立場と異なるものとしてガリレオふうの立場を受け取る理由が十七世紀には示されなかった、ということが注意される。それはどこまでも事実であった。以下章を追って現代に入ったとき、相対性理論がこの問題に完全な光を投じるのを見るであろう。ただし、それはもっぱら空間および時間に関するわれわれの一切の観念を修正することによって行われるものである。

それからなおニュートンのなすべきことは、物質的物体の本質に内在する物理学的量としての質量に注意を向けることであった。質量は運動の全変化を通じて不変であるとされた。しかし化学変化における質量不変の証明は、一世紀後のラヴォアジェを待たなければならなかった。ニュートンの次の仕事は、物体の質量およびその加速度を用いて外力の大きさの規定を発見することであった。そのさい彼は一つの素晴らしい幸運に恵まれた。なぜなら、数学者としての立場から見てきわめて簡単な法則、すなわち二つの量の積、が豊かな成果を上げる法則となったから。なお現代の相対性理論はこの極度に簡単な法則を修正している。しかし科学にとって幸せにも、現代物理学者たちの精妙な実験は当時知られていなかったし、またできるものでもなかった。それがために、世界はニュートンの運動法則を消化するに必要な二世紀を与えられたのであった。

このニュートンの勝利を念頭におけば、科学者たちが彼らのもろもろの究極的原理を唯物論的基盤の上に置いて、その後もはや哲学について思い煩わなくなったのは、なんの不思議もない。この基盤はいかなるものであり、それが究極においてどんなもろもろの難点を含むか、を正確に理解すればわれわれはその思考方式を了解するであろう。われわれが或る時代の哲学を批判するさい、その哲学の解説者たちが公然と擁護しなければならないと感じている知的立場に、主として注意を向けるようなことをしてはならない。その時代に属する種々さまざまの学説の遵奉者たちが無意識に想定している根本前提がいくつかあるであろう。そのような前提はきわめて分かりきったものと思われるので、人びとは、自分たちがほかの考え方を思いつかないために、前提しているものが実は何であるかを知らない。これらの前提の下に哲学体系の限られた若干のタイプが成立し、この一群の体系はその時代の哲学を形成するものである。

そのような一つの前提が、近代をつうじて自然哲学全体の根底に横たわっている。それは、自然の最も具体的な様相を表わすと想定される特定の概念に、具現されている。イオニアの哲学者たちは、「自然は何から作られているか」、と尋ねた。その答えは、素材、物、物質――それをどう名づけようと変わりはない――という言葉の中に包まれる。そしてそのものは空間および時間の中に、あるいはもっと現代的概念を用いるならば、空時の中に、単に位置を占めるという性質をもつ。わたくしの意味する物とか物質とかは、単に位置を占める（simple location）[4]というこの性質をもつものである。またわたくしが単に位置を占めると言う意味は、大きくは空間および時間いずれにも等しく結びつく一つの特性と、小さくは空間の場合と時間の場合とでは相異なるいま一つの特性、とのことである。

時間および空間に対して共通のこの特性とは、物質が空間内のここおよび時間内のここに、あるいは空時内のここに、しかも空時の他の諸領域に連関させて説明するを要しないという完全に明確な意味でここにある、と言いうることである。きわめて奇妙なことには、単に位置を占めるというこの特性は、われわれが空時の一領域を絶対的に限定されたものと見ようと、相対的に限定されたものと見ようとも、かかわりなく成立する。なぜなら、もし一領域が他のもろもろの存在に対する一組の関係を示す一つの仕方にすぎないとすれば、わたくしの言う単に位置を占めるというこの特性は、次のようにも言えるからである。すなわち、それは、物質が他のもろもろの存在に対してまさにこれこれの位置関係を持つ、しかもそのことは同一のもろもろの存在に対する類似の位置関係から成り立つ他の諸領域に関連させて説明するを要しない、と言いうることである。ところで実際は、空時内における一定の場所の意味を、とにかくいかようにでも決定してしまえばただちに、或る特殊の物体がまさにそこに、その場所に存在すると言うことによって、その物体の空時に対する関係を適切に言い表わすことができる。そして単に位置を占めることに関するかぎりでは、これ以上なにも言うべきことはない。

しかしながら、わたくしがさきに述べた小さい方の特性に立ち入る若干の付随的な説明を行わねばならない。まず第一に、時間に関して、もし物質がある期間存在していたとすれば、その期間のどの部分の間にも等しく存在していたことになる。言い換えれば、時間を分割しても物質は分割されない。第二に、空間に関して、体積の分割は物質を分割する。したがって、もし物質が一つの体積全体を占めるならば、その体積のどの決まった半分にもその物質の少量が分布しているであろう。この性質からして空間の一点における密度という概念が生じる。密度について語るいかなる人も、現代の相対性理論を奉じる一派のうち極端に走る人たちが性急に望んでいるほど、時間と空間とを融合させはしない。なぜなら、時間の分割が物質に関してなす働きは、空間の分割のなす働きとまったく異なっているから。

さらに進んで、物質が時間の分割にかかわりがないということの事実から、時間の経過は物質の本質というよりもそれの付帯的なものである、という結論に達する。物質は、いかに短く区分された時間であろうと、その時間内に完全に自己を保つ。このように時間の推移は物質の特性となんら関係しない。物質は各瞬間にひとしく自己を保つ。ここで瞬間とは本来推移しないものと考えられている。なぜなら、時間の推移とは各瞬間の継起であるから。

そこでイオニアの思想家たちの古い問い、「世界は何から作られているか」、に対して十七世紀が与えた答えはこうであった。すなわち、世界は物の、あるいは、もし普通の物よりもずっと細緻な素材——例えばエーテルのようなもの——を包含させたいならば、物質の、瞬間的配列の継起であると。

科学が自然の根本的諸要素に関して右の前提に満足していたのは怪しむに足りない。重力のような自然の大きな力がまったくもろもろの質量の配列によって決定された。このようにして配列は自らの変化を決定し、したがって科学思想の領域は完全に閉ざされたものになった。これが十七世紀以来最高の支配権を握ってきた有名な機械論的自然観である。それは物理科学の正統的信条である。その上、この信条は実地のテストによって正当化された。それは有効に働いた。物理学者たちはもはや哲学に関心をもたなくなった。彼らはあの〈歴史的反逆〉を行った反合理主義を強調した。しかしこの唯物論的機械論のもつ種々の難点がほどなく明らかになった。十八・十九世紀における思想の歴史は、あっても困るし、なくても困る一つの通念を、世界がひっつかんだという事実に支配されている。

物質の瞬間的配列が単に位置を占めるという、このことは、それが時間に関係するかぎり、またそれが具体的自然の根本的事実と考えられるかぎり、ベルグソンが非難したものである。彼はそれを、知性による実相の「空間化」に基づく自然の歪曲と呼んでいる。わたくしはこのベルグソンの非難に同意する。だが、そのような歪曲が知性による自然把握に必ず伴う悪である、ということには同意しない。わたくしは以下の諸章において、この空間化は、きわめて具体的な事実をすこぶる抽象的な論理的構成のかたちで表現することである、ということを示そうと努めるつもりである。なるほど一つの誤りはあるが、それは抽象的なものを具体的なものと取り違える偶然的な誤りにすぎない。それはわたくしが「具体者置き違いの誤謬」(Fallacy of Misplaced Concreteness)[5]と呼ぼうと思うものの一例である。この誤謬は哲学に大きな混乱を起こす種となっている。右の例では知性がとかくこの陥穽に落ちこみやすいのはごく普通のことであったけれども、知性が必ずいつもそうなるとはかぎらない。

単に位置を占めるという概念が帰納法に対して大きな障害をもたらすであろうことは、ただちに明らかである。なぜなら、ある長さの時間において物質の配列が位置を占めているということに、過去にせよ未来にせよ、他の時間に対してなんら内的連関も存しないならば、或る期間内の自然は他のいかなる期間内の自然とも連関がない、という結論がただちに出てくる。したがって、帰納法は自然に内在すると認められうるものに基盤を置いてはいない。そこでわれわれは、自然に訴えて、重力の法則のような法則に対するわれわれの信頼を正当づけることはできない。言い換えれば、自然の秩序は単なる自然観察によって正当づけられることができない。なぜなら、現在の事実の中には、過去あるいは未来のいずれに対しても内的連関をもつものはなにひとつないのだから。それゆえに、あたかも帰納法と同じく記憶も、自然それ自身の中に自らを正当づけるものを見出しえないかのように思われる。

わたくしはずっと後の思想の歩んだ道を先廻りして述べ、ヒュームの説をそのまま記した。この一連の思想は、単に位置を占めるという概念を考察することからただちに出てくるので、その思想の考察にとりかかるのに十八世紀まで待ってはいられないはずである。ところがただ一つ不思議なことに、世界はこの難点に気づくのに事実ヒュームを待ったのであった。なお、ヒュームが実際現われたとき、注目を惹いたのはただ彼の哲学に含まれる宗教的な意味だけであった、という事実は科学者の世界の反合理主義を例証するものである。この理由は、僧侶たちが原則として合理主義者であったのに対し、科学者たちは自然の秩序に対する単純な信仰に満足していたことにある。ヒューム自身、確かに冷笑するように、「われわれの聖なる宗教は信仰に基づく」と言っている。この態度は王立協会を満足させたが、英国教会は不満であった。それはまたヒュームを満足させ、彼以後の経験主義者たちを満足させたのである。[6] [7]

いまひとつ、単に位置を占めるという説と並べて見なければならない前提がある。すなわち、実体と性質という二つの相関的な範疇である。しかしながらこうした相違がある。空間の組成についての妥当な記述に関してさまざまの説があるにはあったが、その組成がどんなであろうと、空間内に在るといわれる事物が空間に対して持つ関係は単に位置を占めるという関係であることを、誰もまったく疑わなかった。これをさらに手短かに言うならば、空間は単に位置を占めることの行われる場である、と暗黙の裡に想定されていた。すべて空間内に存在するものは単に(simpliciter)空間のある決まった部分に存在する。これに反し、実体と性質に関しては十七世紀の指導的立場にあった人たちは明らかに困惑していた。もっとも、例の天才をもって、彼らの当面の目的に適した理論をただちに建設したのではあったが。

もちろん、実体と性質ということは、単に位置を占めるということと同様に、人間精神がきわめて自然に抱く観念である。それはわれわれがものを考えるさいの思考形式であり、このような思考形式がなくては、日常すぐ使えるさまざまの観念を得ることができないであろう。このことはまったく疑いの余地がない。ただ一つの疑問はこうである。われわれがこれらの概念によって自然を考察する場合、どのように具体的な考え方をしているか。わたくしの言わんとするところは次の通りである。われわれは自分に対して直接の事実の簡略版を贈っているのである。この簡略版に含まれているもとの材料を調べてみると、実際それらは高度の抽象によって精巧に組み立てられた論理的構成としてのみ、正当づけられることを見出すであろう。もちろん、個人の心理からみれば、お門違いの枝葉末節と思われるものを削除するという手っ取り早い方法によって、さまざまの観念に達する。しかしこのようなお門違いのものの削除を正当づけようと企てるならば、われわれの語る事物に照応して削除されずに残っているものが在るにはあるが、それは高度の抽象的なものである。

このようにわたくしは、実体と性質はいまひとつ、具体者置き違いの誤謬の例を提供すると考える。いかにして実体および性質について種々の考え方が生じるか、を考察してみよう。われわれは事物をいくつかの特性をもった存在として見る。さらに、それぞれ個々の存在はそれの特性をつうじて理解される。例えば、ある物体を観察するとする。それにはなにかわれわれの気づくものがある。固く、青く、円く、音がするかもしれない。何かこれらの性質をもったものを観察している。これらの性質を離れてはまったく何ものも観察していない。したがって、存在するものとは、われわれがいろいろの性質を述語として与える基体ないし実体である。性質のうちの或るものは、それを離れては存在が存在でなくなるゆえに、本質的なものであり、また或るものは付帯的可変的なものである。物体に関しては、量的に規定される質量を持ちかつどこかに単に位置を占める、という性質が十七世紀の終わりにジョン・ロックによって本質的性質と考えられていた。もちろん、位置を占めることは可変的であり、質量の不変性は、ある極端な思想家たちを除いては、誰にも単に実験的事実にすぎなかった。

ここまではそれでよろしい。しかし青いことや音がすることの話になると、新しい事情に直面しなければならない。まず第一に、物体はいつも青いとか、いつも音がするとはかぎらないであろう。われわれはすでに付帯的性質の考えによってこのことを認めたが、さしあたりわれわれはこの考えを妥当なものとして受け容れてよいであろう。ところが第二に、十七世紀に本当の難点が暴露された。偉大な物理学者たちは彼らの唯物論的自然観を基盤とした光および音の伝播に関する諸説を丹念に作りあげた。光に関しては二つの仮説があった。すなわち、一方の説では、光は物質的エーテルの波の振動によって伝播されるとし、他方の説では——ニュートンに従えば——光はなにか微妙な物質のきわめて微小な粒子の運動によって伝播されるとした。誰も知っているとおり、ホイヘンスの波動説は十九世紀中覇権を握っていたし、現在物理学者たちは輻射に伴う若干の分かりにくい事柄を両説の結合によって説明しようと努めている。しかしいかなる説を選ぶにせよ、外的自然内に起こる事実としての光とか色とかは存在しない。そこには単に物質の運動があるだけである。さらに、光がわれわれの眼に入り網膜にあたるとき、そこにはただ物質の運動があるだけである。そのときわれわれの神経が刺戟され、脳髄が刺戟されるが、ここでもまた単に物質の運動があるだけである。エーテルの波の代りに空気の波を、眼の代りに耳を、置き換えれば、音についても同じ筋道の議論が成り立つ。

次に、青いことや音がすることがどういう意味で物体の性質であるのか、をわれわれは尋ねる。同様に考えて、われわれはまた香りがどういう意味で薔薇の性質であるか、を尋ねる。

ガリレオはこの問題を考察して、眼、耳、鼻、を離れて、色、音、匂い、は存在しないことをただちに指摘した。デカルトとロックは第一次性質および第二次性質という説を巧みに作りあげた。例えばデカルトは彼の『省察第六』(1)においてこう述べている。「実際、わたくしが異なった種類の色、音、香り、味、熱、硬さ、などを知覚するとき、感官のもつ種々の知覚が出てくる諸物体の中に、それからの知覚に客観的には似ていないかもしれないが、それらに対応する種々の変化がある、と断言できる。……」。

また『哲学原理』の中で次のように言っている。「悟性によってわれわれが外的物体について知るものは、その形（つまり形状）、大きさ、および運動以外のものではない」。

ニュートン力学の知識を持って著述に当たったロックは、質量を物質の第一次性質の一つに数えている。要するに、彼は第一次性質および第二次性質という説を、十七世紀末における物理学の現状に応じて巧みに作りあげている。第一次的性質は実体の本質的性質であり、これらの性質の空時関係が自然を構成する。これらの関係の秩序正しさが自然の秩序を構成する。自然の現象は身体と結びついた精神によってとにかく把握される。根本的には、この精神による把握は精神に相関的な身体の或る部分における現象、例えば脳髄における現象、によって引き起こされる。しかし精神は把握のさいに、正しく言えばただ精神のみがもつ性質である感覚を経験する。これらの感覚は外的自然における然るべき物体の外被として精神によって投射される。このようにして物体は、客観的には物体自身には属さない性質をもったものとして知覚されるが、それらの性質は、実際はただ精神から産み出されたものである。こうして、実際はわれわれのために保留されるべきはずの名誉を自然が得ている。薔薇はその香りを、夜鶯《ナイチンゲール》はその歌を、太陽はその光耀をわがものとしている。詩人たちは完全に誤っている。彼らはその抒情詩を自分に向かって歌うべきであり、その抒情詩を転じて人間精神の卓越を歌う自己礼讃の頌詩とすべきである。自然は無味乾燥なもので、音もなく、香りもなく、色もない。物質の慌しい、目的も意味もない、ひしめきにすぎないのである。

われわれが自然にどんな外観を与えようとも、このような見方は十七世紀末のこの特色ある科学哲学から実際に出てきたものである。

まず第一にわれわれは、この哲学が科学研究を組織づけるための一つの概念体系として、驚くばかりの効果を上げたことに注意しなければならない。この点でそれは、それを産み出した世紀の天才を決してはずかしめるものではない。それはその後の科学研究の指導原理として自らの地歩を保ってきている。それは今なお覇権を握っている。世界中のあらゆる大学がそれに順応して組織されている。科学的真理の探求を組織づける別の体系は、なにひとつ思いつかれなかった。それは覇権を握っているばかりでなく、それに挑戦するものもない。

それにしてもそれはまったく信じ難いものである。宇宙についてのこの考え方は高度の抽象的諸観念を用いて確実に組み立てられている。そして矛盾が生じるのはただ、われわれがわれわれの抽象的観念を具体的実在と思い誤るからにすぎない。

この世紀における科学思想の上げたもろもろの業績を描写するさい、どのように概括するにしても、数学における進歩を省略することはできない。他の領域と同じくここでも、この時代の天才が自らを顕わにした。三人の偉大なフランス人、デカルト、デザルグ[8]、パスカルが幾何学における近代の創始者となった。いま一人のフランス人、フェルマーは近代解析学の土台を築き、微分学に関する種々の方法をほとんど完成した。ニュートンとライプニッツはおのおの、数学的推理の実際的方法としての微分学を本当に創造した。この世紀が終わったとき、物理学的問題に適用する手段としての数学は現代における有効な働きにほぼ似た確乎としたかたちで建設されていた。現代の純粋数学は幾何学を除いては、なお揺籃期にあったし、それがやがて十九世紀に遂げるべきたくましい成長の徴候はなにひとつ示していなかった。しかしながらかの数学的物理学者[9]がすでに現われていて、次の世紀の科学界を支配すべき典型的精神を示した。来るべきものは「解析学の勝利」の時代であった。

十七世紀の産み出した究極のものは、数学者たちによって作られ、数学者たちが使うための、科学思想の一図式であった。数学的精神の大きな特色は、抽象的諸観念を扱いうる能力であり、それらから明確な証明としての一連の推理を引き出しうる能力であって、この一連の推理はわれわれの思惟の対象となるものがそれらの抽象的観念であるかぎりはまったく満足すべきものである。一方には空間および時間内に単に位置を占める物質という観念を産み出し、他方には知覚し、情念をもち、推理するが、他のものに影響を与えない精神という観念を産み出した、科学的な抽象的諸観念が大きな成功を収めた結果、これらの抽象的観念を事実の最も具体的な解釈として認める仕事が哲学に課せられることになった。

それによって近代哲学は破滅に陥った。哲学は三つの極の間に複雑な動き方をしてきた。物質および精神を同等の基盤に立つものとして受け容れる二元論者たちがあり、また精神を物質の中に置くものと物質を精神の中に置くものとの、二種類の一元論者たちがある。しかし手品にも似た抽象的諸観念のもてあそびは、十七世紀の科学的図式に基づく具体者置き違いから生じた哲学の内的混乱を決して克服することができない。

（1） ジョン・ヴェイッチ教授の訳による。
〔1〕パドヴァ大学では生物学の研究が盛んであった。ファロッピオ（一五二三—六二）は骨糸、骨の発育、聴器発育などに関する業績を上げ、その弟子ファブリキウスは発生学を比較解剖学的に研究した最初の人である。このファブリキウスの弟子がハーヴェイである。
〔2〕ベイコンの企画していた「大改革」（Instauratio imagna）は六つに分かれている。第一は学問の分類、第二は新方法論、第三は自然誌、第四は認識の段階、第五は自然科学の結果の予料、第六は自然科学となっている。このうち、第三の自然誌に関する部分として、彼の死後秘書の手で、公刊されたのが『森の森』（一大集成の意味）である。
〔3〕ホワイトヘッドの形而上学的発想が、二十世紀の科学に影響されただけのものではない点を、この箇所にも読みとることができる。
〔4〕この性質は、有機体の哲学の立場からホワイトヘッドが近代科学を批判するときにやり玉にあげるもので、これ以後の著作にもたびたびでてくる（例えば、『過程と実在』第二部五章三節を参照）。

〔5〕これもホワイトヘッドに特有の語（『過程と実在』第一部一章三節ならびに二章一節、三章三節を参照）。
〔6〕第一章（一一―一二頁）を参照。
〔7〕ヒュームは『人間本性論』で次のように言っている。「われわれの聖なる宗教は信仰に基づいているのであって、理性に基づいているのではない。もし宗教がそれを決して及第しえない試験にかけるならば、それは確かに宗教を危険に曝すものである」と。彼は理神論者として超感性的なものを否定した。経験的信仰は蓋然性に基づく信仰にすぎないが、それはどこまでも経験的事実の範囲に安らっている。経験できるものの限界は、同時に、認識できるものの限界である。したがって霊魂不滅や神の本質に関する推理は空しい詭弁にすぎない。宗教で説く奇跡は、蓋然的には起こりうるとしても、ほとんどが自然法則と衝突し、そうでないにしても、宗教の基礎となるほど確実なものとは認められない。このような思想がヒュームの宗教論である。
〔8〕デザルグ Gérard Desargues（一五九三―一六六二）はフランスの数学者。透視画法の研究から、射影幾何学の基礎を作った。
〔9〕ラグランジュを指す。彼については次章（一〇一―一〇四頁）を見よ。

第四章　十八世紀

もろもろの異なった時代の知的風土を対比することができるとすれば、ヨーロッパの十八世紀は中世と完全に対蹠的なものであった。この対比はシャルトルの大会堂と、ダランベールがヴォルテールと論争を行ったパリのサロンとの、相違に象徴される。[1]中世は無限者を合理化しようとする欲求につきまとわれていた。これに対し、十八世紀の人びとは近世のもろもろの社会組織における社会生活を合理化し、自然の事実に訴えるところに彼らの社会学説の基盤を置いた。中世は理性を基盤とした信仰の時代であった。十八世紀は頬被り主義で通し、信仰に基盤を置いた理性の時代であった。わたくしの言う意味を一例を挙げて説明しよう。聖アンセルムスは、[2]もし神の存在に対する確固たる論証を見出しえなかったならば、煩悶したことであろうが、実際この論証を基盤として彼の信仰の殿堂を築いた。これに反し、ヒュームは自然の秩序に対する彼の信仰を基盤として『宗教の自然史』を展開した。この二つの時代を比較するさいに、理性は誤りを犯しうること、また信仰が置きどころを間違えられる場合もあることを、念頭に置いた方がよい。

前章においてわたくしは、十七世紀以来思想を支配している科学的諸観念の図式がこの世紀の間になした発達を跡づけた。その図式は、一方において物質、他方において精神、という根本的二元性を含んでいる。両者の中間に、生命、有機体、機能、瞬間的実在、交互作用、自然の秩序、などの諸概念が存し、これらは相集ってこの体系全体のアキレス腱をなしている。

わたくしはまた次のように信じることを表明する。すなわち、自然の事実のもつ具体的特性についてより根本的な表現を得たいと思うならば、右の図式の中でわれわれが最初に批判すべき要素は単に位置を占めるという概念である、とわたくしは信じる。したがって、この概念が本書において荷う重要性を顧慮して、わたくしがこの言葉に与えた意味をいま一度説明しておこう。一個の物質が単に位置を占めるというのはこういう意味である。すなわち、その一個の物質のもつもろもろの空時関係が空間の他の領域および時間の他の期間に対してもつ本質的連関を離れて、その物質は存在するところに存在する、つまり空間のある決まった有限の領域内に、かつ時間のある決まった有限の期間をつうじて存在すると述べれば、それの空時関係を充分表現したことになる、と。さらに単に位置を占めるというこの概念は、空間あるいは時間に関する絶対論的な見方と相対論的な見方との間の論争に無関係である。空間あるいは時間に関するいかなる理論でも、空間のある決まった領域および時間のある決まった期間という観念に、絶対的にせよ相対的にせよ、一つの意味を与えうるかぎり、単に位置を占めるという概念は完全に決まった一つの意味をもつ。この概念こそまさに十七世紀の自然図式の基礎である。この概念を離れてその図式は表現不能である。わたくしは、われわれの直接経験において把握されるような自然の根原的要素の中に、単に位置を占めるというこの特性をもつ要素はひとつもない、ということを論証するであろう。しかしそうだからといって、十七世紀の科学がまったく誤っていたということにはならない。わたくしは、構成的抽象という方法によってわれわれは、単に位置を占める個々の物質という抽象的観念、ならびにあの科学的図式に含まれた精神といういまひとつの抽象的観念、に到達できると考える。したがって、真の誤りは、わたくしが「具体者置き違いの誤謬」と名づけたものの一例である。

決まった一群の抽象的観念に注意を限ることに伴う利益は、明確な決まった関係をもつ明確な決まった事物にわれわれの考えを制限することである。したがって、われわれが論理的な頭脳を持っていれば、われわれはこれらの抽象的存在間のもろもろの連関についてさまざまの結論を演繹することができる。なおまた、これらの抽象的存在が確かな土台を持っているならば、すなわちそれらが経験における重要なものを何から何まで捨象してはいないならば、もっぱらこれらの抽象的なもののみを取り扱う科学思想はわれわれの自然経験に関連したさまざまの重要な真理に到達するであろう。誰も知っているように、明確犀利な知性にして抽象的諸観念の固い殻に閉じこめられ、身動きできないものもある。そうした知性はまったくいやおうなしにわれわれをそれらの抽象的観念に釘付けにしてしまう。

いかに確かな土台を持つものにせよ、とにかく一群の抽象観念に注意を限ることに伴う不利は、そうした場合おのずから他の一切の事物を捨象してしまうことである。除外された事物がわれわれの経験において重要であるかぎり、このような思考方式はそれらの事物を扱うに適しない。われわれは抽象的諸観念なしに思惟することはできない。したがってわれわれの抽象方式を批判的に修正するさいに十二分に注意を払うことがきわめて大切である。この仕事にこそ、哲学は社会の健全な進歩に不可欠なものとしてその使命を見出すのである。哲学は抽象的諸観念の批判者である。流行の抽象的諸観念を突き破って進むことのできない文明は、きわめて限られた進歩の期間の後に、不毛に陥るほかない。哲学の活動的な一派が思想の運搬にとって重要なのは、鉄道技師の活動的な一派が燃料の運搬に重要なのとまったく同じである。

時として、抽象的諸観念の一つの図式がある時代の主要な関心事を表現することに驚くばかりの成功を示したために、哲学のなした貢献がまったく影薄くなるような場合がある。十八世紀が正しくそうであった。当時のいわゆる「哲学者たち」[3]（Les philosophes）は哲学者ではなかった。彼らは頭脳明晰にして俊敏な天才であり、十七世紀における一群の科学的抽象観念を広大無辺な宇宙の分析に適用した。主として彼らの同時代人の興味をひいた一群の観念に関して彼らの収めた勝利は、圧倒的なものであった。彼らの図式に適合しないものはことごとく無視され、嘲笑され、否定された。ゴチック式建築に対する彼らの嫌悪は、漠として遠い彼方を望むことに対する共感の欠如を象徴している。それは理性の時代、健全にして雄々しく毅然たる理性の時代であったが、その理性は隻眼であって深さの知覚を欠いていた。だが、われわれがこの人たちに負うている恩義はいくら大きく見積っても大きすぎることはない。それまで一千年の間ヨーロッパは、寛容のない、度し難い、夢幻にとり憑かれたものたちの餌食であった。十八世紀の常識、人間の苦難の明白な事実や人間の自然が求める明白な欲求に対するこの時代の理解は、世界に対して精神的浄化のための沐浴のような働きをした。ヴォルテールは、不正を憎み、残忍を憎み、理不尽な圧制を憎み、ごまかしを憎んだ、という意味で賞讃されなければならない。なおかつ、彼はこれらの悪を見れば直ぐそれと分かった。これらのすぐれた美点において彼は十八世紀の良い面を代表していた。しかしひとはパンのみにて生きることができないとすれば、まして消毒剤のみで生きることはできない。ここにこの時代の限界があった。しかも、われわれはこの時代の積極的な業績を充分正しく理解しなければ、この時代の主要ないくつかの立場がいまなお、ことに科学の諸学派において、熱心に擁護されていることを理解できない。十七世紀の概念図式は当時探求のための絶好の手段であることがしだいに知られていった。

この唯物論の勝利は主として合理的力学、物理学および化学などの科学において獲ち得られた。力学および物理学に関するかぎりでは、進歩は前時代の主要な諸観念を直接展開していくというかたちで行われた。本質的に新しく導入されたものはなにひとつなかったが、細目についての展開には多大なものがあった。もろもろの特殊な領域が相次いで解明された。あたかも天上界そのものが定まった計画に基づいてしだいに展開されつつあるようであった。この世紀の後半に、ラヴォアジェは実際化学をそれが現代持っているような基礎の上に樹立した。彼は化学の中へ、いかなる化学変化においても物質は増減しない、という原理を導入した。これは唯物論的思想の最後の成功であったが、そうした思想が敵と共に己れをも損いうるものであることが未だ究極的には悟られていなかった。いまや化学は次の世紀における原子論を待つばかりであった。

十八世紀においてあらゆる自然現象を機械論的に説明するという考えが、ついに凝結して科学のドグマとなった。この考えは、ただみずからの美点以外には眼もくれず、もろもろの数学的物理学者たちが獲ち得、一七八七年出版のラグランジュの『解析力学』において頂点に達した、ほとんど奇蹟的な一連の勝利によってますます捗《か》ち進んだ。ニュートンの『プリンキピア』は一六八七年に刊行されたから、この二つの偉大な書物にはちょうど百年の隔たりがある。現代的タイプの数学的物理学者たちの現われた第一期はこの世紀に含まれる。一八七三年、クラーク・マクスウェルの『電磁気学』の刊行をもって第二期が終わる。右の三書のそれぞれが、その後に来るすべてのものに影響するような思想の新たな視野を導き入れている。

人類がその体系的な思惟を傾けた種々さまざまの主題を考察するとき、われわれは相異なる分野に才能が公平に分配されていないことに驚かざるをえない。もともとほとんどあらゆる研究領域に二、三の傑出した人物がある。とりわけ特に思惟の主題となる一研究領域を創造することは天才を要するからである。しかし多くの主題の場合には、その直接の契機にぴったり結びついて滑り出しは上々であるが、さてその後の展開はいかにも足もとも覚束なく、結局その研究領域全体が思想の発展をしっかと捉える力をしだいに失っていく。ところが数学的物理学の場合はまったく事情を異にした。この領域を研究すればするほど、われわれはそれが示すほとんど信じ難い知性の大勝利に驚くことであろう。十八世紀、十九世紀初頭の数年における偉大な数学的物理学者たちは、大部分がフランス人であるが、まさにそれを示すものである。モーペルテュイ、[4]クレーロー、[5]ダランベール、ラグランジュ、ラプラス、[6]フーリエ、[7]カルノー、[8]これらはそれぞれ、なにか一流の業績を想起させる一連の名前である。カーライルが、その後に続いたロマン主義時代の代弁者として、十八世紀を冷笑して「解析の勝利の時代」と名づけ、モーペルテュイを「白髪の鬘《かつら》を被った気品ありげな紳士」と嘲っているとき、彼はただそのとき彼が代弁しているロマン主義者たちの偏狭な面を顕わに出しているにすぎない。

この一派の成し遂げた進歩の詳細を、短時間にかつ術語を使わないで、明快に説明することは不可能である。しかしながら、わたくしはモーペルテュイとラグランジュとの業績をあわせてその要点を説明してみよう。彼らの業績は、その後十九世紀前半における二人の偉大なドイツの数学者、すなわちガウスならびにリーマン、の力による数学的方法と結合して、ヘルツ[9]およびアインシュタインが数学的物理学に導入した、新しい諸観念に必要な準備的仕事であることが、最近明らかになった。また彼らは、すでに本章において言及したクラーク・マクスウェルの著書に含まれたきわめてすぐれた諸観念の或るものにも示唆を与えた。

彼らは、前章において論じたニュートンの運動法則よりもさらに根本的かつ一般的なものを発見しようとした。彼らはさらに広大な諸観念を見出し、ラグランジュの場合には数学的展開のさらに一般的な方法を見出そうと欲した。それは一つの野心的な企てであったが、彼らは完全な成功を収めた。モーペルテュイは十八世紀前半の人であり、ラグランジュはその後半に活躍した。モーペルテュイには彼が生まれる前の神学的時代の名残りが見出される。彼は、任意の時間内における質点の運動径路全体は神の摂理にふさわしいある完全さを持たなければならない、という観念から出発した。この指導原理には二つの興味深い点がある。第一にそれは、わたくしが第一章において強く主張した説、すなわち、中世の教会が理性的人格神の細大洩らさぬ摂理という観念をヨーロッパに彫りつけたその仕方が、自然の秩序に対する信頼を産み出す要因の一つであった、ということを例証している。第二に、今ではわれわれは誰でも、このような考え方は個々の科学的探求に直接役立たない、と確信しているが、モーペルテュイの場合、彼がとくに成功を収めたことは、流行の抽象的諸観念の外にわれわれをゆすぶり出すものならばほとんどいかなる観念でも無いよりはましである、ということを示している。右の場合、さきの指導的観念がモーペルテュイのためになした働きは、彼を導いて、径路が径路全体として持ついかなる一般的特性がニュートンの運動法則から演繹されうるか、を探求させることであった。確かにこれは、われわれの持つ神学的観念のいかんを問わず、きわめて気の利いた探求法であった。また彼は彼の一般的観念よりして、その特性は、その径路から少しでも逸れればその値が増大するような一個の量的全体として見出されるであろう、ということを考えるに至った。この仮定において彼はニュートンの運動の第一法則を一般化していた。なぜなら、束縛されない質点は、一様な速度をもって最短通路を進むからである。そこでモーペルテュイは、力の場を通って進む質点はある量の最小値を表わすであろう、と推測した。彼はそのような量を発見して、ある運動時間における全体作用と呼んだ。現代の用語に移せば、それは、継起する各瞬間における質点の運動エネルギーと位置エネルギーとの差を、それぞれの微小時間ごとに次々と総計したものである。したがってこの作用は、運動に基づくエネルギーと位置に基づくエネルギーとの間の交互変化に関係を持つものでなければならない。こうしてモーペルテュイは有名な最小作用の定理を発見した。モーペルテュイはラグランジュのような人と較べれば、必ずしも一流に属するとはいえない。彼自身および彼のすぐ後に出てきた人びとにおいては、彼の原理は特別重要なものとして扱われはしなかった。ラグランジュはこの同じ問題をさらに広い基盤に立って取り上げ、それによってその答えを力学の展開における実際の方法に適切なものとした。運動する質点系に適用された、彼の〈仮想仕事の原理〉[10]は事実上、質点系の径路の各瞬間に適用されるものと考えられたモーペルテュイの原理にほかならない。しかしラグランジュはモーペルテュイより広い展望をもっていた。彼は、質点系のさまざまの部分の位置を定めるときに用いられる個々の測定法とはまったく無関係な仕方で、力学的真理を述べる方法を獲得したことを理解した。したがって彼はさらに進んで、いかなる量的測定が行われるにもせよ、それが位置を定めるのに妥当であるかぎり、どれにも適用しうる運動方程式を演繹した。この方程式は実に美しく、神々しいばかりの単純さをもっているので、その式は、万物の根底にある〈最高の理性〉を直接示すと古代人の考えた、神秘的な象徴と比肩される。後に電磁波の発見者ヘルツは、力学の基盤として、すべての質点はその運動を束縛する周辺状況のもとでそれに許された最短径路を通る、という観念を用いた。そして最後にアインシュタインは、ガウスおよびリーマンの幾何学を利用して、この周辺状況は空時自身の性質に内在するものとして解釈できることを示した。ごく大ざっぱにいって、ガリレオからアインシュタインに至る力学の歴史は以上のようなものである。

またこの同じ時代にガルヴァーニ[11]とヴォルタ[12]が出て、電気学上の発見をした。また生物科学は徐々にその材料を集めていたが、主導的な諸観念を未だ見出すには至らなかった。さらにまた心理学が一般哲学への依存から自立し始めていた。心理学のこの自立的成長はもともと、ジョン・ロックが形而上学の放恣奔放を批判するものとして心理学を呼び出したことに由来する。生命を取り扱うすべての科学はなお、主として分類と直接的記述とを事とする観察の幼稚な段階にあった。この程度では、さきに述べた抽象的諸観念の図式で充分ことが足りたのである。

実際活動の領域では、ハプスブルク家のヨーゼフ皇帝[13]、フリードリヒ大王、ウォルポール[14]、大チャタム卿[15]、ジョージ・ワシントン、のような啓蒙された為政者たちを産み出した時代は、決してこれを失敗の時代とは呼べない。ことに、これらの為政者が出たばかりでなく、英国では議会制内閣政治が、合衆国では連邦制大統領政治が、フランスでは革命の人道主義的諸原理が考え出された、ということを見ればなおさらである。また技術においては、この時代は蒸気機関を産み出し、それによって文明の新紀元を開いた。疑いもなく、実際活動の時代としては十八世紀は成功者であった。もしわれわれが、十八世紀より前に出てこの時代の始まるのを瞥見した人びとの中で最も賢明にして典型的な人物、すなわちジョン・ロックに向かって、彼はこの時代に何を期待するか、と尋ねたとするならば、彼の期待はおそらくこの時代が実際に成し遂げたことを超えるものではなかったであろう。

十八世紀の科学的図式に対する批評を展開するにあたって、わたくしは、十九世紀の観念論を無視するわたくしの主な理由をまず示さなければならない。わたくしのいう観念論とは、認識活動ばかり営む精神に実在の究極的意味を見出す哲学的観念論のことである。この観念論の立場は、今日まで発展してきたところでは、科学的なものの見方からあまりに分離しすぎている。それは、科学的図式を自然の事実の唯一の翻訳として、そっくりそのまま丸呑みにし、ついでこれは根原的精神に含まれた一つの観念であると説明した。絶対的観念論の場合には、自然の世界はまさに諸観念の世界であり、それらの観念が〈絶対者〉の単一性を何らかのかたちで分化しているのである。モナド的精神を含む多元的観念論の場合には、この世界はさまざまの観念の最大公約数であり、それらの観念がさまざまのモナドのさまざまの精神的単一性を分化しているのである。しかしながら、いずれの思想を採るにしても、これらの観念論の立場は、自然の事実を彼らの観念論哲学と有機的に結合することに明らかに失敗した。本書においてわたくしが述べようとすることに関するかぎり、読者は、実在論的であれ、観念論的であれ、いずれの究極的観点に立ってもよいであろう。わたくしの主張は、旧来の科学的図式は鋳なおされ、有機体（organism）という根本概念の上に築き上げられるような、いわば一時的な実在論の段階がここしばらく必要である、というにある。

大まかにいえば、わたくしの方法は、空間および時間のあり方、あるいは現代の用語に従えば、空時のあり方、の分析から出発することである。両者いずれにも二つの特性がある。事物は空間によって分離され、また時間によって分離されるが、また空間において共存し、たとえ同時的でなくとも、時間において共存する。わたくしはこの二つの特性を空時の分離的（separative）および抱握的[16]（prehensive）特性と名づけよう。なおいま一つ、空時のもつ第三の特性がある。すべて空間内にある事物は何らかの明確な限定を受ける、すなわち、ある意味ではそれはただそれが現在持っている形のみを持っていて他の形を持たないし、また或る意味ではそれはただこの場所のみに存在していて他の場所に存在しない。時間に関しても同じように、事物はある期間内に存続し、他の期間内に存続しない。わたくしはこれを時間の様態的（modal）特性と名づけよう。様態的特性だけを切り離して考えるとき、単に位置を占めるという観念が生じるのは明らかである。しかしながら、この特性は分離的ならびに抱握的特性と結びつけられなければならない。

話を簡単にするために、わたくしはまず空間のみについて語り、その後同じ取り扱いを時間にも及ぼそうと思う。

体積は空間のもっとも具体的な要素である。しかし空間の分離的特性は体積を部分体積に分解し、このことはいくらでも続けられる。したがって、われわれが分離的特性を孤立させて見る場合には、体積というものは体積のない要素の、実際には点の、単なる集積にすぎないと推論すべきである。しかしながら、根原的な経験事実は体積の統一性である。例えば、大きい体積をもった一つの講堂の空間がそれである。この講堂を点の単なる集積と見るとき、それは論理的想像の築き上げたものである。

したがって、原初的事実は体積の抱握的統一性であり、この統一性が、内に含まれた無数の部分のそれぞれ分離した統一性によって軽減もしくは制限される。われわれから見れば、内に含まれた部分の集合として別箇に考えられる抱握的統一性というものがある。しかし体積の抱握的統一性は部分の単なる論理的集合より成る統一性ではない。部分は次のような意味で秩序正しい集合をなす。すなわち、どの部分をとってもその一つは他のすべての部分の立脚点から見てなんらかのものであり、なおまた、その同じ立脚点から見て、他のすべての部分はその一つの部分と関係を持つものである。そこでもしAとBとCとがそれぞれ空間の体積であるとすれば、BはAの立脚点から見て一つの相を持ち、Cも同様であり、BとCとの関係も同様である。このAから見たBの相はAの本質に属する。空間内のもろもろの体積はいずれも独立の存在を持たない。それらは全体の中に含まれたものとしてのみ存在する。それらをその環境から抽出すれば、必ずそれらの本質そのものを破壊する。したがってわたくしは、Aから見たBの相は、BがAの構成に加わる様態であると言いたい。Aの抱握的統一性は、Aの立脚点から見た他のすべての体積の相を抱握して生まれた統一性である、ということが空間の様態的特性である。ある体積の形とは、それの示す諸相の全体を引き出しうる定式である。したがって体積の形はそれの示す諸相よりも一層抽象的である。明らかに、わたくしはライプニッツの言葉[17]を借用して、あらゆる体積は空間内におけるあらゆる他の体積を自らの内に映す、と言うことができる。

時間における持続に関しても、右とまったく同様の考察が成立する。持続を有しない一瞬の時間というものは想像的論理的に構成されたものである。また各々の時間の持続は一切の時間的持続を自らの中に映している。

しかしながら、ここでわたくしは二つの面で誤った単純化を導き入れている。第一に、わたくしは空間と時間とを結合し、空時の四次元領域に関連してわたくしの説明を行うべきであった。いまここでわたくしは説明として付け加えるべきものをなにも持たない。諸君の頭の中で、先に説明した空間的体積の代りに、今いった四次元領域を考えてもらいたい。

第二に、わたくしの説明には悪循環が含まれている。なぜなら、わたくしは、Aという領域の抱握的統一性は、他の諸領域がAの中でもつ様態的存在の抱握的統一より成り立つとしたからである。この困難は、空時というものが自立的存在とは実際には考えられないという点から生じる。それは一つの抽象観念であり、それがどこから抽き出されたかに関して説明しなければならない。空時は、もろもろの出来事（event）およびそれら相互の順序関係のある一般的特性を明確にしたものである。このように具体的事実に立ち帰って見ると、十八世紀が、さらには十七世紀のフランシス・ベイコンが、想起される。われわれは当時優勢であった科学的図式の批判がこれらの時期に発展した跡を考察しなければならない。

いかなる時期も同質的ではない。あるかなり長い期間の主調としてどんなものを取り上げたとしても、同じ時代に属しながらその時代の色調に反対の態度をとる人びと、しかも偉大な人びとを、いかなる時代もつねに産み出しうるものである。十八世紀は確かにそうであった。例えば、わたくしがこの時代の性格を描いている間に、諸君はジョン・ウェズレーやルソーの名を思い浮かべたに違いない。しかしわたくしは彼らやそのほかの人びとについて語ろうとは思わない。わたくしがその人の思想をやや詳しく考察しなければならないのは、バークリー監督である。すでに十八世紀初頭に彼は、少なくとも原理上は正当な批判を、余すところなく行った。彼がなんの影響をも及ぼさなかったというのは間違いであろう。彼は著名の人であった。ジョージ二世の王妃は、国のいかんを問わず、まことに英明にも学問に対して思慮深い庇護を与えた数少ない王妃の一人であった。したがってバークリーは、大英国において監督職が今日に較べてはるかに顕官であった時代に、監督に任じられた。また、監督職を得たことよりもさらに重要なことには、ヒュームが彼を研究し、この高僧の亡霊を悩ませたかもしれないような方法でバークリー哲学の一面を発展させた。次いでカントがヒュームを研究した。したがって、バークリーは十八世紀になんの影響も与えなかった、ということは確かに不合理であろう。しかしそれにしても、彼は科学思想の主流に影響を与えることはできなかった。その流れは、まるでバークリーがなにひとつ書かなかったかのように、押し進んだ。それは全般的に成功したことによって、当時もそれ以後も、批判をてんで受けつけなくなった。科学の世界はつねに自らの特殊な抽象的諸観念にすっかり満足してきている。それらの観念はよく事を運び、科学の世界にとってはそれで充分である。

われわれの当面している問題は、この科学的思想領域が現在二十世紀においてはあまりに狭小であって、この世紀が分析しなければならないもろもろの具体的事実を処理しきれないことである。これは物理学においても言えるが、生物科学においてはなおとくに焦眉の問題である。したがって、近代科学思想の含む諸難点および近代世界に対するこの思想の影響を理解するためには、抽象作用のより広大な領域というものを、多少とも考えに入れなければならない。すなわち、われわれの直観的経験の完全な具体性に、より接近するもっと具体的な分析を、考えねばならない。そのような分析は、われわれの物理的経験の多くを解釈しうる抽象的諸観念として、物質ならびに精神の概念を容れる一隅を自らの中に持たなければならない。まさに科学思想のこのような、より広い基盤を求めるにあたって、バークリーはきわめて重要な意味をもつ。彼は、ニュートンの一派やロックの一派がその仕事を完成して間もなく、その批判に乗り出し、彼らが触れずにおいた弱点を的確に突きとめた。わたくしはここで、彼に由来する主観的観念論をも、バークリーの思想の発展であってヒュームやカントにそれぞれ淵源する学派をも、考察するつもりはない。わたくしが言いたいのは、われわれはどのような究極的形而上学を採るにしても、バークリーの内に宿されていて、現在われわれの求めている分析を目指しているいま一つの発展の方向がある、ということである。バークリーはこれを見逃したが、それは一つには哲学者として超主知主義に傾いたためであり、また一つには神の精神のうちにその客観性の根拠を置く観念論に急いで頼ったためであった。さきにわたくしが、問題の鍵は単に位置を占めるという概念にある、と述べたことを読者は覚えていられるであろう。バークリーは実際この概念を批判している。彼はまた次のような問いを発している。いったい事物が自然界において実在するとはどういう意味か。

バークリーはその著『人間知識の諸原理』〔人知原理論〕の第二三及び二四節において、右の問いに対する答えを与えている。わたくしはこの両節から一部を抜萃しよう。

「二三。だが、わたくしが例えば公園の樹木とか、部屋にある書物とかを想像し、かつ、傍でそれらを見ている人間は無いと想像することは確かにきわめてたやすい、とあなたはおっしゃる。それに対してわたくしはこう答える。それはそうだ、ちっとも難しいことはないと。だがよく考えていただきたい、このことは結局、あなたの精神の中にあなたが書物や樹木と名づける観念をつくり、しかも同時にそれらを見ているかも知れない人間についての観念をつくらずに済ますということではなかろうか。……」

「われわれが外界の物体の存在を考えようと努めているとき、実はその間われわれ自身のもつ観念を見ているにすぎない。しかし自分自身に留意しない精神は欺かれて、われわれが意識せずして、すなわち精神の外に、存在する物体を考えることができ、また実際そう考えている、と思いこむ。だが実際は、そのとき物体が精神そのものによって把握され、あるいは精神そのものの中に存在しているのである。……」

「二四。われわれの思想を少しでも探求すれば、感覚的事物がそれ自身において、言い換えれば精神の外に、絶対的に存在すること、とはどういう意味であるか、そのことの理解がわれわれに可能であるかどうかは、きわめてはっきり分かる。……」

傍点を付けた言葉が端的な矛盾を表わすか、あるいはまったくなんの意味も表わさないか、いずれかであることはわたくしには明白である。

またバークリーの『アルシフロン』の第四対話の第一〇節にきわめて注目すべき章句がある。わたくしはさきに拙著『自然認識の諸原理』の中でさらに長くこれを引用したことがある。

「ユーフラノー　ねえ。アルシフロンよ、君はあの同じ城の戸口や窓や胸壁をいちいち見分けられるか。

アルシフロン　いや、できない。これだけ離れていると。一つの小さな丸い塔としか見えない。

ユーフラノー　だが僕はあそこへ行ったことがあるので、それが小さな丸い塔ではなくて、胸壁や櫓《やぐら》の付いた大きな四角い建物だということを知っている。君にはそれが見えないらしいが。

アルシフロン　君はそのことからどう考えるか。

ユーフラノー　僕はこう考えたい。君が視力ではっきり正しく認めるものは数マイル離れたところにあるものとそっくり同じではない。

アルシフロン　それはなぜだい。

ユーフラノー　だって、小さな丸いものと大きな四角いものとは別物だ。そうではないか。……」

次いで遊星と雲に関する同じような例がこの対話に引用されて、この章句は次の言葉をもって結ばれる。

「ユーフラノー　したがって、君がここで見ている城も、遊星も、雲も、遠くに存在すると君が想像している実在のものでないことは明らかではないか」

さきに引用した初めの章句において、バークリー自身極端な観念論的解釈を採っていることが明らかにされている。彼にとっては精神が唯一の絶対的実在であり、自然の統一は神の精神における諸観念の統一である。わたくし個人の考えるところでは、この形而上学の問題に関するバークリーの解決が引き起こすもろもろの困難は、かの科学的図式の実在論的解釈から生じると彼が指摘している諸困難に劣らない。しかしながら、いま一つの考え方が可能である。それによれば、われわれはとにかく暫定的な実在論の立場を採り、科学自身に有益なようにその科学的図式を拡大することができる。

前章に引用したフランシス・ベイコンの『自然誌』の一節にいま一度立ち帰ろう。

「あらゆる物体は、よし覚識（sense）を持たないにしても、表象（perception）を持っている、ということは確かである。……そしてこの物体が変化しつつあろうとすでに変化していようと、つねに表象は行動に先立つ。さもなければ、すべての物体は互いに似通ったものになるであろうから。……」

またわたくしは前章において、（ベイコンが用いた）表象を、知覚される事物の本質的特性の影響受容という意味に解し、覚識を認識の意味に解した。われわれは確かに、現にその明白な認識を持たない事物の影響を受容しているのである。われわれはさらに、影響受容と同時にはそれの認識を持たなかったにもかかわらず、記憶においては影響受容をはっきり認識することさえできる。また、ベイコンが「……さもなければ、すべての物体は互いに似通ったものになるであろうから」と主張することによって指摘しているとおり、われわれがそれの影響を受容するものは明らかに本質的特性のある要素である、すなわち物体間の差異、単なる論理的差異でない差異、を成り立たせるものである。

知覚（ないし表象）する（perceive）という言葉の中には日常の用法では、認識的把握という概念が強く貫いている。把握（apprehension）という言葉も同様であり、それには認識的（cognitive）という形容詞が付いていないときでさえそうである。わたくしは非認識的把握（uncognitive apprehension）に対して、抱握（prehension）という言葉を用いようと思う。この言葉でわたくしの意味することは、認識的でもあり、またそうでないこともありうる把握である。ここでユーフラノーの最後の言葉をとってみよう。

「したがって、君がここで見ている城も、遊星も、雲も、遠くに存在すると君が想像している実在のものでないことは明らかではないか」。それゆえここには、他の場所に関係した事物の、ここ、この場所における、抱握がある。

　さてここで『人間知識の諸原理』[18]から引用したバークリーの文章に戻ろう。彼は、自然的事物の実現（realisation）を成立させるものは、統一体をなす精神の内部における知覚である、と主張している。

　右の思想を言い改めて、実現は事物が相集って抱握による統一体をなすことであり、また、そのさい実現されるものは抱握であってそれらの事物ではない、と考えることができる。この抱握による統一体は一つのここ・今として限定され、集まって抱握的統一体をなす事物は他のもろもろの場所や時間と不可欠な関連をもつ。わたくしはバークリーの精神の代りに抱握的統一化の過程を考える。もろもろの自然現象が次々と実現するというこの考えを分かりやすくするためには、相当敷衍して説明しなければならず、具体的経験に立ってその考えが実際に含んでいるもろもろの意味と対決しなければならない。これは後の諸章の課題となるであろう。まず第一に、単に位置を占めるという観念が消え失せていることに注意されたい。ここ・今における、抱握されて実現した統一体をなす事物は単にそれ自身としてある城、雲、遊星ではなくて、抱握的統一の空間および時間における立脚点から見た城や雲や遊星である。言い換えれば、ここでの統一の立脚点から見た向こうの城のパースペクティブである。したがって、ここで抱握されて統一体をなす、城や雲や遊星の諸相である。パースペクティブという観念が哲学においてきわめて親しみ深いものであることは御承知であろう。それはまず初めてライプニッツによって、宇宙のもろもろのパースペクティブを映すモナドという概念において用いられた。わたくしも同じ概念を用いているが、ただわたくしの場合は、彼のモナドという概念を弱めて、空間および時間における統一された出来事[19]（event）という概念に改めた。ある点ではむしろスピノザの様態がいっそう似通っている。それゆえにわたくしは「様態」および「様態的」という言葉を用いるのである。スピノザに似通っているといったが、彼の唯一実体は、わたくしの場合では、それ自身を個体化して、相互につながり合ったおびただしい様態に化する唯一の基底的実現活動力である。こうして具体的事実というものは過程（process）である。それはまず、基底的抱握活動力と実現されたもろもろの抱握的出来事とに分析される。各々の出来事は基体的活動力の個体化から生じる個々の事実である。だが個体化されたかたちを取るといっても、それが実体として独立したものという意味ではない。

　われわれが感覚的知覚において知る存在はわれわれの知覚作用の目標である。わたくしはそのような存在を感覚的客体（sense-object）と名づけよう。例えば、ある定まった色合をもつ緑色は一つの感覚的客体であり、定まった音色と高さをもつ音も、ある定まった匂いも、ある定まった性質の感触も、同様である。そのような客体がある定まった時間の経過の間に空間と結びつく仕方は複雑である。わたくしは、感覚的客体が空時に進入（ingression）すると言いたい。ある感覚的客体の認識的知覚とは、当の感覚的客体をも含めたさまざまの感覚的客体のもつさまざまの様態を（立脚点Aに）抱握的に統一することの意識である。立脚点Aはもちろん、空間の一領域である。すなわち、或る期間の時間をつうじて在る、ある大きさの空間である。しかし一つの存在として、この立脚点は単一の実現された経験である。Aにおけるある感覚的客体の一様態は（その感覚的客体のAに対する関係をその様態が規制しているのであるが、この感覚的客体を捨象したとき）、Aからある他の領域Bを見た相である。したがってその感覚的客体はBにおいて位置を占めるという様態をもってAのうちに存在する。すなわち、かりに緑色を問題の感覚的客体とするならば、緑色は単にそれが知覚されつつあるAにあるのでもなく、単にそれが位置を占めるものとして知覚されるBにあるのでもなくて、Bにおいて位置を占めるという様態をもってAに存在している。これにはなにも特に不思議はない。鏡を覗いてそこに映る背後の緑の葉の像を見さえすればよい。Aにいる人に対して緑色があるであろう。しかしそれはたんにその人がいまいるAにおける緑色ではない。Aにおける緑色は鏡の奥にある葉の像に位置を占めるという様態をもった緑色であろう。それから振り返ってその葉を見るとする。こんどもさっきと同じように緑色を知覚するであろう。ただ、その緑色が本当の葉に位置を占めるという様態をもっている、という点が違う。わたくしは、われわれが実際に知覚するものを記述しているだけである。われわれは緑色を、もろもろの感覚的客体の抱握的統一を構成する一要素であるものとして意識する。そのさい、各々の感覚的客体は、そして緑色もその一つであるが、他の場所に位置を占めるものとして表現されうる、それぞれの特殊な様態をもっている。様態的に位置を占めることにはさまざまのタイプがある。例えば、音は体積をもち、部屋いっぱいに拡がる。塗り拡げられた色も時には同様なことがある。しかし色が様態的に位置を占めるということは、例えば、部屋の壁の色のように、一つの体積の遠い端をなしている場合もある。こうしてなによりもまず空時はもろもろの感覚的客体が様態的に進入する場所である。この理由によって、空間と時間とが（話を簡単にするため両者を分ければ）それぞれの全きかたちにおいて与えられる。なぜなら、各々の空間体積、もしくは各々の時間経過は、その本質のうちにあらゆる空間体積の、もしくはあらゆる時間経過の諸相を含むから。空間および時間に関してもつ哲学の諸困難は、それらをなによりもまず、単に位置を占めるさいの場所だと考える誤謬に、基づいている。知覚とはまったく抱握的統一の認識にほかならず、もっと手短かに言えば、知覚とは抱握の認識である。現実界はもろもろの抱握より成る一複合体である。一つの「抱握」は一つの「抱握的契機」（prehensive occasion）である。抱握的契機は、それ自体においてかつ独立的に存在するものとして考えられた最も具体的な有限存在であって、決して他のそのような契機の本質に映じたそれの相から考えられた存在ではない。抱握的統一はその体積Aに単に位置を占めると言えるかもしれない。しかしこれは全くの同語反復であろう。なぜなら、空間および時間は、互いに他のうちにパターン化されたもろもろの抱握的統一の全体より抽き出されたものにほかならないから。したがって抱握は、ひとの顔が顔一面に拡がる微笑に相応じると同じように、体積Aに単に位置を占める。今まで論じた範囲内では、むしろこう言った方がはっきりする。すなわち、知覚作用は単に位置を占める。なぜなら、それは単に認識された抱握にあるものとして考えられるから、と。

自然には以上考察した単なる感覚的客体以上の存在が含まれている。しかし、さらに完全な見地を取る場合には修正が必要であることをいちおう念頭に置きながら、自然に賦与すべき実在の性格に関するバークリーの問いに対し、われわれの答えを作成することができる。彼はそれが精神における諸観念の実在であると主張している。精神についてのなんらかの概念、および観念についてのなんらかの概念、に到達した形而上学体系ならば、おそらく究極においてこの見解を採るであろう。本書の目的としてはそのような根本問題を尋ねる必要はない。われわれは、自然をもろもろの抱握的統一より成る一複合体と考える暫定的実在論に満足してよい。空間および時間はこれらもろもろの抱握態の互いにつながり合った諸関係の一般図式を表わす。われわれはどの一つの抱握態をもその全体的連関から引き離すことはできない。しかもその各々はいずれもその全体的な連関の中で、複合体全体のもつ実在をことごとく有する。逆に言えば、全体は各々の抱握態と同一の実在をもつ。なぜなら、各々の抱握態はその立脚点から全体の各部分に与えられるべきもろもろの様態性を統一しているから。抱握というものは統一化という過程である。そこで、自然は抱握から抱握へと必然的に推移する、膨脹的発展という過程である。達成されたものはそのことによって後に取り残されるが、また同時に、相次いで現われるもろもろの抱握態に自らの諸相を宿すものとして保持される。

こうして自然はもろもろの進化する過程の組織である。実在とは過程なのである。[20] 赤という色が実在するかどうかを問うことは無意味である。赤という色は実現の過程に含まれた成分である。自然のもろもろの実在は自然におけるもろもろの抱握態、すなわち自然におけるもろもろの出来事である。

今やわれわれは、空間および時間から、単に位置を占めるという余計なものを払い落としたから、抱握というぎこちない言葉を部分的に放棄してもよいであろう。この言葉を取り入れたのは、一つの出来事の本質的統一性、すなわち、もろもろの部分ないし成分の単なる集合としてではなく、一つの存在としての出来事、を表わすためであった。空間はもろもろの集合をもろもろの統一体に整頓する体系にほかならないことを理解しなければならない。しかし出来事という言葉はまさにこれら空時的統一体の一つを意味する。したがって、この言葉は、抱握された事物を意味するものとして、「抱握」という言葉の代りに用いてもよいであろう。

出来事というものはもろもろの同時存在者をもつ。すなわち、その意味は、出来事はそれ自身のうちに、そのさい達成されたものの表現として、そのもろもろの同時存在者の各様態を映す、ということである。また出来事というものは過去をもつ。その意味は、出来事はそれ自身のうちに、自らの内容に融けこむ記憶として、その先行存在者の各様態を映す、ということである。また出来事というものは未来をもつ。その意味は、出来事はそれ自身のうちに、未来が現在に投げ返すような、言い換えれば、現在が未来に関して決定したような諸相を映す、ということである。こうして、出来事というものは未来先取を持つ、すなわち、以上の結論はいかなるかたちの実在論にも絶対不可欠である。なぜなら、この世界にはわれわれの認識のために、過去の記憶、実現の直接性、および来たるべきものの指示、があるから。

さきの科学的思考図式の分析よりもいっそう具体的な分析を描いたこのスケッチにおいて、わたくしは認識の役目を果たすわれわれ自身の心理学的領域から出発した。わたくしはそれを、それが自ら主張するとおりのもの、すなわち、われわれの身体の出来事の自己認識、として受け取るのである。それは一つのまとまった出来事であり、身体の細部の点検ではない。この自己認識は、それ自身の外にあるもろもろの存在のもつ様態的現前の抱握的統一を顕わにする。わたくしは、このまとまった身体の出来事が、内在的パターンの異常に複合かつ安定している点を除いて、他の一切の出来事と同列である、という原理によってわたくしの言わんとするところを概括したい。唯物論的機械論の強みは、説明の不首尾を埋め合わせようとして自然の中に勝手な断絶を入れてはならない、という要求であった。わたくしはこの原則は容認する。しかしながら、もしわれわれが、経験論者が当然そうしなければならないように、われわれの心理的経験の直接的な諸事実から出発するならば、われわれは本章において叙述にとりかかった有機体的自然観の方へただちに導かれるのである。

十八世紀の科学図式が、人類の直接的心理経験を構成する諸要素をひとつとして与えない、ということはその図式の欠点である。またそれは、電子、陽子、分子、および生命体というもろもろの有機体的統一体が生起してくる、原《もと》の有機体的統一体をなす全体の、ごく簡単なしるしをも与えない。その図式に従えば、事物の本性からいって、物質の各部分が相互に物理的関係をもつべきいわれはまったくない。われわれは自然の諸法則が必然的であることをしょせん見分けうる望みはないものと認めよう。だが、自然の秩序というものが必然的に存在しなければならないことは知りうる望みがある。自然の秩序の概念は、絶えず発展しつつあるもろもろの有機体の場所と見る自然の概念と、固く結びついている。

ノート　本章の後半に関連して、デカルトの「省察に対する……諸異論への答弁」の中の一文は興味がある。「したがって太陽の観念は、太陽が天空に存在するがごとく形式的にではなく、もろもろの対象がつねに精神の中に存在するがごとく客観的に、精神の中に存在する、太陽そのものである。そしてこの存在の仕方は、事物が精神の外に存在する仕方よりもはるかに不完全には違いないが、上述した通りそれだからといって決して単なる無ではない。[21]」(異論第一への答弁ホルデーンおよびロス共訳、第二巻、一〇頁。)わたくしは、観念についてのこの思想(それには賛成するが)をデカルト哲学の他の点と調和させるのは難しいように思う。

〔1〕シャルトルは、フランスのユール・エ・ロワール県の主都。十三世紀のガラスを使ったゴチック式大聖堂は有名。

〔2〕聖アンセルムス　Anselmus（一〇三三―一一〇九）は有名なスコラ哲学者。中世を貫いている「普遍論争」の出発において、唯名論に対して概念実在論を主張した。「神の存在に関する本体論的証明」によって遍くその名が知られている。教会的信仰が理性的認識の前提と考えられ、「知らんがためにわれ信ず」と説いた。

〔3〕十八世紀はフランス人によって「哲学者の世紀」と呼ばれている。ここでの「哲学者」とは、広く自由思想家を指すが、特に狭く百科全書派の人びとを指すことがある。

〔4〕モーペルテュイ　Pierre Louis Moreau de Maupertuis（一六九八―一七五九）は、フランスの数学者、物理学者、哲学者。一七四七年彼は現実に行われる運動は単に思惟可能なる運動と区別されて、物体の質量、速度及び運動距離の相乗積が最小値をとることを主張し、これを「最小作用の原理」と名付けた。この力学原理の種々の数学的形式は後にラグランジュ、ハミルトン、ヘルムホルツなどによって与えられた。しかしモーペルテュイのこの主張の背後には目的論的形而上学があることは、ホワイトヘッドの説く通りである。

〔5〕クレーロー　Alexis Claude Clairaut（一七一三―六五）はフランスの数学者。一七三六年にモーペルテュイと共にラップランドに測量遠征をなし、その結果一七四三年に『地球形状論』を著した。

〔6〕ラプラス　Pierre-Simon Laplace（一七四九―一八二七）はフランスの数学者。天文学者。彼は星雲説を主張して太陽系の生成を説き（カント・ラプラスの星雲説）、また解析数学を用いてニュートンの天文学

を発展させ、有名な『天体力学』五巻（一七九九―一八二五）を著した。

〔7〕フーリェ Jean Baptiste Joseph Fourier（一七六八―一八三〇）はフランスの数学者。ナポレオンのエジプト遠征に従軍した。有名なフーリェ級数を作り、一八二二年その応用として熱伝導論を世に問うた。

〔8〕カルノー Nicolas Léonard Sadi Carnot（一七九六―一八三二）はフランスの物理学者。数学、物理学、化学などに天才を有し、いわゆる「カルノーの循環過程」によって熱力学の基礎を築いた。

〔9〕ヘルツ Heinrich Rudolf Hertz（一八五七―九四）はドイツの物理学者。一八八八年に実験によって電磁波の存在およびその性質を明らかにして、マクスウェルの光の電磁気理論を実証した。また彼は、力学より力、エネルギー、ポテンシャル等の概念を除き、実際に観測される量としての時間、空間、質量の概念によって力学の再建を志した。それは一八九四年の『力学の原理』となって公刊された。

〔10〕仮想仕事の原理は仮想変位の原理ともいう。質量に対して、与えられた束縛条件に背かずかつ実際に可能なるような或る微小な変位を考えるとき、これを仮想変位と呼ぶ。いま n 個の質点に働く力をそれぞれ $F_1, F_2, \ldots\ldots F_n$ とし、それぞれの質点の位置を $\gamma_1, \gamma_2, \ldots\ldots \gamma_n$, またそれぞれの仮想変位を $\delta\gamma_1, \delta\gamma_2, \ldots\ldots \delta\gamma_n$ とすれば、この質点系の平衡条件は $\int(F_i\delta\gamma_i) \leqq 0$ である。これを仮想仕事の原理といい、ジャン・ベルヌーイの与えたものである。これは静止平衡を運動変位を媒介にして考える法則である。この仮想仕事の原理と最小作用の原理との関係、さらにこれにかかわるラグランジュの思想、については、マッハ著『力学の発達』Ernst Mach, *Die Mechanik in ihrer Entwicklung*、第三章、第八節「最小作用の原理」、に詳しく説明されている。

〔11〕ガルヴァーニ Luigi Galvani（一七三七―九八）はイタリアの生理学者。ボローニャ大学で比較解剖学を教えた。一七八六年蛙の脚が金属に触れて痙攣することを発見した（ガルヴァーニの動物電気）。

〔12〕ヴォルタ Alessandro Volta（一七四五―一八二七）はイタリアの物理学者。パドヴァ大学の教授。一七

八二年に電気盆、コンデンサーを、またガルヴァーニの研究に基づいて一八〇〇年頃には電堆及び電池を発明した。

〔13〕ここのヨーゼフはヨーゼフ二世（一七四一―九〇）を指すと思われる。マリア・テレジアの長男にして、一七八〇年ドイツ皇帝となって独裁権を握るや改革に着手した。中央集権化や宗教上の革新は反抗を買ったが、社会政策、国民経済に留意した種々の施設を作った。当時の啓蒙君主の一人であった。

〔14〕ウォルポール Sir Robert Walpole（一六七六―一七四五）はイギリスの政治家。一七二一年にはジョージ一世の下で事実上の首相となった。彼は王朝変動の時期を利用して王を実際政治から引き離し、純然たる政党政治を創めて、イギリスの近代議会政治の基礎をおいた。

〔15〕大チャタム卿とは、ウイリアム・ピット William Pitt（一七〇八―七八）のこと。イギリスの政治家。一七五七年に首相となり、七年戦役にはフリードリヒ大王と結び、フランスの植民地を圧迫し、海外植民地におけるイギリスの地位を確固不動のものにした。

〔16〕「抱握」や「抱握的」という、彼の形而上学を貫ぬく重要な概念は、これ以後しばしば出てくる（例えば一一五頁）。なお「あとがき」を参照されたい。

〔17〕ライプニッツにとってもモナドは全宇宙の生きた鏡として全宇宙を自らの中に表象する。『モナドロジー』の五六、五七、六二節を参照。

〔18〕「実現」はホワイトヘッドの特殊な術語。第二期の自然哲学思想においては、自然的事物はそれぞれ独立したものであって、それは「相関」（relatedness）という術語で表わされているが、本書においては「現実的な存在となって成立するプロセス」に力点を置く「実現」が明確に使用される。そこに思想転換・深化を認められる。

〔19〕日本語としての「出来事」はそれ自身深い意味を与えられていないが、アインシュタイン以後、空時

統一体として、科学的にも哲学的にも重要な意味をもつようになった。ホワイトヘッド自身の「出来事」概念については科学哲学三部作（『自然認識の諸原理』『自然という概念』『相対性原理』）を参照されたい。

〔20〕原文は The reality is the process. これはホワイトヘッドの基本的主張である。

〔21〕この引用文は『過程と実在』の第二部二章四節でも、引用されている。

第五章　ロマン主義的反動

前章においてわたくしは、十八世紀がその前代から受け継ぎ、限られた範囲で有効な働きをした、科学的諸概念の図式なるものが、この世紀に与えた影響について述べた。その図式は、アウグスティヌス神学に深い親しみを感じる精神の産物であった。プロテスタントのカルヴィン主義とカトリックのジャンセニズム[1]とは、人間を〈逆らい難い恩寵〉に協力する力無きものとして示した。一方、同時代の科学的図式は、人間を逆らい難い自然のメカニズムに協力する力無きものとして示した。神のメカニズムと物質のメカニズムとは、狭い形而上学と明晰な論理的知性の産み出した鬼子であった。また十七世紀は天才を有し、世界から混濁した思想を一掃した。十八世紀はその清掃の仕事を容赦なく続行し、効果を上げた。その科学的図式は、神学的図式よりも長く命脈を保った。人類はまもなく〈逆らい難い恩寵〉に対する興味を失ったけれども、科学に基づく実力ある技術をたちまち高く買った。また十八世紀の前四半期にジョージ・バークリーは、かの体系の基礎全体を駁する哲学的批判に乗り出した。しかし彼は当時の圧倒的な思潮を攪《か》き乱すことはできなかった。前章においてわたくしは、自然の基礎を物質という概念にではなく、有機体（organism）という概念に置く一つの思想体系に導くような、バークリーと並行する考え方を展開した。本章ではまず、人びとの教養ある具体的な思想がこのメカニズムと有機体との対立をどう見たか、を考察しようと思う。人間の具体的なものの見方が表現されるのは文学においてである。したがってわれわれは、もし或る世代の内面的思想を発見しようと望むならば、文学、特にもっと具体的な形態の文学、すなわち詩と劇を見なければならない。

われわれは、西欧諸国民が、ことに中国人にいっそうよくあてはまるとふつう想像されている特性を大規模に示している、ということにすぐ気づくのである。ひとは、中国人が二つの宗教を持ち、時と場合によって儒教徒でもあれば仏教徒でもあることに対し、しばしば驚きを表明する。中国についてこれが真実であるかどうか、わたくしは知らない。また真実であるとしても、この二つの態度が真に矛盾するかどうかも知らない。しかし同様の事実が西欧について真実であり、そこで採られる二つの態度が矛盾することは疑いを容れないのである。メカニズムに基づいた科学的実在論というものは、自己限定的な有機体から成り立つ人間および高等動物の世界に対する、揺るぎなき信念と結合している。近代思想の根底にあるこの根本的な矛盾は、現代文明に含まれた不安動揺の多くを説明する。その矛盾が思想を支離滅裂にするというのは言い過ぎであろう。それは背後に潜む矛盾のゆえに思想を脆弱にする。要するに、中世の人びとはわれわれがその存在をほとんど忘れ去ったあるすぐれたものを追求していた。彼らは、調和のとれたものの理解に達するという理想を、眼の前に掲げていた。われわれはさまざまの勝手な出発点から出た皮相な秩序づけに満足している。例えば、ヨーロッパ諸国民の個人主義的エネルギーの産み出す事業は、それぞれの目的因に向かう物理作用を前提とする。しかしその事業の発展に用いられる科学は、物理的因果関係を至上のものと主張し、物理的原因を究極目的から引き離す哲学を基盤としている。ここに含まれた絶対的な矛盾をあれこれ言うことはやらない。だがいかに美辞麗句をもって繕っても、この矛盾は事実なのである。もちろんわれわれは十八世紀のペイリー[2]の有名な説の中に、メカニズムは自然の創り主たる神を前提とする、ということを見出す。しかしペイリーがその説を最後のかたちにまとめ上げる以前にさえ、ヒュームは、われわれが発見するであろう神はそのメカニズムを造るような神であろう、という反論を書いていた。言い換えれば、そのメカニズムはせいぜいのところ、操縦者を、しかも誰か或る操縦者ではなくて、そのメカニズム自身の操縦者を前提としうるのである。メカニズムを緩和する道は、それがメカニズムでないことを発見する以外にない。

弁証論的神学[3]を離れて一般の文学に転じると、われわれは予想通り、科学的なものの見方が一般にまったく無視されていることを発見する。おびただしい文学作品に関するかぎり、科学はまったく耳にされたことがなかったようである。最近までほとんどすべての作家は古典およびルネッサンスの文学に浸りきっていた。大体において哲学も彼らの興味をひかず、また彼らの精神はそのいずれをも無視するように訓練されていた。

この総括的説明の例外をなすものもいくつかある。そしてイギリス文学に話をかぎっても、例外者の中には一流の作家も入る。また科学の間接の影響も相当なものであった。

近代思想に含まれたこの厄介な矛盾を側面から照らし出す光は、全般的に教訓的性格を帯びる、英文学の偉大な真面目な詩をいくつか吟味することによって得られる。いま関係のある詩は、ミルトンの『失楽園』、ポープの『人間論』[4]、ワーズワースの『逍遥』[5]、テニソンの『イン・メモリアム』、である。ミルトンが執筆したのは王政復古の後であるが、彼は科学的唯物論の影響を蒙らない十七世紀初期の神学的立場を代弁している。ポープの詩は、科学運動の確実な勝利の第一期を含む途中六十年間が一般の思想に与えた影響を表わしている。ワーズワースは彼の全存在を通して十八世紀の精神に対する意識的反動を表現している。この精神とは、科学的諸観念を額面通りに受け取ることにほかならない。ワーズワースは主知的な立場での反対を試みる気はまったくなかった。彼を動かしたものは道徳的反撥であった。彼は、なにものかが取り残されており、その取り残されたものはきわめて重要な一切のものを包含する、と感じた。テニソンは、十九世紀の第二四半期において衰微し始めたロマン主義運動が科学と妥協しようとする、さまざまな試みの代弁者である。このころにはすでに、近代思想における二つの要素が、自然の歩みと人間の生とに関する互いに相容れない解釈によって、その根本的な乖離を暴露していた。テニソンはさきの詩において、わたくしがすでに述べた分裂の完全な実例として現われている。互いに対立する世界観があり、そのいずれもが逃れる術もなさそうなそれぞれの究極的直観に訴えることによって、彼の同意を強要している。テニソンはこの困難の中心に突入する。彼を恐れさせるのはメカニズムの問題である。

「星は盲のごとく進む」と彼女は囁く〔6〕

この一行は、『イン・メモリアム』に含まれた哲学上の問題の全体を明確に述べている。各分子は盲のごとく進む。人体は分子の集合である。したがって人体は盲のごとく進み、したがって身体の為す業《わざ》に個人の責任はありえない。もし、分子は身体という有機体全体によるいかなる限定からも独立して、そのもの自体として存するようにはっきり限定されている、ということをひとたび認めるならば、かつその上に盲のごとき進みが力学的一般法則によって定められている、ということをひとたび認めるならば、右の結論から逃れ出る術はありえない。しかしもろもろの心的経験は、身体の、もちろんその内的行動を含むもろもろの働きから派生する。したがって、精神の機能は、もっぱらもろもろの心的経験の少なくとも若干を自らにとって確定的なものにし、内的外的を問わず身体の運動から独立して自らに委ねられるような他の経験を付け加えることである。

そこで精神に関して二つの説が可能である。精神は身体によって与えられる以外のいかなる経験をも自ら供給できるということを否定しうるか、それともそのような経験を認めうるか、いずれかである。

もし付加される経験を認めまいとするならば、個人の道徳的責任はことごとく消滅する。反対にそのような経験を認めるならば、人間は身体の為す業に対して責任はないとしても、自分の精神状態に対しては責任があるであろう。近代世界における思想の脆弱化は、この明白な問題がテニソンの詩において回避されている態度によって例証される。なにか人目をはばかるものとして背後に留められているものがある。彼はほとんどすべての宗教や科学の問題に触れているが、さきの問題は軽く暗示するだけで、それ以上のことは注意深く避けている。

まさにこの問題が、『イン・メモリアム』の出たころ盛んに論議されていた。ジョン・スチュアート・ミルは彼の決定論を主張していた。この説においては意志は動機によって決定され、動機は精神および身体双方の状態を含む先行条件というかたちで表現されている。

この説が徹底的メカニズムによって示されるディレンマからの逃げ道を与えないことは明白である。なぜなら、もし意志が身体の状態を左右するならば、身体の諸分子は盲のごとく進まないから。もし意志が身体の状態を左右しないならば、精神はなおその不安定な位置に置かれたままである。

ミルの説は、あたかも極端な唯物論を受け容れることをいちおう許しはするが、それの信じ難い諸結論を緩和するかのように、一般の人びと、ことに科学者の間で、受け容れられている。だが彼の説では決してそうはならない。身体の分子は盲のごとく進むか、そうでないか、いずれかである。もし分子が盲のごとく進むならば、精神状態は身体の為す業の論議には無関係である。わたくしは右の論議について簡潔に語った。なぜなら実際この問題はきわめて簡単なものであるから。討論を長引かせることはいたずらに混乱を招くばかりである。分子の形而上学的組成に関する問題はこれに関与しない。分子とは単なる構成物（formulae）にすぎない、という立言はこの論議とはなんの関係もない。なぜなら、おそらく構成物はなんらかのものを意味すると思われるから。もし構成物がなにものをも意味しないとするならば、機械論全体も同じく無意味となり、問題は消失する。これに反し、もし構成物がなにものかを意味するならば、右の論議は構成物の意味するものに正確に適用される。難点を回避する伝統的な方法は――それを無視するという簡単な方法とは別であるが――今日「生気論」と呼ばれている説の或る形式に頼ることである。この説は事実一つの妥協である。これは無生物全体にメカニズムが自由に働くことを許し、そのメカニズムが生物にあっては一部分減殺されると考える。わたくしにはこの理論は不満足な妥協であるような気がする。生物・無生物間の間隙はきわめて曖昧なものであるから、どこかに真正の二元論を含むような、恣意的仮定を支えきれないのである。

わたくしの主張しているのは、唯物論思想全体はただ極めて抽象的な存在、すなわち論理的弁別の産物のみに適用される、という説である。具体的存続的存在は有機体であり、したがって全体のプランはそれに加わるさまざまの従属的有機体の性格そのものを支配する。動物の場合、その精神状態が全有機体のプランに加わり、そうして従属的有機体のプランを変更し、その変更は順次下位の有機体にも及び、ついに電子のような究極的最小の有機体に至る。したがって生体内の電子は、身体のもつプランのゆえに、生体外の電子とは異なる。電子は身体の内外を問わず盲のごとく進む。しかし身体の中では身体内においてそれが持つ特性に従って進む。すなわち、身体の一般的プランに従って進むのであり、このプランには精神状態が含まれている。しかしながらこの存在方式変更の原理は自然全体をつうじて遍く行われ、生物だけの特性を表わすものではない。この説は伝統的な科学的唯物論を放棄し、その代りとして有機体説を立てるものである、ということは後章において説明されるであろう。

ミルの決定論なるものは本書の意図するところと離れているので、これを論じないことにしよう。わたくしがさきに述べたことの目標は次のところにある。すなわち、決定論にせよ、自由意志論にせよ、唯物論的機械論や生気論の妥協が持ちこんだもろもろの難点に煩わされず、わたくしの問題と必ずなんらかの関連をもつようにすることであった。わたくしは本書の主張を有機体的機械論と名づけたい。この理論においては、分子は一般法則にしたがって盲のごとく進むであろうが、各分子は自らの置かれた場所のなす有機体全体のプランに応じてその内在的性格を異にする。

科学の唯物論的機械論と具体的人生において前提されている道徳心との背反は、時代の進むにつれて、きわめて徐々にではあるがその本来の重要さを示してきた。さきに挙げた数篇の詩が属している各時代の異なった色調が奇妙にもそれぞれの冒頭の章句に反映している。ミルトンは序章を次の祈りをもって結んでいる。

この偉大なる題目に相応しく
われ　永遠の摂理を説き示し
ひとに対する神の道の正しきを証し得んため

現代の多くのミルトン論者の説から判断すれば、『失楽園』および『復楽園』は無韻詩の一連の試みとして書かれたと想像することもできるであろう。だがこのことは確かにミルトンが詩作する意図ではなかった。「ひとに対する神の道の正しきを証す」ことがほとんどその全目的であった。彼は『闘技者サムソン』において再び同じ思想を歌っている。

神の道は正しく
その正しさをひとに証し得るなり

まさに襲い来たらんとする科学の雪崩にも惑わされぬ、泰然自若たる大安心がここに窺われる。『失楽園』が実際に出版された年月はそれの属する時代から少しずれている。それは過ぎ去り行く、いささかの惑いもなき確信の世界が歌った辞世である。

ポープの『人間論』と右の『失楽園』との比較は、ミルトンの時代とポープの時代を隔てる五、六十年の間にイギリス思想が受けた色調の変化を示す。ミルトンはその詩を神にあてて書き、ポープの詩はボリングブルック卿[7]にあてて書かれている。

目覚めよ、わがセン・ジョンよ[8]
なべてあさましきものを
いやしき野心と王者の傲りに委ねよ
(人の世はただわがみの周りを見廻して
死にゆくほかは許されざれば)
いざ　人のさまをひとわたり詳しく語らん
そは大いなる迷路なり
されど定まれるみちなきにあらず

ポープの悦に入った安心、

そは大いなる迷路なり
されど定まれるみちなきにあらず

を、ミルトンの

神の道は正しく
その正しさをひとに証し得るなり

と比較されたい。しかし真に注目すべき点は、ミルトンと同じくポープも、近代世界につきまとうあの激しい困惑に少しも惑わされなかったことである。ミルトンが手がかりにしたものは、人間に対して神の行う道を説くことであった。それから二世代を経て、ポープは近代科学の啓蒙的方法が「大いなる迷路」の地図の働きをなすプラン（定まれるみち）を与えるという、同じく強い確信をもっていた。

ワーズワースの『逍遥』はこれらに次いで同じ題目を扱った英詩である。散文で書かれた序文によれば、この詩は「人間、自然および社会に関する見解を含む哲学詩」と銘打った、さらに大きな未完の作品の断片である。

この詩が次の行で始まっているのはすこぶる特徴的である。

時あたかも夏にして日はすでに高かりき

こうしてロマン主義的反動は神からでもなく、ボリングブルック卿からでもなく、自然から始まった。われわれはいまここに十八世紀の色調全体に対する意識的反動を見る。十八世紀は科学の抽象的分析をもって自然に近づいたが、一方ワーズワースは彼の充溢した具体的経験を科学的抽象観念に対抗させている。

この『逍遥』とテニソンの『イン・メモリアム』との間に宗教の復活と科学の進歩との一世代がある。初めの詩人たちはあの困惑を、無視することによって解決した。この道はテニソンには開かれていなかった。したがって彼の詩は次の句で始まる。

強き神の子　不滅の愛よ
汝の面《おもて》を眺めしことなきわれらは
ただひたすら信仰により汝を抱き
証し得ずとも信じるなり

困惑の調べがただちに奏でられている。十九世紀は、それに先立つ近代のどの時代にも通用しない意味において、困惑した世紀であった。それ以前の各時代には、その時代が根本的と考えた問題について激しく抗争する対立的陣営があった。しかし少数の逸脱者を除けば、いずれの陣営も精根を打ちこんでいた。テニソンの詩の重要性は、その時代の性格をそれが厳密に表現しているという事実にある。各個人が自己分裂を起こしていた。以前の時代には、深遠な思想家とは明晰な思想家であった。デカルト、スピノザ、ロック、ライプニッツ、いずれもそうである。彼らは自分の意味するところを正確に知っており、それを語った。十九世紀においては、神学者や哲学者にして深遠な思想家たる人びとの或るものは混濁した思想家であった。彼らは両立し難い諸説から同意を要求され、それを両立させようとする彼らの努力が避け難い混乱を生じたのである。

マシュー・アーノルドはテニソンにもまして、十九世紀の特色をなすこの個人の分裂の色調を表現した詩人であった。『イン・メモリアム』をアーノルドの『ドーヴァーの岸辺』の結びの句と比較されたい。

われらここに在りて
あたかも無知なる軍勢　夜陰に相撃ち
乱闘潰走のどよめきわたる
夕闇いよいよ深き野に立てるごとし

枢機卿ニューマン[10]は彼の『わが生涯の弁明』において、イギリス教会の高僧ピュージー[11]の特性として、「彼は知性の困惑に少しも悩まされなかった」、と言っている。この点でピュージーは、テニソン、クラフ、[12] マシュー・アーノルド、およびニューマン自身と対照をなすものとして、ミルトン、ポープ、ワーズワースを想起させる。

イギリス文学に関するかぎり、おそらく諸君も予想される通り、フランス革命当時およびそれに続く時代におけるロマン主義的反動の大立物の間に、科学思想に対する最も興味深い批評が見出される。イギリス文学では、この派の最も深遠な思想家はコールリッジ、[13] ワーズワースおよびシェリーであった。キーツはまったく科学の影響を受けなかった文学の一例である。われわれは哲学を顕わに構成しようとするコールリッジの試みを無視してよいであろう。それは彼自身の世代に影響を与えはしたが、本書におけるわたくしの目的は、過去の思想の中であらゆる時代につうじる要素を述べることにかぎられている。このように限定してさえ、わずかのものを選び出しうるに止まる。われわれの目的にとっては、コールリッジはただワーズワースに対するその影響によって重要であるにすぎない。こうして結局ワーズワースとシェリーが残ることになる。

ワーズワースは自然に熱中していた。スピノザは神に酔える人であったと言われているが、それと等しくワーズワースは自然に酔える人であったと言うことができる。しかし彼は思索的な精読の人であり、哲学的関心をもち、散文的ともいいたいほど健全であった。それに加えて一個の天才であった。彼は彼の科学嫌いによって自己の拠りどころを薄弱にしている。周知のように、彼は母の墓をじろじろ見て生えている草の品定めをするあわれな男をやや性急に非難し冷笑を浴びせた。このような反撥を表わした詩句は彼の作品からいくらでも引用できるであろう。この点で、彼の特色ある思想は、「われわれは分析のために殺す」[14]という彼の句に要約できる。

右の句において彼は、彼の科学批評の知的基盤を顕わにしている。彼は、科学が抽象的諸観念に没頭することで、科学を非難している。彼が終始唱えた題目は、自然の重要な事実は科学的方法では捉えられない、ということである。したがって、いったいワーズワースは自然の中に科学では言い表わしえないどんなものを見つけたか、を問うことが重要である。わたくしがこの問いを出すのは科学自身のためにもなる。というのは、本書における一つの主要な主張は、科学の抽象的諸観念が修正変更を許さないものだ、という考えに対する抗議であるから。ところで、ワーズワースが無機的物質を科学の自由に委ねて、一方生命ある有機物にはなにか科学の分析しえない要素があるという信念をひたすら守っているのでは決してない、ということはきわめて明白である。もちろん、誰しも疑わないことであるが、彼はある意味において生物が無生物と異なることを認めている。しかしそれは彼の眼目ではない。絶えず彼につきまとうものは、愛の翼をもって覆う山々の姿である。彼の題目は全体相の(in solido)自然である。すなわち、われわれがそれだけで一つの個体であると考えるいかなるひとつひとつの要素にも姿を宿す、あの周囲の事物の神秘的な姿について繰り返し説いている。彼はつねに特殊な事例の色調に含まれた自然の全体相を把握する。まさにそれゆえに彼は水仙と共に笑い、[15]桜草の中に「涙にも余る深き思想」[16]を見出すのである。

ワーズワースの最大の詩の中でも格別すぐれたものは『序曲』の第一巻である。そこには絶えずつきまとう自然のいろいろの姿についてのこの意識が浸みわたっている。少し長すぎてここに引用できないが、一連の荘厳な章句がこの思想を表現している。もちろん、ワーズワースは詩を書いている詩人であり、無味乾燥な哲学論にかかわっていない。しかしながら、各々の統一体に他のもろもろの統一体の様態的存在が融けこんでいる、互いにからみ合った抱握的統一体を示すような自然に対する感情を、これ以上明白に表現することはほとんど不可能であろう。

汝ら　空にまた地に宿る自然の諸相よ
汝ら　山々の映し出す姿よ
孤独の地のたましいよ
汝ら　いやしき願いを持てりとは思われず
大いなる力を働かせ
いくとせの間　無邪気なる戯れのうちにも
絶えずわれにつきまとい
洞《ほこら》のほとり木々の上　また森の中　丘の辺《へ》に
なべてのものに　怖れと望みとの徴《しるし》を彫りつけ
かくて　果てしなく拡がる大地をして
さながら海原のごとく

愉快と歓喜　望みと畏れもて
躍動せしめしかのときに……

わたくしがこのようにワーズワースを引用して強調したいと思う点は、近代科学がわれわれの思想に課する自然観に無理があり矛盾があることをわれわれが忘れている、ということである。ワーズワースはそのすぐれた天才を発揮して、われわれが直接把握する具体的事実、すなわち科学的分析においては歪められる事実、を表現している。科学の日常普通に用いられる諸概念はただ狭い――おそらく科学自身にとってあまりにも狭すぎる――範囲内でのみ妥当である、ということになりはしないであろうか。

シェリーの科学に対する態度はワーズワースの態度と反対の極にあった。彼は科学を愛し、科学の暗示するさまざまの思想を詩に表現して倦むことをしらない。彼にとって科学は歓喜、平和および照明の象徴である。化学実験室がシェリーに対する関係は、ちょうど山々がワーズワースの青春に対するのと同じであった。シェリーを批評する文学者たちが、この点で、シェリー的なものを彼ら自身の精神にはほとんど持ち合わせていないことは不幸である。彼らは、事実シェリーの精神の本体の一部をなし、その詩の隅々まで浸みわたっていたものを、とかくシェリーの本性に偶然現われた奇癖としてとり扱いがちである。しかしもしシェリーが百年後に生まれていたとすれば、二十世紀は化学者たちの中のニュートンともいうべき人物を得たことであろう。

シェリーの拠って立つ証拠の価値を計るためには、このように彼の精神が科学思想に打ちこんでいることを理解することが重要である。そのことは彼が次々に書いた抒情詩によって例証できる。わたくしはただ一篇だけを、すなわち彼の『プロメテウス解縛』の第四幕を選ぼう。そこでは〈大地〉と〈月〉とが正確な科学の言葉で語り合う。いろいろな物理実験が彼の比喩を指導する。例えば、〈大地〉の叫び、

閉じこめ難き蒸気にも似た踊躍感

は、科学書に述べられている「気体の膨脹力」を詩的に引き写したものである。いま一つ〈大地〉の語る一節を取ってみよう。

われは天空にそそり立つ
暗黒のピラミッドのもとに回転し
歓喜を夢見つつ
呪縛の眠りのうちに勝利の悦びをささやく
あたかも美しき恋人の影に臥し
光と温《ぬく》もりもて眠りを見守られつつ

美《う》ましき愛の夢に　かそけく息づく若人《わこうど》のごとく

この一節は、頭の中で明確な幾何学的図形を——わたくしが仕事の上でたびたび数学の学生に示さねばならない図形を——眼前に置いている人以外には作れなかったであろう。その証拠に、暗黒のピラミッドを囲む光に詩的映像を与えている最後の行を特に注意されたい。この着眼は図形を持たない人には到底浮かびえないであろう。しかしこの詩全体も、またその他の詩も、すべてこの種の表現に満ちているのである。

さて、このように科学に共鳴し科学思想に打ちこんでいるこの詩人も、科学の諸概念の基礎をなす第二次性質説[17]はまったく利用できない。シェリーにとって自然はその美と色彩を保持している。シェリーの自然はその本質上、われわれの知覚的経験の全内容を含んで動くもろもろの有機体のなす自然である。われわれは、正統的な科学思想の含む意味を無視することに慣れているので、そのさい暗黙裡に考えている科学思想への批評をはっきりさせるのは困難である。もし誰かこの問題を真剣にとり扱いうる人があるとすれば、シェリーこそはそれをなしたであろう。

さらにシェリーは自然の中に〈存在者〉が融けこむことに関して、ワーズワースとまったく軌を一にしている。次に挙げるものは『モン・ブラン』と題する彼の詩の一節である。

万物の住まう永劫の宇宙

精神を貫き　波早き瀬のごとく流る
時には暗く　時には閃き
影を映してはまた光を添う
そはひとの心の泉
おのおの流れの水を　ひと知れず運べばなり
その音　もとかそかなれども　いと高くひびきて聞こゆ
あたかも　淋しき山の深き森にて
あまたの滝つ瀬下り落ち
樹々と風と相闘い
岩走る大いなる水砕け散る
細《ほそ》谷川にも似たり

シェリーが右の句を書いたとき、明らかにカント、バークリー、プラトン、いずれにせよ、なんらかの観念論を頭に置いていた。しかしシェリーをどう解釈しようとも、彼はここで自然の存在そのものを構成する抱握的統一の有力な証人になっている。

バークリー、ワーズワース、シェリーの三人は科学の抽象的唯物論を真面目に受け容れることを直観的に拒んだ代表者である。

ワーズワースとシェリーとの自然の取り扱い方には興味深い相違があり、それによってわれわれがまさに考察しなければならないもろもろの問題が浮かび上がってくる。シェリーは自然というものを、いわば妖精の手に触れて変化し、分解し、変形するものと考えている。木の葉は〈西風〉を受けて、

魔法使より逃れ走る亡霊のごとく

飛び散るのである。

『雲』と題する彼の詩において、彼の想像力をかきたてるものは水のさまざまの変形である。この詩の主題は万物の果てしなき常永久《とことわ》の捉え難き変化である。

われは変われども死ぬことなし

これは自然の一つの相、すなわち捉え難き変化の相である。その変化は単に位置移動によって表わされるものではなく、内面的性格の変化である。死ぬことなきものの変化についてシェリーが特に強調しているのはこの点である。

ワーズワースは山間に生まれた。その山々はほとんど樹木が生えておらず、したがって四季の

移り変わりに伴う変化をごくわずかしか示さない。自然の大いなる永続性がつねに彼の念頭にあった。彼にとって変化とは、存続の背後を掠め過ぎる偶然である。

ヘブリディーズ諸島の果てにて
海原の静寂を破りつつ

自然を分析するいかなる方式も変化（change）と存続（endurance）というこの二つの事実に直面しなければならない。さらにいま一つ、それと並べられるべき第三の事実があり、これをわたくしは永遠（eternality）と呼ぼう。山は存続する。しかし幾時代を経てすり減ったときはそれもなくなる。同形のものが再び出来上ったとしても、それは新しい山である。色というものは永遠である。それは魂魄のように時の流れを縫って出没する。また来たり、また去る。だが現われ来たれば同じ色である。それは生き残っているのでもなければ、現に生き続けているのでもない。求められれば姿を現わす。時間および空間に対して山がもつ関係は、色がもつ関係と異なる。前章においてわたくしは、わたくしの言う意味で永遠である事物の空時に対する関係を主として考察した。存続する事物の考察に移る前にこうすることが必要だったのである。

またわれわれはわれわれの方法の基盤をいま一度顧みなければならない。わたくしは、哲学とはもろもろの抽象的観念の批判者であると考える。その働きは二重であって、第一にはそれらの観念に抽象的観念としての正当な相対的地位を割り当ててそれらを調和させること、第二にはいっそう具体的な宇宙観と直接に比較してそれらの観念を完全にし、これによってさらに完全な思想図式の形成を促進させること、である。この比較に関連して、偉大な詩人たちの証言が非常に重要なものとなる。彼らが今なお読まれるのは、具体的な事実のうちにある普遍的なものを洞察する人類の深い直観を、彼らが表わしている証拠である。哲学は、それぞれ独自の小さな、抽象的諸観念の図式を擁して、それを完成し改善しようと努めている、もろもろの科学と同類のものではない。それはもろもろの科学を総覧するものであり、科学を調和させ完全にするという特殊の目的を有する。それはこの任務に対して、個々の科学の提出する証拠のみでなく、具体的経験に訴える哲学自身の行き方をも援用する。それはもろもろの科学を具体的事実と対決させる。

十九世紀の文学、ことにイギリスにおける詩の文学は、人類の美的直観と科学の機械論との間の軋轢を証明している。シェリーは、感得される永遠的客体が、基体的有機体に浸みわたる変化の中に隠見するとき、容易に捕捉し難いということを、われわれの眼前にはっきり映し出す。ワーズワースは、きわめて重要な托宣を懐に蔵している存続的永続的事物の場としての自然を歌った詩人である。彼にとっては永遠的客体も現存している。

海にも地にも　かつてあらざりし光

シェリーもワーズワースも、自然はそのもろもろの美的価値から分離しえないこと、それらの価値はある意味で全体の愛の翼の下にそのさまざまの部分が抱かれていることより生じること、を力強く証言している。こうしてわれわれはこの詩人たちから、自然の哲学というものは少なくとも次の六個の概念を自ら取り上げなければならない、という思想を教えられる。すなわち、それは変化、価値、永遠的客体[18]、存続、有機体、融け合い、である。

このように十九世紀初期におけるロマン主義文学運動はちょうど百年前のバークリーの観念論哲学の運動と同じく、正統的科学の唯物論的諸概念の内に閉じこめられることを拒んだ。また話を進めて二十世紀に入れば、科学自身の内的発展からいやおうなしに、諸概念を再編成しようとする運動が科学自身の中で起こるであろう。

しかしながら、この思想の改造を客観主義に立って行うべきか、主観主義に立って行うべきか、をまず決めてかからなければ、論を進めることはできない。主観主義に立つとは、われわれの直接経験する自然はそういう経験をする主観の知覚的特性から生まれる、と信じることである。言い換えれば、この説にとって知覚されるものとは、その認識作用から一般に独立したもろもろの事物のなす複合体の部分的な姿ではなく、その認識作用の個々の特性の表現にほかならない。したがって、多種多様の認識作用に共通するものは、それらと結びついた推理の働きである。こうして、われわれの感覚的知覚と結合した思惟という共通な世界はあるけれども、われわれがそれについて思惟する共通の世界というものはない。われわれが思惟するものは、われわれにとってあくまで個人的であるわれわれの個々の経験に差異なく通じる共通な概念界である。そのような概念界は究極において応用数学の方程式にその完全な表現を見出すであろう。こういう思想が極端な主観主義の主張である。もちろん、そこまでいかない立場の人もあり、その人は、われわれの知覚的経験が共通の客観的世界の存在をわれわれに教えるが、知覚される事物は単にわれわれに対してこの世界から現われたものであって、それ自体はその共通な世界自身を作る要素でない、と信じる。

一方、客観主義の主張がある。この説の信条では、われわれの感覚によって知覚される現実の諸要素はそれ自体共通な世界の要素であり、この世界はわれわれの認識作用を含みながらもこれを超越するもろもろの事物のなす複合体である。この見解によれば、経験される事物はそれらの事物についてのわれわれの知識と区別されなければならない。その間に依存関係があるかぎり、事物が認識に至る道を用意するのであって、その逆ではない。しかし問題は、経験される現実の事物が、知識を含みながらもこれを超越する共通の世界に入りこむことである。極端にまで行かない主観主義者は、経験される事物は、それが認識する主観に依存するがために、ただ間接的に共通な世界に入りこむ、と言うであろう。しかし客観主義者は、経験される事物と認識主観とは同等の資格で共通な世界に入りこむ、と主張する。本書においてわたくしは、科学の要求ならびに人類の具体的経験に適応した、一つの客観主義哲学の精髄とわたくしの考えるものを概説しようと思っている。いかなるかたちのものにもせよ、およそ主観主義がもたらす諸困難についての立入った批評はさておき、わたくしが主観主義を信じない大まかな理由は三つある。一つの理由は、われわれの知覚的経験を直接に問うところより出てくる。こう問えば、われわれが、空間および時間内において石や木や人体のような存続する客体と結びついた、色や音やその他の感覚的客体の世界の内部にいるように思われる。われわれみずからも、われわれが知覚する他の事物と同じ意味で、この世界の要素であるように思われる。しかしながら主観主義者は、極端にまで行かない穏健な主観主義者でさえも、右に述べたこの世界は、われわれの素朴な経験ではあっさり呑みこめない仕方で、われわれに依存していると断定する。これに対しわたくしは、われわれは究極において素朴な経験に訴えなければならない、と考えるものであり、それゆえにこそ詩の与える証拠を大いに強調するのである。わたくしの言いたいのは、われわれの感覚的経験においてわれわれは自らの人間性を離れ、これを超えてものを知る、ということである。これに反し主観主義者は、そのような経験においてわれわれはただ自らの人間性について知るのみだと主張する。極端にまで行かない主観主義者でさえも、われわれの知る世界と、彼が認める共通な世界との、中間にわれわれの人間性を介在させる。われわれが知る世界は、彼にとっては、背後にある共通な世界の圧力を受けてわれわれの人間性が引き起こす内的な歪み（internal strain）なのである。

わたくしが主観主義を信じない第二の理由は、特殊な経験内容に基づくものである。われわれの歴史的知識によれば、われわれの知りうるかぎりでは、およそ生物がなにひとつ存在しなかった遠い時代がある。またその知識によれば、われわれが詳細な歴史を知ることのできない無数の恒星系がある。手近な月や地球を考えてさえ、地球の内部や月の反対側ではいったい何が起こっているであろうか。われわれは、われわれの知覚に導かれて、何かが星の中で起こっている、何かが地球の内部で起こっている、何かが月の反対側で起こっている、と推測する。また知覚によって、遠い時代にいろいろな事が起こっていたことを教えられる。しかしながら、確かに起こったと思われるこれらすべてのことは、詳しくは知られないか、はたまた推測的な証拠に基づいて組み立て直されたか、どちらかである。われわれの個人的経験のこれだけの内容に照らせば、経験界がわれわれ自身の人間性に属するものとは信じ難い。わたくしの第三の理由は、行動本能に基づいている。感覚的知覚が個人を超えたものの知識を与えるように見えるのと同様に、行動は自己超越(self-transcendence)本能から発するように思われる。その活動は自己を超えて、既知の超越界に移る。ここで最後の目標が重要なものになる。なぜなら、それは、背後から駆りたてられて、穏健な主観主義者の定かならぬ世界に移る活動ではないから。それは既知の世界内の決まった目標を目指す活動であり、しかも自己を超越する活動、既知の世界内の活動である。したがって、知られるがままの世界は、それを認識する主観を超越することになる。

主観主義者の主張は、物理科学における最近の相対性理論に哲学的解釈を与えることに従事している人びとの間で、盛んに唱えられてきている。感覚界が知覚者個人に依存するということは、この理論に含まれたもろもろの意味を表現する容易な方法のように見える。もちろん、無の中で孤立して自分だけで全宇宙を作っているような自己に満足している人びとを除けば、誰でも、なんらかの客観主義的主張に苦闘しながらも戻りたい、と考える。わたくしは、共通の思惟界が共通の感覚界なしに成立しうるとは考えない。わたくしはこの点をいま詳しくは論じないが、思惟界の超越性ないし感覚界の超越性がなければ、主観主義者がその孤立性を脱することはきわめて困難だと思われる。また穏健な主観主義者も、背後にある彼の未知の世界からいかなる助けも得られないようである。

実在論と観念論との区別は、客観主義と主観主義との区別と一致するものではない。実在論者も観念論者もともに客観主義の立脚点から出発できる。彼らはいずれも、感覚的知覚に現われる世界は知覚者個人を超越する共通の世界であること、に同意するであろう。しかし客観主義的観念論者は、この世界の実在ということが含むものの分析に取りかかると、認識を営む精神が末端に至るまでなんらかのかたちで絡みついて引き離しようがないことを知る。この主張を実在論者は否定する。したがってこの二派の客観主義者は、形而上学の根本問題に達するまでは袂を分かたない。彼らの共通点はたくさんある。それゆえにわたくしは前章において、わたくしが暫定的実在論の立場を採ると言ったのである。

今までは、客観主義の主張は、単に位置を占めるという思想をもった古典的な科学的唯物論を受け容れねばならないと想定したために、歪められてきている。そしてそのために、性質を第一次と第二次とに分ける思想が必要になった。したがって、感覚的客体のような第二次性質は主観主義的原理に基づいて取り扱われる。このことは、主観主義者の下す批判の好餌となる生半可な主張である。

もしわれわれが共通の世界に第二次性質をも含めるとすれば、われわれのもつ根本的諸概念のきわめて徹底的な再編が必要である。われわれが外界を把握するのは人体内の出来事に絶対に依存する、ということは明白な経験事実である。人体に適当なトリックを使えば、ひとはほとんどいかなるものでも知覚するようにもなり、また知覚しないようにもなる。人びとの中には、まるで身体や脳や神経だけがまったく想像的な世界における実在であるかのように言う人がある。言い換えれば、そのような人は、身体を客観主義的原理に基づき、世界のその他のものを主観主義的原理に基づいて、取り扱っている。これはよくない。ことに、そのさい証拠として挙げられているのは、実験者が他人の身体に関して持つ知覚であること、を思えば、なおさらのことである。

しかしながらわれわれは、身体というものは、有機体であって、そのもろもろの状態がわれわれの世界認識を規制する、ということを認めなければならない。したがって知覚界の統一は身体的経験の統一でなければならない。身体的経験を意識することにおいて、われわれは身体的生の内に映された空時世界全体の諸相を意識しなければならない。これすなわち、わたくしが前章に掲げた問題の解答である。ここで話を繰り返すことをやめて、ただ、いまひとたび断っておくが、わたくしの説では、単に位置を占めるということを事物が空時に含まれる基本方式とする考えをまったく放棄することになる。ある意味で、あらゆるものはあらゆる時にあらゆる場所にある。なぜなら、あらゆる場所は他のあらゆる場所における自己の相を含むから。こうしてあらゆる空時的立脚点は世界を映している。

右の説を、単に位置を占めることを前提する、空間および時間に関するありきたりの考え方から想像しようとすれば、それは大きな勘違いである。しかしこれをわれわれの素朴な経験から考えれば、それはたんにもろもろの明白な事実をひき写したものにほかならない。われわれはもろもろの事物を表象している或る場所にいる。われわれの知覚はわれわれのいる場所で起こり、そのときのわれわれの身体の働きにまったく依存する。しかし、或る場所におけるこの身体の働きは、われわれの認識に対して、身体と離れた環境の相を示し、その相がしだいに薄れて、彼方に事物があるという一般的な知識に達する。もしこの認識が超越界についての知識を伝えるならば、それは、身体的生である出来事がそれ自らの中に宇宙の諸相を統一するがゆえにほかならない。

この説は、ワーズワースやシェリーのような想像力に富んだ作家の自然詩に見出される。個人的経験の生き生きした表現と見事に調和する。万有の暖かに包む直接の姿はワーズワースに絶えずとり憑いていた。この説の確かに果たすことは、認識を営む精神を経験統一に必要な基体という地位から引き離すことである。その統一はいまや出来事の統一に置かれる。この統一に随伴して、認識が行われることもあり、行われないこともある。

ここでわれわれは、ワーズワースやシェリーの詩的洞察が与える証拠を吟味したときわれわれに示された、あの大きな問題に立ち帰る。この一つの問題は拡がって一群の問題となった。永遠的客体と区別された、色や形のような存続する事物とは何であるか。それらの事物はいかにして可能であるか。それらが宇宙において持つ地位や意味は何であるか。つまりは、自然の秩序の存続的安定性という地位とはいかなるものか。この問いに対して即答がある。それは、自然を、背後にあるなにかより大きい実在に連関させるものである。この実在は思想史上、絶対者、ブラフマン、天道、神、などさまざまの名前で現われている。根本的な形而上学的真理を叙述することは本章の任ではない。わたくしの言いたいのはこうである。すなわち、そのような自然の秩序の存在を信じることからいきなり、困難を除去するためにとにもかくにも頼らなければならない究極的実在がある、と安易に思いこむ早合点は、合理性がその権利を主張することを強く拒むことである、と。われわれは、自然が、その存在それ自身において、自己説明的なものとして自らを表わしていないかどうか、を探求しなければならない。わたくしがこのように言う意味は、事物がどんなものであるかを単に述べるだけでも、事物がなぜ存在するかを説明する要素を含みうる、ということである。そのような要素は、われわれが明確に把握し得るものの彼方にある深淵に関係する、と予想されるであろう。ある意味で、説明というものはすべて結局は恣意的にならざるをえない。わたくしの要求したいことは、われわれが説を立てる出発点をなす事実が結局恣意的なものであっても、われわれの明確な認識能力を超えた領域まで拡がっているとわれわれ自らが朧げながら判じる、実在の同じ一般的諸原理を顕わにせよ、ということである。自然は、限定された諸条件にしたがってもろもろの有機体が進化することを説く哲学を例証するものとして、自己を表わす。そのような条件の例としては、空間の拡がり、もろもろの自然法則、またこれらの法則を例証する、原子や電子のような限定された存続的存在、などが挙げられる。しかしながらこれらの存在の本質そのもの、またそれらの空間性および時間性の本質そのものは、自然それ自身を超えたもっと広大な進化――その内では自然は一つの限られた様態にすぎない――から生じたものとして、さきの諸条件が恣意的であることを示さなければならない。

万有をうち貫き、実在するものの性格それ自身に内在する一事実は、事物の推移、すなわち、ものが一から他へ移り変わることである。この移り変わりは、離れ離れの存在が単に一列にならぶことではない。われわれがある限定された存在をどのように固定しても、最初それを選ぶさいに先立つべき、その存在のきわめて狭い限定がつねに存する。また、最初選んだものがそれ自身を超えて移り変わることによってそこへ融けこんでしまう、もっと広い限定もつねに存する。自然の全体相は進化的膨脹の相である。わたくしが出来事と呼ぶ統一体は、あるものが現実態へと創発すること（emergence）である。このように創発するあるものをわたくしはいかに特徴づければよいであろうか。そのような統一体に与えられる「出来事」という名は、現実の統一性と結合した内在的流動性に注意をひきつける。しかしこの抽象的な言葉では、出来事の実在という事実がそれ自体何であるか、を特徴づけるに不充分である。いかなる一つの概念もそれだけでは充分ではありえないことは、少し考えればすぐ分かる。なぜなら、それぞれの出来事にその意味を見出す概念はすべて、出来事の実在そのものに寄与する何ものかを表わさなければならないから。したがっていかなる一つの言葉も充全ではありえない。しかし逆に、なにものも除外し去ってはならない。われわれの具体的経験の詩的解釈を思い出せば、価値、価値的であること、価値を持つこと、それ自身として目的であること、それ自身のために在るものであること、という要素が、最も具体的現実的なものである出来事を考えるさいに省略されてはならない、ことをただちに知るのである。「価値」(value) という言葉をわたくしは出来事それ自身に固有な実在を表わすものとして用いる。価値は詩的自然観の隅々まで浸みわたっている要素である。われわれが人間的生というかたちですぐ了解するあの価値を、ものの実現形態それ自体に移しさえすればよい。これがすなわちワーズワースの自然崇拝の秘密である。したがって実現とは本来価値の達成なのである。しかしたんなる価値というようなものはない。価値は限定から生じるものである。明確な有限存在とはこの達成をかたち造る選ばれた様態である。このようにかたち造られて個々の事実となって現われることを離れて、この達成はありえない。存在する一切のものが単に融け合ったものとは、無限定な無であろう。実在を救うものは、その頑として原理にまで還元し難い、決して他のものでありえないように限定された、事実存在 (matter-of-fact entities) である。科学も芸術も創造活動も、頑として原理にまで還元し難い、限定された事実を振り切ることはできない。事物の存続という意味は、それ自身独立した明確な達成形態として現われるものの自己保持にある。存続するものは限定されており、邪魔好きで、狭量であり、その環境を自らのもつ諸相で染める。しかしそのものは自足的なものではない。あらゆる事物の諸相がこのものの本質自身に入りこむ。それは、そのものの限定の中に、それの存在場所であるもっと大きな全体が集約して初めて自己を持つ。逆に言えば、それは自らの存在場所であるこの同じ環境に自己の諸相を貸し与えて初めて、自己を持つ。進化の問題は、価値の存続的な諸形態がなす存続的調和の発展であり、これらの諸形態は自己を超えてより高き達成形態へと進む万物の姿となって現われている。美的達成は実現形態のうちに織りこまれている。ある存在の存続性とは、ある限られた美的成功がそこで達成されていることを表わす。もっとも、われわれがその存在の外に出てそれの外的影響を見るならば、それは美的失敗を表わすのでもあろうが。それ自身の内部においてさえ、それは低次の成功と高次の失敗との闘争を表わすであろう。その闘争は分裂の予兆である。

存続する事物の本質ならびにそれら事物の要求する条件をなお進んで論じることは、十九世紀後半に栄えた進化論の考察に密接な関係を持つであろう。本章においてわたくしが明らかにしようと努めたことは、ロマン主義復興期の自然詩が有機体的自然観のための抗議であり、かつまた事実の本質から価値を排除することへの抗議であった、ということである。ロマン主義運動は、この面において、それより百年以前に提出されたバークリーの抗議の復活と考えられるであろう。ロマン主義的反動は価値を擁護するための抗議なのであった。

〔1〕ジャンセニズムとは、オランダのカトリック神学者コルネリウス・ヤンセン Cornelius Jansen（一五八五―一六三八）が、聖アウグスティヌスの教義に基づいて創めたもので、体験を重んじ教権に反対した

のでローマ教会から異端視された。パスカルやアルノーはジャンセニストであった。
〔2〕ペイリー　William Paley（一七四三―一八〇五）は英国の神学者、倫理学者。神意に従って善を行うのを道徳とし、一般の幸福の増減をもって神意に適うや否やを知ると考えた。『キリスト教の証明』（一七九四）、その他の著書がある。
〔3〕弁証論　Apologetics という言葉は特にキリスト教に関して用いられる。キリスト教信仰はその初期以来多くの攻撃にさらされてきた。その攻撃はキリスト教とは相異なる人生観や世界観を有する人びとから、また種々の学問の立場からなされたが、この攻撃はキリスト教側において自己擁護的な議論を産み出させた。そのような目的のためになされる多くの議論は観点を異にし、また重要な点に関して相矛盾することもあったが、キリスト教の真理を弁証し且つその信仰を明らかにするという点において一致していた。かかるものを弁証論と呼ぶが、これはその行き方よりして教義学と無縁ではない。
〔4〕ポープ　Alexander Pope（一六八八―一七四四）は英国新古典派の驍将で、彼の『人間論』（一七三三―三四）は、四部よりなる書簡体の詩であるが、ライプニッツの弁神論をまた借りしたもので、宇宙の一切の事象は神の意志のままに完全無欠であり、それが分からぬのは人間の限界が狭いからだと説いている。
〔5〕ワーズワースは一七九八年の『抒情民謡集』で英詩史上ロマン主義運動の火蓋を切ったといわれているが、この『逍遥』（一八一四）は、哲学詩を狙った野心的な大作で、四、五人の人物の会話を通じて、自然の神秘的なはたらき、知性を超えた信仰などを論じている。詩的作品としては冗漫に流れ散文的に傾いた章句もあって必ずしも傑作ではないが、内容的には重要な作品である。
〔6〕「星は盲のごとく云々」は『イン・メモリアム』、第三連、第二句、第一行よりの引用。「彼女は」とあるのは「悲哀」（sorrow）のこと。
〔7〕ボリングブルック　Bolingbroke, Henry St. John, 1st Viscount（一六七八―一七五一）はステュアート王家

を支持した政治家で、『愛国王の理念』（一七三八）の著者。

〔8〕セン・ジョンとは右のボリングブルック子爵のことである。

〔9〕宗教の復活とは次のことを指す。英国では、沈滞した英国教会に活を入れんとしたいわゆるオックスフォード運動が行われ、"Tracts for the Times"（一八三三—四一）にその綱領が示された。

〔10〕ニューマン　John Henry Newman（一八〇一—九〇）はオックスフォード運動を指導したが、やがて一八四五年英国教会に飽き足りないでカトリックに改宗し、一八七九年枢機卿に列せられた。『わが生涯の弁明』（一八六四）の他に、『大学の理念』（一八五二）、『説教集』など著書は多い。

〔11〕ピュージー　Edward Bouverie Pusey（一八〇〇—八二）はニューマンと協力してオックスフォード運動を指導し、英国教会とローマ教会の再統一に努力した。

〔12〕クラフ　Arthur Hugh Clough（一八一九—六一）は詩人でアーノルドの親友、その死を悼んだアーノルドの悲歌『サーシス』の主人公。

〔13〕コールリッジ　Samuel Taylor Coleridge（一七七二—一八三四）は幻想的なすぐれた詩も書いたが、ドイツに遊学してカント、シェリングなどの哲学に親しみ、『文学的自伝』（一八一七）という文学論を書いた。想像力について形而上学的価値づけを試み、ワーズワースに有益な示唆と励ましを与えた。

〔14〕「分析のために殺す」は、"The Tables Turned"の第七連にある。この連は左の通りである。

Sweet is the lore which nature brings;
Our meddling intellect
Misshapes the beauteous forms of things:
—We murder to dissect.

〔15〕「水仙と共に笑い」は"I wandered lovely as a cloud"で始まる有名な抒情詩（一八〇四年作）の中にある。

この中でワーズワースは、次のように歌っている。

A poet could not but be gay,
In such a jocund company:（11. 15—16）
And then my heart with pleasure fills,
And dances with the daffodils.（11. 23—4）

〔16〕「涙にも余る深き思想」はワーズワースの傑作の一つ“Intimations of Immortality from Recollections of Early Childhood”（一八〇三年作）の結尾にある。

To me the meanest flower that blows can give
Thoughts that do often lie too deep for tears.

これは、彼の自然観を端的に表わしたものとして、しばしば引用される。

〔17〕ジョン・ロックの思想。本書九一頁参照。

〔18〕永遠的客体（eternal object）は現実契機（actual occasion）に進入（ingress）するとともに、独立性をもつ。本書第十章『抽象』、を見よ。さらに「あとがき」を参照されたい。

第六章　十九世紀

前章では、イギリスにおけるロマン主義運動の自然詩と、十八世紀から受け継がれた唯物論的科学思想との、比較を取り扱った。そして、この二つの思想運動がまったく一致しないものであることに注意した。そこではまた、科学と人類の根本的直観との間の間隙を埋めうる、客観主義哲学の略述に努めた。なお、その根本的直観とは、詩に表現を見出し、日常生活の諸前提に実際的な例証を見出すものである。十九世紀が進むにつれて、ロマン主義運動は衰微した。それは死滅しはしなかったが、その潮流の明白な純一性を失い、人間のもつ他の関心事と結合するにつれて、乱れて幾多の分流をなした。この世紀の信念は三つの源から発した。一つの源はロマン主義運動で、信仰復活や芸術や政治熱に現われた。第二の源は、思想の大通りをいくつか開いた科学のいよいよ盛んな進歩であった。第三の源は、人間生活の諸条件を完全に一変させた技術の進歩であった。

これらの信念の源は、いずれも前の時代に発したものであった。フランス革命自身、ルソーに浸みこんだかたちのロマン主義が産み落とした長子であった。ジェイムズ・ワットは一七六九年に蒸気機関の特許を得た。科学の進歩は、同じ十八世紀をつうじて、フランスおよびフランスの影響の誉であった。

また、この初めの時代においてさえ、これらの流れは互いに作用し合い、あるいは協力し、あるいは対立した。しかし十九世紀に入って初めて、三つ巴の運動が、ワーテルロー会戦以後の六十年の特徴をなす、あの充分な発達と特異な均衡とに達した。

この世紀に新たに加わった独特のもので、これをすべての前の世紀と分かつものは、その技術である。それは単にいくつかの孤立した大発明を持ちこむということではなかった。なにかそれ以上のものが含まれていたことを感じないではいられない。さて、文字というものは蒸気機関よりも大きな発明であった。しかし文字がしだいに発達して行く過程を跡づけると、蒸気機関の場合とは非常な相違が見出される。もちろん、われわれは、両者の前身をなす小規模な散発的なものを除外して、もっぱらそれらが仕上げられて実効をもった時期に注意を向けなければならない。すると、時間の規模に両者の間ではなはだしい懸隔がある。蒸気機関に対してはおよそ百年と見ればよいであろう。文字について期間は千年をもって数えるほどである。なお、文字を書くことが最後に一般化されたとき、人びとは技術が次の段階に進むことを期待してはいなかった。その変化は徐々に、無意識的に、予期されずに行われたのである。

十九世紀においては、変化は急速に、意識的に、予期されつつ、行われるようになった。この世紀の前半は、変化に対するこの新しい態度が初めて確立され歓迎された時期であった。それは、六、七十年後の今日、われわれが幻滅あるいは少なくとも不安の色を見出す意味において、希望に満ちた特異な時代であった。

十九世紀の最大の発明は、発明法の発明であった。一つの新たな方法が人生に加わった。われわれの時代を理解するためには、鉄道、電信、ラジオ、紡績機械、合成染料、などのような変化を形づくる個々のものをことごとく無視して差しつかえない。われわれは方法そのものに注意を集中しなければならない。この方法こそ真に新しいもので、古い文明の基礎を破壊した。フランシス・ベイコンの予言[1]は今や実現した。時には自らを天使よりやや低きものと夢想していた人間は、身を屈して自然に奉仕する召使となった。一人の役者が二役を演じうるか否かは今後に残された問題である。

この変化全体は新しい科学知識から生じた。原理よりも成果から考えられた科学は、利用できる着想を貯えた、人目につく倉庫である。しかしこの世紀の間に起こったことを理解しようとすれば、倉庫に譬えるよりもむしろ鉱山に譬えた方がよい。また、生のままの科学的着想はできあいの発明で、拾い上げて使いさえすればよいものだ、と考えることは大きな誤りである。その間には、想像的工夫を凝らす緊張した時期がある。新たな方法に含まれた一つの要素はまさに、もろもろの科学的着想と最後の産物との間の間隙を埋めにかかる方法の発見である。それは、もろもろの困難に次から次へと挑みかかる、規律正しい攻撃の過程である。

近代技術のもっていたもろもろの可能性は、富裕な中産階級の勢力によって、イギリスにおいて初めて実際に現実化された。したがって産業革命はイギリスから始まった。しかしドイツ人は、科学の鉱山の中でより深い鉱脈に達する方法を、明らかに会得した。彼らは行きあたりばったりの研究方法を廃止した。彼らの工業学校や工科大学では、時おりの天才や時おりの好運な思いつきをまたなくても、進歩が見られた。十九世紀をつうじて彼らが示した学問的妙技は、世界の讃嘆の的であった。この知識の訓練は、技術を越えて純粋科学に、科学を越えて学問全般に適用される。それは素人から専門家への変化を表わしている。

特定の思想領域にその生涯を捧げる人びとが、昔からつねに存してはいた。特に法律家とキリスト教会の牧師とは、そのような専門の明白な実例である。しかしあらゆる部門にわたる知識の専門化の力や、専門家を作り出す方法や、技術の進歩に対する知識の重要性や、抽象的知識が技術に結びつけられる方法や、技術の進歩のもつ限りなき可能性など、これらすべてのことを充分自覚的に会得することは、十九世紀において、かつ列国の中でも主としてドイツにおいて、初めて完全に成し遂げられたのである。

かつては人間の生活は牛車の中で送られた。将来は航空機の中で送られるであろう。速度の変化は結局質の差として現われてくる。

このようにして成し遂げられた知識の領域の変化は、必ずしも利益ばかりではなかった。能率の増大は否定できないが、少なくともその変化に内蔵されたいくつかの危険がある。ただし、新事態から生じた、社会生活に対するさまざまの影響を論じることは、最後の章にゆずりたい。さしあたり今は、規律正しい進歩のこの新事態が、十九世紀思想の発展した舞台面である、とだけ言っておこう。

いま考察しようとするこの時代に、四つの大きい新観念が理論科学に導入された。もちろん、わたくしの挙げた、四という数をもっと増やすべき充分の理由も存在する。しかしわたくしは、最も広義に解した場合、物理学の基礎を再建しようとする現代の試みにきわめて重要な観念だけを、取り上げようと思う。

これらの観念のうちの二つは対立するものであり、わたくしはこれをまとめて考察しよう。われわれが問題とするのは細かなことではなくて、思想に及ぼした根本的影響である。一つの観念は、全空間を、外見上真空と見える場所をも満たす物理的作用の場、という観念である。この観念はすでに、多くの人びとの頭に多くのかたちで浮かんでいた。自然は真空を忌む、という中世の公理が思い出される。またデカルトの渦動[2]は十七世紀に一時、あたかも科学の仮説の一つとして不動のもののように思われた。ニュートンは、重力がなにか媒質の中で起こるものによって引き起こされる、と信じた。しかし大体において十八世紀にはこうした諸観念のいずれもまったく活用されなかったのである。光の伝播はニュートン流に微粒子の疾走によって説明されたが、これはもちろん真空を認めるものであった。数学的物理学の研究者たちは重力理論のもろもろの帰結を演繹することに忙殺され、それの原因はあまり意に介さなかった。また、たとえその問題に頭を使ったとしても、全然目標が立たなかった。いくつかの臆説が出されたが、大して重要なものでなかった。したがって、十九世紀が始まったとき、全空間を満たす物理的現象という観念は、科学において存在を持っていなかった。しかしその観念は二つの源から復活したのである。光の波動説はトマス・ヤングとフレネルのおかげで勝利を収めた。この説は、全空間にわたって何か振動しうるものの存在すべきことを主張する。したがって、一種のあまねく満ちわたる微妙な物質として、エーテルが考え出された。ついに電磁説がクラーク・マクスウェルの手によって、全空間にわたって電磁気現象が存在すべきだ、と主張するかたちを採るに至った。マクスウェルの理論が完全なかたちをとったのは一八七〇年代のことであった。しかしその準備はすでに、アンペール、エールステッド、ファラデー、など多くの傑《すぐ》れた人によってなされていた。当時の唯物論的なものの見方に順応して、これらの電磁気現象もまた、それが生起する場所となるべき物質を必要とした。こうしてまたエーテルが呼び出された。そこでマクスウェルは、彼の理論がただちに実を結んだお初穂として、光波は電磁気現象の波にほかならないことを証明した。したがって電磁説は光の理論を併呑した。それは偉大な単純化であり、誰しもその真理を疑わない。しかしそれは、唯物論に関するかぎり、一つの不幸な影響を引き起こした。なぜなら、光だけとって考えた場合、まったく簡単な一種の弾性体エーテルで光には充分であるに反し、電磁気的エーテルはまさに電磁気現象を引き起こすに必要な諸性質を賦与されなければならないからである。実際エーテルは、これらの現象を支えるように要請される物質に付した、たんなる名称となる。わわれわれは、もしそのようなエーテルを要請しなければならない形而上学をたまたま持たない場合には、それを斥けることができる。それはなんら独自の生命を持たないからである。

こうして前世紀の七十年代に物理的諸科学の主なるものは、連続という観念を前提にした基盤の上に確立された。他方、原子という観念がジョン・ドールトンによって導入され、化学の基礎に関するラヴォアジェの仕事を完成していた。これは第二の大きな観念である。通常の物質は原子より成ると考えられ、電磁気現象は連続的な場から生じると考えられた。

その間になんの矛盾もなかった。まず、この二つの観念は対立するけれども、特殊なものに具体化された場合は別として、論理的に矛盾するものではない。第二に、これらの観念は、一は化学に、他は電磁気学にと、科学の異なった領域に適用された。そしてまだその頃は、両者の提携の兆《きざし》はいと仄かに見えているにすぎなかった。

物質が原子より成るという観念は、長い歴史をもっている。デモクリトスやルクレティウスがただちに諸君の頭に浮かぶであろう。わたくしがこれらの観念が新しいと言うのは、十八世紀をつうじて科学の有力な基盤を形成した諸観念が揺るぎなきものとなったことから見て、比較的新しいというだけの意味である。思想史を考察する場合、ある時代を決定する真の流れを、たまたま抱かれた影響力の無い思想から区別しなければならない。十八世紀には、教養の高い人は誰もルクレティウスを読み、原子について観念を抱いていた。しかしジョン・ドールトンが、それらの観念を実際に科学の流れの中で有効に働くものにした。この有効な働きにおいて、原子というものは新しい観念であった。

原子という観念の影響は、化学のみに限られてはいなかった。生物学における生きた細胞は、ちょうど物理学における電子および陽子にあたる。細胞および細胞集合体を離れて生物学的現象はない。細胞説は、ドールトンの原子説とは独立してではあるが、これと同時代に生物学に持ちこまれた。この二つの理論は「原子論」という同じ思想をそれぞれ別箇に例証したものである。生物学における細胞説は徐々に生長したものであり、ただ日付と人名を並べただけで、生物関係の諸科学が、有効に働く思想図式としては生まれてやっと百年である、という事実が明らかになるのである。ビシャ[3]は一八〇一年に組織説を作り上げた。ヨハンネス・ミュラー[4]は一八三五年に「細胞」なるものを記述し、それの性質や関係に関する事実を示した。シュライデン[5]は一八三八年に、シュワン[6]は一八三九年に、ついに細胞の根本的特性を確立した。こうして一八四〇年には生物学および化学はともに原子論的基盤の上に打ち建てられた。原子論の決定的勝利は、世紀末における電子の登場[7]を待たなければならなかった。想像力という背後の働きが大切であることは、ドールトンがその仕事を果たしてかれこれ五十年後に、いま一人の化学者ルイ・パストゥールが原子に関する同じ観念を、さらに押し進めて生物学の領域に取り入れた、という事実によって例証される。細胞説とパストゥールの仕事とは、ある点では、ドールトンの仕事よりずっと革命的であった。なぜなら、前者は微生物の世界に、有機体という観念を導き入れたからである。かねてから、原子を、ただ外的関係しかもちえない究極的存在として取り扱おうとする傾向があった。この考え方は、メンデレーエフの周期律の影響の下に崩れつつあった。しかしパストゥールは、極めて微細なものの領域において、有機体の観念が決定的な重要さをもつことを示した。さきに天文学者は、宇宙がどれほど大きいかを示していた。いまや化学者と生物学者とが、宇宙がどれほど小さいかを教える。現代の科学においては、一つの有名な長さの尺度[8]が用いられている。それは、かなり小さいものである。それを得るためには、一センチを一億分して、その一つを取らなければならない。パストゥールの有機体は、この長さよりは相当大きなものである。原子に結びつけてみると、今日われわれは、原子との隔たり[9]が大きすぎてもてあますような、有機体があることを知っている。

この時代に属すると見られるべきもう二つの新しい観念は、いずれも推移ないし変化の概念と結びついている。それはすなわち、エネルギー恒存説ならびに進化論である。

エネルギーの理論は、変化の底にある量の不変という概念に関係がある。進化の理論は、偶然の産物[10]として新たな有機体が創発することと関係がある。エネルギーの理論は物理学の領域に属する。進化の理論は主として生物学の領域に属する。もっともカントやラプラスが、星系の中心をなす恒星、および遊星の形成に関して、これに触れたことがあるにはあったけれども。

これらの四つの観念が相集って科学の進歩のための新しい力を産み出したことにより、この世紀の中葉は科学の春を謳歌するに至った。聡明でかえって明らかな誤りを犯すような人びとは今や、物理的宇宙のもろもろの秘密がついに顕わにされたと宣言した。説明の線に添わない一切のものを無視しさえすれば、われわれの説明力は無限であった。一方、頭のはっきりしない人びとは、まごまごして、最も防御力の弱い立場に押しこめられた。学識豊かな独断論者は、決定的な事実についての無知と結びついて、新方法を唱導する科学者たちから激しい敗北を喫した。こうして技術革命から来る興奮に、今や科学理論が顕わにしたもろもろの展望から生じる興奮が付け加わった。社会生活の物質的基盤も精神的基盤も、ともに年月を追って変貌しつつあった。十九世紀が最後の四半期に入ったとき、この世紀に霊感を吹きこんだ三つの源、すなわち、ロマン主義、技術および科学の源は、もはやその役目を終えていたのであった。

そのときほとんど突然、時代の歩みが停った。最後の二十年のうちにこの世紀は、第一次十字軍の時代以来、思想の最も沈滞した時期の一つとして、その幕を閉じた。その二十年は十八世紀の木霊にすぎず、しかもヴォルテールとのんびり風流を楽しんでいたフランス貴族とを欠いたものであった。この時期は能率的で、殺風景で、微温的であった。それは専門家の勝利を祝っていた。

しかしながら、この停止の期間を振り返ってみると、いまわれわれは変化の徴候を見分けることができる。まず第一に、現代では組織的研究が種々要請されるために、絶対的な停滞は許されない。科学のあらゆる部門において、たとえ各部門で認められた観念にかなり厳しく局限されていたにもせよ、とにかく効果的な進歩が、実際急速な進歩が、見られた。それは慣習を越えた深い思惟に煩わされない、科学の正統派全盤の時代であった。

第二に、思想図式として科学的唯物論が充分科学の用に立つ、ということが今や危殆に瀕したのであった。エネルギーの恒存は量的不変の新しいタイプを示した。なるほどエネルギーはなにか物質に付随するものと解釈できた。だがとにかく、質量という概念は、一つ究極的な不変量としての比《たぐ》いなき優越的地位を失いつつあった。少し後になって質量とエネルギーとの関係が逆転させられ、したがって今では質量とは、エネルギーのなす力学的効果のあるものに関連して考えられた、それの量を表わす名に成っている。この一連の考え方から、エネルギーが基礎的なものであり、[11]物質をその地位から追い出すという観念が出てくる。しかしエネルギーは、もろもろの出来事より成る一つの全体の量的様相を表わす名にすぎない。つまり、エネルギーは有機体の機能という観念に依存している。そこで問題はこうである。はたしてわれわれは、単に位置を占める物質という観念に立ち帰らずに、有機体を限定できるか。われわれは後にこの点をさらに詳しく考察しなければならない。

同じく物質を後方に押しのけることは電磁場に関連しても起こっている。現代の理論では、物質に直接依存することから離れて、この場で出来事が起こると前提されている。通常エーテルが基体として置かれている。しかしそのエーテルは実際にはこの理論に加わらない。こうしてまた、物質の観念はその基礎的地位を失う。また原子も形を変えて有機体に成りつつある。そして結局進化論は、さまざまのタイプの有機体を形成存続させる諸条件の分析にほかならない。実際、近年における最も重要な事実は、生物関係の諸科学の進歩である。これらの科学は本質的には有機体に関する科学である。本章の問題としている時期、また実際現代においても、さらに完全に科学の形を整えているという栄誉は、物理関係の諸科学に属する。したがって、生物学は物理学のやり方を模倣する。生物学におけるいかなるものも、やや複雑な周辺状況に置かれた物理的メカニズムでないものはない、と見るのが正統的な考えである。

右の立場のもつ一つの難点は、物理科学のもろもろの基礎概念が現在混乱していることである。これと同じ困難が、それと反対の生気論にも伴っている。なぜなら、後者の説ではメカニズム——唯物論に基づいたメカニズムを言うのだが——の事実が受け容れられ、生体の諸活動を説明するために生命力の支配ということが付加的に導入されているからである。原子の行動に適用されると思われるさまざまの物理法則は、現在定式化されているように互いに矛盾しないものではない、ということをどこまでもはっきり理解しておかねばならない。生物学に役立つようにメカニズムに訴えることは、もともと、一切の自然現象の基礎を表わす、確証された、自己矛盾のない物理的諸概念に訴えることであった。しかし現在はそのような概念の体系はないのである。

いまや科学は、純粋に物理学的でもなく、純粋に生物学的でもない、新たな様相を帯びつつある。それはもろもろの有機体の研究に成りつつある。生物学は比較的大きい有機体の研究であり、他方物理学は比較的小さな有機体の研究である。科学のこの二つの部門の間にはいま一つの相違がある。生物学における有機体は物理学における微小な有機体を成分として含んでいる。しかし現在、物理学的有機体の中でさらにいっそう微小なものがそれを構成するもろもろの有機体に分析されうる、という証拠はない。あるいは分析できるかも知れない。しかしとにかくわれわれは、それ以上分析できない始原的有機体というものが無いかどうか、という問題に直面している。自然においてかぎりなく分析を続けることはとてもできそうもない。したがって、唯物論を放棄する科学思想は、これら始原的存在の特性に関する問いに答えなければならない。この理論に基づけば答えはただ一つしかない。われわれは、自然現象の究極的単位としての出来事から出発しなければならない。一つの出来事は、およそ存在する一切のもの、ことに他の一切の出来事、と関係を持つ。このようにもろもろの出来事が融け合うことは、自然の成立に必要であるが自然からは出てこない永遠的客体の、例えば色、音、匂い、幾何学的性質、などの示す諸相に由来する。そのような永遠的客体は一つの出来事の成分であり、他の出来事を限定する姿ないし相として現われるであろう。諸相の交互性というものがあり、また諸相のなすパターンというものがある。各々の出来事は二つのそのようなパターンに対応する。すなわち、その出来事が自らの統一の中へ抱き入れる他のもろもろの出来事の諸相の成すパターンと、他のもろもろの出来事がそれぞれその統一の中へ抱き入れるさきの出来事の諸相の成すパターン、とである。したがって、非唯物論的な自然哲学では、始原的有機体とは、実在する出来事の統一のうちに抱き入れられる、ある特殊なパターンの創発である、と考えられるであろう。そのようなパターンはまた、他のもろもろの出来事に抱き入れられた、さきの実在する出来事の諸相を含むであろう。そのさいこれら他のもろもろの出来事は、修正、すなわち部分的限定を受ける。こうして一つの出来事には内的実在と外的実在とがある。すなわち、それ自身抱握するものとしての出来事と、他のもろもろの出来事に抱握されるものとしての出来事、とである。したがって一つの有機体という概念はもろもろの有機体の交互作用の概念を含む。伝達および連続という通常の科学的観念は、相対的に言えば、空間および時間をつうじて経験的に観察されたこれらのパターンの特性を記したものである。ここで主張されている立場は、一つの出来事のもつ諸関係は、その出来事自身に関するかぎり、内的である、すなわち、それらの関係はその出来事それ自身の成分である、ということである。

さきの章においてわれわれは次のような考えに到達した。すなわち、現実の出来事（actual event）というものは、独立した成立形態であり、さまざまの存在を、それらがそのパターン内に実在的に共存するがゆえに、一つの価値の中に抱き入れ、他のもろもろの存在を除外するものだ、という考えである。それは、単にさまざまのものが、単に論理的に共存するものではない。もしそうであれば、ベイコンの言葉をもじって、「すべての永遠的客体は、互いに相似たものになるであろう」[12]、ということになるから。この実在的共存とは、各々の内的本質、すなわち各々の永遠的客体それ自身、が出来事の姿をとって現われる一つの限定された価値に関与するようになる、という意味である。しかし、もろもろの価値は重要性を異にする。そこで、もろもろの出来事の成す集合体にとってそれぞれの出来事は不可欠であるけれども、それの寄与するものの度合はそれ自身に内在する或る性質によって決定される。今やわれわれは、その性質がどんなものであるか、を論じなければならない。経験的観察の示すところでは、それは保持、存続、あるいは反復など、どのようにも呼べる性質である。この性質は結局一次的永遠的客体[13]も同じく持っている自己同一性なるものを、束の間の実在でありながら価値のために回復するものである。一つの出来事内における、価値の特殊な形状（ないし形態）の反復は、その出来事全体として、継起するその部分のひとつひとつがそれぞれ同じく示す、ある形状を繰り返し持つときに起こる。こうして、出来事を、時間におけるそれの諸部分の流れの長さに応じていかに分析しても、つねに諸君の前にはそれ自身として同一なものがある。したがってその出来事は、それ自身の内的実在のかたちにおいて、全体としての自己の中に実現しているのと同じパターンをもつ価値の諸相を、出来事自身の諸部分に由来するものとして、自己自身のうちに映し出す。こうしてそれは、その出来事のうちにそれ自身の生涯が含まれた、存続する個体的存在の姿でたち現われる。なおその上、他のもろもろの出来事に映し出された、さきの出来事の外的実在も同じく、存続的個体性という姿をとる。ただこの場合は、その個体性が環境を構成する他のもろもろの出来事内に、自己の諸相が反復して現われるかたちで、彫りつけられている。

存続的パターンを持つそのような出来事の時間的持続全体が、その出来事の外見上の現在（specious present）である。この外見上の現在の中で、その出来事は、一つの全体としてみずからたち現われ、かつそうすることにおいて、それのもつ時間的部分のいくつかの相をまとめ上げたものとして、自らたち現われる。出来事全体が実現するパターンと、出来事全体の中へ抱き入れられて共存する各部分の相を通して、これらさまざまの部分がそれぞれ示すパターンとは、まったく同一である。また同じパターンの前半生が、この出来事全体に含まれたその諸相によって示される。こうして、この出来事の中には、自己の以前の環境における価値の一要素を構成したものとして、現在優勢なパターンの前歴の記憶が含まれている。存続する事実の生涯（life-history）をこのように内面から具体的に抱握していることは、二つの抽象的なものに分析できる。その一つは他の事物に自らの影響を受容させる実在的事実として創発した存続的存在であり、いま一つは基底に在る実現活動力が具体的なかたちを採って個体化したものである。

もろもろの出来事の全体の流れを考察すれば、基底に在る永遠的な活動力の分析に達するが、この活動力の本質の中にあらゆる永遠的客体の領域を直視（envisagement）することが成り立つ。このような直視は、比較的微妙かつ複雑な存続的パターンの生涯に抱き入れられた思惟相として創発する、個々の思惟の成立地盤である。また永遠的な活動力の本質の中に、もろもろの永遠的客体が実在的に共存することによって得られ、しかも観念的境位において直視されるような、一切の価値を直視することが成り立たなければならない。いかなる実在からも離れた、そのような観念的境位は、それ自身に固有な価値をもたないが、目的を構成する要素としては価値がある。この観念的境位の諸相を個々の出来事の中へ個別化して抱握することは、個体化された思想のかたちをとり、そのようなものとして固有な価値を持つ。こうして、思惟における観念的諸相と、生起する過程における現実的諸相とが、今や実在的に共存するがゆえに、価値というものが生まれる。したがって、現実界の事実的出来事から引き離された基底的活動力には、いかなる価値をも帰着させることはできない。

　最後に、この一連の考え方を要約するならば、ものの実現の事実から離れて考えられた基底的活動力は、直視の三つの型を持っている。第一には、永遠的客体の直視であり、第二には、もろもろの永遠的客体の綜合という点から見た価値のもろもろの可能性の直視であり、第三は、未来をまって初めて成就される境位全体に加わらなければならない現実的事実の直視である。しかし現実を捨象した場合、永遠的な活動力は価値から引き離される。現実こそ価値なのだからである。存続する事物から生じる個々の表象は、パターンが自己の方向を定める仕方に応じて、個々の深さや広さをいろいろ異にするであろう。それは、基体的活動力全体を細分した極めてかすかな漣《さざなみ》を表わすこともあり、あるいは、反対の極では、観念的に共存するさまざまの境位に内在する価値の含むもろもろの抽象的可能性を自覚的判断の前に置く、ということをも併せもたせた、意識的思惟に高まることもあるであろう。中間の場合は、抱握されるものとしていま存在している現実的諸相から見て、自己の直接の過去に最も類似したものを表わす、一つの直接的な達成可能のかたちを（無自覚に）直視するような、個体的表象のたぐいである。物理学の諸法則は、この直視という独特の限定原理から展開したものを調和調整したものを表わす。こうして力学を支配するものは最小作用の原理であり、その作用の詳しい性格は観察から学びとらなければならない。

　物理学で考察されるもろもろの原子状の物質的存在は、単に個体的な存続的存在に過ぎず、互いに他の生涯の歴史的方向を決定するにあたって相互に及ぼし合う作用に関するもの以外の、一切を捨象して考えられたものである。そのような存在は、一部分は、それ自身の過去から受け継いだ諸相によって形成される。しかしそれはまた、一部分は、その環境をかたち造る他のもろもろの出来事のもつ諸相によって形成される。物理学の諸法則は、もろもろの存在がどのように相互に作用を及ぼし合うか、を明確に述べる法則である。物理学にとってこれらの法則は恣意的に定められる。なぜなら、この科学は本来あるがままの存在を捨象してしまっているから。さきに見た通り、本来あるがままの存在というものは、その環境から修正を受けるものである。したがって、さきの諸法則がそこで成立すると認められた環境といちじるしい相違をもつ環境において、これらの法則が修正されることを期待してはならない、と想定することはきわめて危険である。物理的存在は、これらの法則に関するかぎり、きわめて本質的な修正を受けうるであろう。それらの存在が発展して、具体的なかたちの直視をより広くもつ、もっと根本的なタイプに属する個体になるということさえ可能である。このような直視は、物理法則の外にあってただ目的というかたちで表わしうるような、もろもろの価値を等重にして選択権を認める、といった段階に達することもあろう。そのような遠い段階のことはしばらくおくとしても、なお次のことは直接演繹できる。すなわち、自己の生涯がいっそう大きく、深く、いっそう完全な、あるパターンの生涯の一部をなすような、一つの個体的存在が、自己の存立を支配するそのいっそう大きいパターンの諸相を含み、かつ自己に映されたそのいっそう大きいパターンの修正を、自己の存立の修正として経験しうる、ということである。これが有機体的機械論である。

この理論によれば、自然法則の進化は存続的パターンの進化と併行する。なぜなら、宇宙の一般的状態が、そのままで、これらの法則にその働き方が表現されるもろもろの存在の本質そのものを、一部分限定するからである。われわれの一般原理は、新しい環境においては、古い存在が進化して新しい形態をとる、ということである。

徹底的な自然有機体説をこのようにざっと描いたことによって、われわれは進化論の主要な必要条件を理解することができる。十九世紀末のあの休止期間になされていた主な仕事は、科学のあらゆる部門の方法論を指導するものとして進化論を摂取することであった。軽率浅薄な考え方に加えられた天罰ともいうべき盲目さで、多くの宗教思想家はこの新説に反対した。もっとも、徹底的な進化論哲学は、実は唯物論と相容れないものではある。唯物論哲学の出発点となる原初的素材、すなわち物質は、進化することができない。この物質は本来究極的実体である。進化とは結局、唯物論によれば、物質の各部分間の外的関係の変化を記述するための別名にすぎないものとなる。一組の外的関係は他のいかなる一組の外的関係とも異なることはないゆえに、進化すべきものはなにひとつない。ただ目的なく進歩のない変化がありうるのみである。しかし現代進化論の主眼はもっぱら、複雑な有機体がそれよりも複雑でない有機体という先行状態から進化するというところにある。そこで進化論は、有機体を自然成立の基礎をなすものとして考えなければならない、と声を大にして叫ぶ。それはまた、基底的活動力——実体的活動力——をも要求する。これは、個々の具体的なものに自己を表現し、もろもろの成立形態をもつ有機体に進化するものにほかならない。この有機体は創発する価値の単位であり、もろもろの永遠的客体の特性を実在的に融合したものであり、独立存在として創発したものである。

このようにしてわれわれは、自然それ自身の特性を分析していくうちに、有機体の創発が目的にも似た選択作用に依存することを、知るのである。注意すべきことは、存続的有機体が今や進化の産物であり、存続的有機体の外には存続する他の何ものもない、ということである。唯物論によれば、存続する物質——例えばいわゆる物質や電気のようなもの——がある。有機体説によれば、存続するものはただ活動の組織体のみでありその組織体が進化するのである。

こうして、存続するものは時間的過程の産物であり、一方永遠的なものはその過程の存立そのものに必要な要素である。われわれは次のようにして、存続の厳密な定義を与えることができる。出来事Aに一つの存続的な組織体をなすパターンが浸みわたっているとする。そうすればAは時間的に継起するもろもろの出来事に洩れなく細分されうる。このようにAを細分する一系列に属するもろもろの出来事のうち任意の一つをとって得られるAの部分を、Bとする。そうすれば、その存続的パターンは、A全体の示すパターンのうちにあってAの統一のうちに抱握されている諸相の成すパターンであり、またA全体の示すパターンのうちにあってAの任意の時間的部分、例えばB、の統一のうちに抱握されるパターンでもある。例えば、分子は一分間の出来事、またその一分以内の任意の一秒間の出来事、に表わされたパターンである。そのような存続的パターンの重要性に多少の差がある、ということは明白である。それは、このように個体化されたもろもろの基底的活動力を結びつける、なにか些細な事実を表現することもあれば、なにかきわめて密接な結びつきを表現することもあるであろう。もし存続するパターンが、さまざまの部分の立脚点に映される、外的環境の直接相に由来するにすぎないとするならば、その存続性は重要性の乏しい外的事実である。しかし、もし存続するパターンが、いま考えている出来事のさまざまの時間的部分の直接相にことごとく由来するならば、その存続性は重要な内的事実である。それは、個体化されたもろもろの基底的活動力を統一する、ある単一的特性を表現する。そのとき、自己自身に対しても、自然の他のものに対しても、ある統一性をもった一つの存続する事物が存在する。こうしたタイプの存続を言い表わすために、物理的存続という言葉を用いよう。そのとき物理的存続とは、もろもろの出来事の歴史的行程をつうじて伝達される、ある同一の特性を絶えず受け継ぐ過程である。この特性はその行程全体に、またその行程上の一切の出来事に、すべて属する。これはまさに物質が有する性質である。もしそれが十分間存在したならば、その十分のうちのどの一分間にも、またどの一分のうちのどの一秒間にも、存在したのである。ただ、もし物質が基礎的なものであるとするならば、存続というこの性質は自然の秩序の基盤にある事実として恣意的に考えられたものであるが、もし有機体を基礎的なものとするならば、この性質は進化の結果である。

一見したところでは、自己自身を受け継ぐという過程を重ねる物理的事物は、環境から独立しているかのように見える。しかしそのような結論は正しくない。その理由は次の通りである。そのような事物の生涯における二つの継起する部分をＢおよびＣとし、ＣがＢに後続するとするならば、Ｃにおける存続的パターンは、Ｂならびにその事物の生涯の他の類似的先行部分から受け継がれる。それは、Ｂを通してＣに伝達されるが、Ｃに伝達されるものは、Ｂのようなもろもろの出来事に由来する諸相のつくる全体的パターンである。これら全体的パターンというものは、Ｂならびにその事物の生涯の他の先行部分に及ぼされた、環境の影響を含んでいる。こうして、前歴の諸相全体は、その生涯のさまざまの時期全部をつうじて存続する部分的パターンとして受け継がれる。このようにして有利な環境というものは、物理的事物を存続させるために不可欠である。

われわれが知っている通り、自然の中には、非常に長い永続性をもったいろいろのものが含まれている。普通の物質で永続するものがある。地質学者の知る最も古い岩石内にある分子は、十億年以上にわたって変化せずに、しかもただそれ自身として変化しないのみならず、お互いの相対的配置においても変化せずに、存在してきたであろう。その期間の間に、ナトリウム黄色光の振動数をもって振動する一分子の振動数は、およそ$16.3 \times 10^{22} = 163{,}000 \times (10^6)^3$であろう。最近まで原子は外見上破壊されないものであった。だが、今はそうでないことをわれわれは知っている。しかし、破壊されない原子の跡つぎとして、外見上破壊されない電子と破壊されない陽子とが、現われている。

いまひとつ説明しなければならない事実は、これらの実際に破壊されないものの持つ、大きな類似である。すべての電子は、互いにきわめてよく類似している。われわれは、証拠より先走りして、それらが同一であると言う必要はないが、われわれの観察力ではなんらの相違点も発見できないのである。これと同じく、すべての水素核は互いに類似している。またこれら類似したものはきわめてたくさんある。おびただしい数に上る。あたかも、なにか類似性があるということが存続の有利な一条件であるかのようである。常識から考えてもこの結論が出てくる。しかししもろもろの有機体が生き永らえようとすれば、互いに協力しなければならない。

したがって、進化のメカニズムを解く鍵は、強い永続性をもったなにか特殊な存続的有機体の進化と相伴って、ある有利な環境が進化しなければならない、ということである。自己の影響でその環境を退化させる自然物は、自滅してしまう。

個々の有機体の発展と併行して有利な環境を進化させる、最も簡単な方法の一つは、各有機体の環境に及ぼす影響が、同じタイプに属する他のもろもろの有機体の存続に対して有利になる、ということである。さらに進んで、もしその有機体が、同じタイプに属する他のもろもろの有機体の発展をも有利にするならば、われわれが観察するような、高度の存続力をもった同種の存在の大集団を作り出すに適した、進化のメカニズムが得られる。なぜなら、環境は種とともに自動的に発展し、種はまた環境とともに自動的に発展するからである。

まず第一に問題となるのは、存続的有機体の進化に対する、このようなメカニズムの直接証拠があるかないか、ということである。自然を概観するさいわれわれは、ただその成分が永遠的客体の諸相に止まる基礎的有機体だけがあるのではない、ということを記憶しなければならない。もろもろの有機体より成る有機体というものもある。いまかりに、話を簡単にするために、電子と水素核とがそのような基礎的有機体であると、なんの証拠もないが、いちおう仮定してみよう。そのとき、原子や分子は高次の有機体であって、これもはっきりまとまった有機体的統一を表わすわけである。しかしながら、物質のさらに大きい集合体になると、その有機体的統一は影が薄くなる。それは朧げな空漠としたものに見える。在るにはあるが、そのパターンは曖昧模糊としている。それは基礎的有機体を結合して得られた多くの結果の集まりにすぎない。次に生物になると、パターンは再び明確になり、有機体的特性は再び顕著になる。したがって、無機物だけに適用する法則とは、主として、入り混じってできた集合体から統計的に割り出した平均である。それは、万物の究極的本質に光を投じるどころか、個々の有機体の個体的特性を曇らせ抹殺してしまう。もしわれわれが、有機体に関係する事実を明らかにしたい、と願うならば、われわれは、個々の分子や電子か、または個々の生物か、いずれかを研究しなければならない。その中間のものは比較的に混乱している。ところで、個々の分子を研究することの困難は、われわれが分子の生涯についてほとんど知らないということにある。われわれは一つの個体を絶えず観察し続けることはできない。一般にわれわれは、分子の大きな集合体を取り扱っている。個々の分子に関するかぎり、時にはすぐれた実験者が苦心しながらも、言わばこれにフラッシュを浴びせ、ある種の瞬間的結果をやっと観察する。したがって、個々の分子や電子の働きの歴史は、大部分われわれの眼から隠されているのである。

しかしながら生物の場合は、われわれは各個体の歴史を跡づけることができる。この場合にわれわれの必要とするメカニズムをまさしく発見する。まず第一に、種は多くの同じ種から繁殖する、ということがある。次に、部族や種族、または果実内の種子、の存続のために有利な環境を注意深く用意する、ということがある。

しかしながら、明らかにわたくしは、進化のメカニズムをあまりにも単純なかたちで説明した。生物の種の間には、相互に有利な環境を与え合う協同がある。したがって同じ種の成員が相互に助け合うと同じように、協同する異なった種の成員も相互に助け合う。われわれは電子と水素核という二つの種の間にも、極めて素朴な協同[14]の事実があることを知る。この二者の協同が単純であること、ならびに他の敵対する種の競争を受けないように見えることから、両者に存在する強い存続性が説明される。

自然の発展に含まれたメカニズムには、このように二つの面がある。一面では、与えられた環境とそれに適応する有機体とがある。十九世紀末の科学的唯物論はこの面を強調した。この見地から見れば、与えられた量の物質があり、ただ限られた数の有機体だけがそれを利用できるわけである。環境が与えられているということが万事を支配する。したがって、科学の切札は〈生存競争〉と〈自然淘汰〉であると思われた。ダーウィン自身の著述は、直接証拠以上に決して出ないであらゆる可能な仮説を注意深く保持する心がけの、つねにもって鑑とすべきものである。しかしそういう善い心がけは、彼の後継者たちにはあまり現われず、まして亜流の徒においてはなおさらであった。ヨーロッパの社会学者や時評家の想像は、この利害相剋の面にもっぱら注意を向けたために曇らされた。[15] 商業や国家の問題の処理を決するさいに、道徳的考慮を排斥することにはたくましい特殊の現実主義《リアリズム》がある、という考えが当時盛んであった。

進化のメカニズムの他の一面は、それは閑却されている面であるが、創造性（creativeness）という言葉で表わされる。有機体は自らの環境を創造することができる。この目的のためにはただ一個の有機体だけではほとんど無力である。それを果たすに充分な力を得るためには、協働する有機体の社会が必要になる。しかし、そのような協働が行われれば、またそれに払われる努力に比例して、環境は進化の道徳的様相全体を改変する柔軟性をもつのである。

手近な過去において、また現在でも、混乱した精神状態が世を風靡している。科学的技術が進歩した結果、人類にとって環境がますます改造しやすくなったことは、固定環境という思想によって正当づけられる思惟の習慣、というかたちで現在解釈されている。

宇宙の謎はそれほど単純なものではない。ある種の与えられた事物の成立形態がどこまでもその形態として果てしなく繰り返される永続の面があり、また他のもの――それは価値のより高いもののこともあれば、より低いもののこともある――への推移の面がある。さらに闘争の面と扶助の面とがある。しかしどこまでも非道を行うロマン主義的態度が現実政治と離れていることは、自己を滅して他に尽くすロマン主義的態度の場合と同様である。

〔1〕ベイコンは、「知は力なり」として、新たに獲得される自然認識が人間生活をできる限り快適で幸福なものにすると考え、こうしたユートピアの予言をチャールズ一世に献じた『ニュー・アトランティス』の中で述べている。
〔2〕デカルトにおいては空虚な空間はない。従って一つの物体が場所を変ずれば、その移って行くべき場所に在る他の物体を駆逐し、またその駆逐された物体は第三の物体を駆逐してその場所を占める。順次かくのごとくして最後には何らかの物体が最初の物体を占めていた場所を占める。すなわちいかなる運動もみな連結していて物体の運動はその意味において輪の形をなすことになる。いま種々の固体が液体にとり巻かれているとする。流体が全体として一定の方向に運動すれば、その流体に囲まれている固体も一緒に運ばれるが、固体はその直接の環境である流体に対しては相対的に静止している。デカルトの天文学は、右の流体が宇宙を満たし、且つ右の固体が種々の天体であると考えるところに成り立つ。恒星を囲む流体は全体としては流動しない。遊星を囲む流体は太陽の周りに渦巻くように流動している。この思想をデカルトの渦動という。
〔3〕ビシャ　Marie François Xavier Bichat（一七七一―一八〇二）はフランスの医学者。解剖学の研究に歿頭し、身体の組織を二十一種に分類し、あらゆる病因を組織の変化に置いた。組織学の祖といわれている。
〔4〕ヨハンネス・ミュラー　Johannes Peter Müller（一八〇一―五八）はドイツの生理学者、比較解剖学者。彼の研究領域は広く、人体解剖学、比較解剖学、生理学、発生学、病理解剖学、動物学、古生物学にま

で及び、多くの発見をなした。彼は近代生理学の父と呼ばれ、その門下からデュ・ボア・レイモン、ヘルムホルツ、フォルクマン、ヘッケル、等々の俊秀を出した。

〔5〕シュライデン Matthias Jakob Schleiden（一八〇四—八一）はドイツの植物学者。植物体が細胞から成立していることを見出した。

〔6〕シュワン Theodor Schwann（一八一〇—八二）はドイツの解剖学者。植物細胞における所見と動物の背索の細胞との構造上の合致を確かめ、動植物共に細胞よりなるという細胞説を唱えた（一八三九）。

〔7〕アイルランドの物理学者ストーニー（一八二六—一九一一）は一八七四年に電気分解におけるイオンの帯電量を計算して電気素量の存在を主張し、これにエレクトロン（すなわち電子）の名を与えた。同年クルックスが陰極線粒子を発見し、J・J・トムソンによってこれが電子なることが確められた。

〔8〕一八六四年スウェーデンの物理学者オングストレーム（一八一四—七四）は太陽光線の波長を記す時に一メートルの百億分の一（すなわち10^{-8}cm）を長さの単位として用いた。これをオングストロームと呼び、Åで表わす。

〔9〕一九一一年ラザフォードは原子核の大きさを径約10^{-13}cmと推定した。

〔10〕ここの「偶然」は初版ではchangeになっているが、一九二六年以後はすべてChanceとなっている。

〔11〕質量はニュートン物理学における基本概念の一つで、ニュートンの運動法則に従って質量を力と加速度との比として力学的に定義される。この意味での質量は物体の惰性を表わす故に、惰性的質量といわれる。これに対して重力が速度に関する質量を重力的質量といい、両者が理論的に同一なることはアインシュタインの一般相対性理論で確かめられた。他方において電磁的質量やエネルギーの惰性が認められるに及んで、質量概念は大きく動揺した。これらは相対論力学で解明され、質量はもはやそれぞれの物体に固有な量でなくその速度に関するばかりでなく、本質的にかえってそれぞれのエネルギーに帰属

されるものであり、物体が質量を有するのも、じつはそれがエネルギーを荷う故であると解されるようになった（理化学辞典）。

〔12〕「さまざまの存在」とは永遠的客体を指すと解釈したい。

〔13〕感覚的客体を意味する。ロックの一次性質もホワイトヘッドは永遠的客体の中に含める。

〔14〕水素原子を指す。

〔15〕第十三章（三三六頁）に説明されている。

第七章　相対性

以上数章にわたってわれわれは、科学運動を起こすまでに至ったもろもろの先行条件を考察し、十七世紀から十九世紀に至る思想の歩みを跡づけてきた。十九世紀においてこの歴史は、科学を中心として組み分けされるかぎり、三部に分かれる。その三部とは、ロマン主義運動と科学との接触、十九世紀前半における技術および物理学の発達、最後に、生物関係の諸科学の全般的な進歩に結合した進化論である。

右の三世紀全体をつうじての主調は、唯物論が科学の諸概念に対する充分な基盤を与えた、ということである。そのことはまったく一点の疑いも挿しはさまれなかった。波動が必要になると、波動物質の務めを果たすためにエーテルが持ちこまれた。そのようにして含まれた唯物論がまったくの仮定であることを示すため、わたくしは自然有機体説という別の理論を略述した。前章においては、生物学の発展、進化論、エネルギー説および分子説が正統的唯物論の妥当性を急速に覆すことになったことを指摘した。しかし十九世紀の終わりまで誰ひとりこのような結論を下したものはなかった。唯物論は至上権を握っていたのである。

　現代の色調は、物質、空間、時間およびエネルギーに関して多くの入りくんだ問題が出てきたので、古い正統的な仮定の単純な安全さが消滅してしまった、ということである。それらの仮定はニュートンの時代のままでは、否、クラーク・マクスウェルの時代のままでさえもう役立たない、ということは明らかである。今日その再編が行われなければならない。今日の思想の新しい状態は、科学が常識よりも先走っているという事実より起こっている。十八世紀が受け継いだ安定状態は、常識を組織化した勝利であった。それは中世の幻想[1]やデカルトの渦動[2]を脱却していた。その結果、宗教改革時代の歴史的反逆に由来する反合理主義的傾向をほしいままに延ばした。それは、普通の人間が誰でも肉眼ないし度の弱い顕微鏡で見うるものを根拠にしていた。それははっきり測定できるものを測定し、はっきり概括できるものを概括した。例えば重量および質量という通常の概念を概括した。十八世紀が始まったとき人びとは、ついに愚かな考えを脱却したという落ち着いた信念に立っていた。今日われわれはこれと正反対の考え方をしている。愚かな考えと見えるものが、明日には真理であることを証されないともかぎらないのである。われわれは、十九世紀初期の色調を再びいくぶんか取り戻したが、ただし想像力の一段高い水準に立っているのである。

　われわれが想像力の一段高い水準に立っているのは、われわれがずっと精妙な想像力を持つからではなく、いっそう良い機械器具を持っているからである。科学において、この四十年間に起こった最も重要なことは、機械設計の進歩である。この進歩は、一つにはマイケルソン[3]のような少数の天才、ならびにドイツの光学機械製造者たちのおかげである。それはまた、製造技術、特に冶金学の領域における製造技術、の進歩のおかげでもある。設計者は現在、物理的性質の異なる種々さまざまの材料を自由に使うことができる。そこで彼は必ず自分の欲する材料が手に入ることを期待でき、少々我慢すればその材料を自分の欲する形に仕上げることができる。これらの機械器具が思想を新しい水準に置いたのである。一つの新しい機械は外国旅行と同じ目的を果す。すなわち、事物の結びつきが平生と異なったかたちで示されてくる。その利益は、単にものが付け加わったというにとどまらず、形が変わることである。実験技巧の進歩はおそらく、各国の有能な人びとが以前よりも多く今日科学研究にたずさわるようになったことにも負うているであろう。とにかく、原因はいずれにあるにせよ、微妙精緻な実験が最近三十年間に数多く行われた。その結果、人類の日常経験から遠く隔たった自然の諸領域において、多量の知識が集積されたのである。

二つの有名な実験、一つは科学運動の始まりにさいしてガリレオの考案したもの、いま一つはマイケルソンが彼の有名な干渉計を用いて、最初一八八一年に行い、一八八七年と一九〇五年に繰り返したもの、この二つはわたくしがさきに述べたことを例証するものである。ガリレオはピサの斜塔の頂上から重い物体を落とし、重量の異なる物体が同時に放されると一緒に地上に達することを証明した。実験技術と装置の巧拙に関するかぎりでは、この実験は彼に先立つ五千年間のいつの時代でも行われえたであろう。その実験に含まれた観念は、ただ重量と速度とに関係するだけであり、これらは日常生活に親しい観念である。この一組の観念全体は、クレタ島のミノス王の家族が海岸にそびえる高い城壁から海中に小石を落としたときにも、よく知られていたであろう。われわれは、科学が日常経験の組織化から出発した、ということをどれほど注意深く理解しても注意しすぎることはない。まさにこのようにして科学は、あの歴史的反逆の反合理主義的傾向とあれほど即座に提携したのであった。それは、ものの究極的意味を求めてはいなかった。それは、もっぱら明白な諸現象の継起を規制する結合関係を探求した。

マイケルソンの実験は、あれよりも早い時期に行われることができなかった。それには、技術の全般的な進歩と、マイケルソンの実験の天才とを要した。それは、エーテル内の地球の運動を決定することに関係し、光はエーテル内を任意の方向に一定の速度で進む振動波から成り立つと仮定する。またもちろん、地球はエーテル内を運動しており、マイケルソンの装置も地球とともに運動している。その装置の中心で一つの光線は二分され、一方の光線は与えられた距離だけ装置に沿って一方向に進み、装置内の鏡に反射して中心に戻ってくる。他方の光線はさきの光線と直角をなす方向に装置を横ぎって同じ距離だけ進み、やはり反射して中心に戻ってくる。そのさい両光線が合して装置内のスクリーンに映る。もしあらかじめ行きとどいた注意が与えられていれば、干渉縞が見えるであろう。すなわち、両光線の径路の長さにわずかな差があるために、一方の光線の波の山が他方の光線の谷を埋めてできる黒色の縞が、スクリーンの或る部分まで見えるであろう。この長さの差は地球の運動によって生じるであろう。なぜなら、問題となるのはエーテル内の径路の長さであるから。そこで、装置は地球とともに運動しているので、一方の光線の径路は他方の光線の径路とは異なり、この運動によって影響されるであろう。諸君が汽車の中で、最初は列車の方向に、次にはこれと直角の方向に、運動するとして、軌道上の諸君の径路を注目してみられたらよい。この譬えでは、軌道がエーテルに当たる。ところで地球の運動は光の運動に較べてはるかに遅い。したがって、右の譬えにおいて諸君は、列車がほとんど停止しており、諸君自身がきわめて急速に運動していると考えなければならない。

さきの実験において、この地球の運動の影響はスクリーン上の干渉縞の位置に作用を及ぼすであろう。また、もしその装置を直角だけ回せば、二つの光線に及ぼす地球の影響はところを変えるし、干渉縞の位置はずれるであろう。われわれは、太陽の周りを回る地球の運動によって生じるわずかなずれを計算することができる。また、この影響に、エーテル内での太陽の運動に基づく影響を加算しなければならない。機械器具の感度は吟味できるし、これらのずれの結果は装置によって観測できるほど大きいことが証明できる。さて、問題は、何ものも観測に現われなかったところにある。装置を回したとき何のずれも見られなかったのである。

結論としては、地球はエーテル内において常に静止しているか、それともこの実験の解釈の基づく根本原理にはなにか誤りがあるか、のいずれかということになる。明らかにこの実験は、ミノス王の子供達の考えや遊びごとと同日の談ではない。エーテル、エーテル内の波、干渉、エーテル内での地球の運動、マイケルソンの干渉計、などの観念は日常経験とかけ離れている。しかし、それらの観念はいかにかけ離れているにしても、この何も出てこなかった実験結果について認められた説明に較べれば、単純明瞭なものである。

その説明の根拠は、科学で用いられる空間および時間の観念があまりに素朴であって、修正されなければならない、ということにある。この結論は、常識に対する真向からの挑戦である。なぜならば、それまでの科学は普通人が普通に用いる概念を洗練したものにすぎなかったから。このような観念の根本的再編は、もしもここで挙げる必要のない他の多くの観測の支持を得なかったならば、とうてい行われなかったであろう。ほかの理論ではそれぞれなにか特別の説明を御膳立てしなければならない多数の事実を、ある種の相対性理論[4]は最も簡単に説明するようである。したがってこの理論は、単にそれの成立に導いた実験に依存しているというだけのものではない。

その説明の中心点は、マイケルソンが実験に用いた装置のようなあらゆる機械器具では、光の速度はそれに対して同一不変なものとして必ず記録される、ということである。すなわち、彗星上の干渉計と地球上の干渉計とでは、光の速度はそれぞれそれに対して必ず同じ値を示すであろう。光はエーテル内を一定速度で走るので、これは明白な矛盾である。したがって、エーテル内を異なる速度で運動する二物体、地球と彗星とは、光線に対して異なる速度を持つと予想されるであろう。例えば、道路を二台の自動車がそれぞれ時速一〇マイルと二〇マイルで走っていて、時速五〇マイルの他の自動車がこれらを追い越すとしよう。速い方の自動車は、二台の自動車の一方に対しては時速四〇マイル、他方に対しては時速三〇マイル、の相対速度で追い越すであろう。光については、もし速い方の自動車を光線とすれば、道路を走る光の速度は、追い越される二台の自動車のそれぞれに対して速い方の自動車の速度とまったく同じことになる、と言ってよい。しかし光の速度は毎秒三〇万キロメートルというきわめて大きなものである。そこでわれわれは、空間および時間についてまさにこの速度がこれほどの大きさを持つことに即応した観念を持たなければならない。したがって、相対速度についてわれわれの抱く観念をことごとく改めなければならない。ところでそれらの観念は空間および時間についてのわれわれの日常的な考え方からすぐに出てくるものである。そこでわれわれは、いわゆる空間および時間について一般になされている解釈にはなにか見落としがあるという主張に立ち帰ってくる。

われわれは日常次のような根本的仮定の上に立っている。すなわち、空間に対して与えられるべき一義的な意味と、時間に対して与えられるべき一義的な意味とがあり、したがって、地球上の装置に関して空間関係にどんな意味が与えられようとも、それと同じ意味が彗星上の装置に関しても、また同じ意味がエーテル内の静止している装置に対しても、与えられなければならない、と。相対性理論ではこのことは否定される。空間に関するかぎりでは、相対運動のもろもろの明白な事実を考えれば、この理論に同意することは容易である。しかしその場合ですら、意味の変わり方は常識で認められる範囲を越えなければならない。また、時間に対しても右と同じことが要求される。すなわち、もろもろの出来事のそれぞれの日付、ならびにそれらの出来事間の時間経過は、地球上の装置、彗星上の装置、エーテル内に静止している装置、に対して相異なるものと考えられなければならない。これを信じることはより困難である。いまわれわれは、地球に対してと彗星に対してとで、空間性および時間性は、地球と彗星とが示す相異なる条件のもとでそれぞれ異なる意味を持たなければならない、と結論する以上にこの問題を掘り下げる必要はない。したがって、速度はこの二つの天体に対して異なる意味をもつのである。そこで現代科学は次の仮定に立つ。すなわち、もし何ものかが空間および時間のある系から見て光速度を持つとすれば、それは空間および時間の他のいかなる系から見ても光速度を持つ。

このことは、すべての物体が同時に実在する瞬間的現在の確定性を前提する、古典的科学的唯物論にとって手痛い打撃である。現代の理論ではそのような一義的な瞬間的現在というものはない。われわれは全自然物が同時的瞬間にあるという考え方にある意味を見出すことはできるが、その意味は、時間というものについての異なった考え方に対してはまったく別のものになるであろう。

この新しい理論に対して極端な主観主義的解釈を与えようとする傾向が見うけられる。すなわち、空間および時間の相対性ということは、あたかも観測者の選択によって決まるかのように、解釈されている。もし観測者を入れて説明が容易になるならば、そうすることはまったく正当である。しかし必要なのは観測者の身体であって、精神ではない。しかもこの身体でさえ、ごくありふれたかたちの装置の実例として役立つにすぎない。一般的にいって、マイケルソンの干渉計に注意を集中し、マイケルソンの身体や精神を念頭に置かない方がよい。問題は、なぜ干渉計のスクリーンに黒い縞が映ったか、なぜ装置を回したときにこの縞にわずかのずれも見えなかったか、ということにある。新しい相対性は空間と時間とをこれまで考えられなかったほど緊密に結びつけ、具体的事実における両者の分離は異なった抽象方式を用いることによって得られ、それぞれの意味が与えられる、という考え方をする。しかし各抽象方式は、自然内に在る或るものに注意を向け、それによってこれを孤立させて考察する。実験にあてはまる事実は、もろもろの自然的存在の間に成立する空時関係の、異なったいろいろの系のうち、ただ一つの系に、干渉計が関与するということである。

われわれがいま哲学に求めなければならないことは、空間と時間とのそれぞれの意味がどこまでも成立しうるように、自然における空間および時間の在り方の解釈を与えてくれることである。詳細を説明するのは本書の筋合ではないが、空間と時間との起源をどこに求めるべきかを指摘するのは容易である。わたくしは、徹底的な客観主義の基盤としてさきに略述した自然有機体説を念頭に置いているのである。

出来事とは、諸相を抱き入れて統一体をなすパターンと化することである。ある出来事が自己の外部に及ぼす働きは、他の出来事に抱握されて統一体の形成にあずかる、その出来事の諸相から生じる。幾何学的図形の示す組織的な諸相を別にすれば、この働きは、映されるパターンが一つの全体としての出来事に付着するにすぎない場合には、まことに微々たるものである。もしそのパターンが、その出来事の継起するもろもろの部分をつうじて存続し、かつまたその全体にも現われて、その出来事がそのパターンの生涯となるならば、その存続するパターンによってその出来事の外部への働きは強くなる。なぜならば、その出来事自身の及ぼす働きが、それの継起する各部分全部のもつ相似た諸相によってさらに強められるから。その出来事は、自己の各部分全体に内在する永続性をもって、パターンとなった価値を構成する。そしてこの内在的存続性のために、出来事はその環境の改変に重要なものとなる。

このパターンの存続性において、時間は空間から分かれる。そのパターンは空間として現在存在する。この時間的限定がそのパターンの各部分的出来事への関係を構成する。なぜなら、そのパターンは、自己の生に含まれる空間的諸部分の時間的継起のうちに再び造り出されるから。すなわち、時間的秩序のこの特殊の法則によって、そのパターンは、それの生涯の各々の時間的部分のうちに再び造り出されるのである。いわば、各々の存続する事物は、空間を時間から分かつ原理を自然の中に発見し、かつその原理を自然に要求する。存続するパターンという事実を離れても、この原理は存在するかも知れないが、そのさいは表に現われず、力も弱いものであろう。こうして、時間に対する空間の特殊の意義、また空間に対する時間の特殊の意義は、存続する有機体の発展とともに発展している。存続する事物はもろもろの出来事の内に含まれたもろもろのパターンに関連して、空間を時間から分かつのに重要な働きをする。また逆に、もろもろの出来事のうちに含まれたもろもろのパターンにおいて空間が時間から分かたれることは、もろもろの出来事より成る集合体が存続する事物に対して持続することを表わす。存続する事物のない集合体もありうるであろうが、存続する事物に対して特に持続する集合体なくしては、存続する事物はありえないであろう。

この点は決して誤解されてはならない。存続という意味は、一つの出来事のなす抱握態に示されるパターンが、そのパターンの諸部分のうち、或る規則によって弁別される部分のなす抱握態にも示される、ということである。出来事全体のどの部分も全体と同じパターンを表わすというのは本当でない。例えば、人体の生において一分間に示される全身体的パターンを考察してみよう。同じ一分間内の一本の親指は全身体的出来事の部分である。しかしこの部分のパターンは親指のパターンであって、全身体のパターンではない。このように存続には、諸部分を傘下に入れるための一定の規則が要る。右の例では、その規則が何であるかただちに分かる。すなわち、同じ一分間のうちのどの部分の間でも、例えば一秒あるいは十分の一秒間の、全身体の生を取りあげねばならないことである。言い換えれば、存続の意味は空時連続体における時間経過の意味を前提にしている。

ここで次の問題が生じる。すなわち、すべての存続する事物は空間を時間から分かつ同じ原理を見出すか否か、またさらに、一つの事物は自己の生涯の異なる段階においてその空時的限定を異にしないか否か、という問題である。数年前まで、見出されるべきそのような原理はただ一つしかない、と誰もがためらうことなく思いこんでいた。したがって、一つの事物を取り扱うとき、時間は存続に関して、他の事物の存続を取り扱う場合とまったく同一の意味を持ったであろう。またその結果、空間的諸関係は一つの一義的な意味を持ったであろう。しかし今では、もろもろの事物の観測された働きを説明するには、ただ次のように仮定するほかはないように思われる。すなわち、互いに相対的に運動している事物は、各事物によって異なる空間および時間の意味を、各自の存続のために利用していると、仮定するのである。存続する事物はいずれも、自己に固有な空間において静止し、かつ自己特有の存続に内在するのとは異なったかたちで定義される任意の空間を運動する、と考えられなければならない。もし二つの事物が相互に静止しているならば、それらは自己の存続を表わすために、空間ならびに時間についてそれぞれ同一の意味を利用しており、もし相対運動をしているならば、それぞれの空間ならびに時間は異なる。したがって、もしある物体がその生涯の或る段階において、他の段階における自己に対し運動していると考えうるならば、両段階におけるその物体は、空間についてそれぞれ別の意味を、またそれと関連して時間について別の意味を、利用しているわけである。

有機体説を説く自然哲学においては、時刻限定の一義性という旧仮説と、その多義性という新仮説と、いずれを宜《よ》しとすることもできない。それはまったく、もろもろの観測から引き出される証拠によって決定されるべき問題である。(1)

さきにわたくしは、出来事というものが同時存在者を持つ、と言った。新仮説に立てば、ある決まった空時系に連関させるという条件なしに、そのような立言ができるか否か、ということは興味深い問題である。何らかの時間系においては二つの出来事が同時に存在する、という意味では、その立言は可能である。時間系が異なれば二つの同時存在的出来事は、一部重なるにしても、同時に存在しないであろう。同様に、一つの出来事が他の出来事に先行するということは、もしあらゆる時間系においてこの先行が起こるならば、無条件に成立するであろう。ある出来事Aから出発すれば、他の出来事一般は二組に、すなわち、無条件にAと同時存在的である出来事と、Aに先行ないし後行する出来事とに分かれる、ということは明らかである。しかしながらそのほかにまだ残された一組がある。すなわち、さきの二組を併せもった出来事である。ここに一つの由々しい《クリティカル》問題が現われる。説明すべき限界《クリティカル》速度、すなわち真空における光の理論的速度[2]があることを諸君は覚えているであろう。また、異なった空時系を利用することがもろもろの事物の相対運動を意味することも覚えているであろう。特殊な一組の出来事の任意の出来事Aに対する、さきの由々しい《クリティカル》関係を分析すれば、われわれが求める限界速度の説明が得られる。ここでわたくしは詳しいことは一切省いている。いうまでもなく、叙述を厳密にするには、まず点や線や瞬間を導入することから始めなければならない。また幾何学の起源、例えば、長さの測定、直線性、平面性、垂直性、などについても語らなければならない。わたくしは以前に出した著書[5]の中で、延長的抽象化の理論という見出しで、これらの研究に努めた。しかしそれはあまりに専門的であるから、今は触れずにおこう。

かりに距離に関する幾何学的諸関係に一つの決まった意味がないとすれば、明らかに重力の法則は言い換えられなければならない。なぜならば、その法則を表わす公式は、二つの粒子が互いに引き合う力はそれらの質量の積に比例し、距離の二乗に反比例する、ということであるから。この命題は、その引力が考察される瞬間というものに一つの決まった意味が与えられるべきであり、かつまた一つの決まった意味が距離にも与えられるべきである、と暗黙のうちに仮定している。しかし距離というものは純粋に空間的な概念であり、したがって新理論においては、われわれが採用する空時系に応じてその意味もいろいろになる。もし二つの粒子が相対的に静止していれば、両者がともに利用している空時系を考えるだけで差しつかえないであろう。不幸にもこの考え方からは二つの粒子が相互に静止していないときの扱い方について何の手がかりも与えられない。したがって、何らの特殊な空時系をも前提しないですむように、さきの法則を立て直さなければならない。アインシュタインがこれをなした。その結果がきわめて複雑なものになったのは当然である。彼は数学的物理学の中へ、採用される特殊な測定系に依存せずにさきの公式を成立させる、純粋数学のある方法を採り入れた。この新しい公式はニュートンの法則にはない、ささやかながらさまざまの帰結を含む。しかし帰結の大筋に関しては、ニュートンの法則とアインシュタインの法則とは一致する。さて、このアインシュタインの法則において新しく現われた帰結は、ニュートンの法則で説明できなかった、水星の軌道の不規則性を説明するのに役立つ。このことは新理論の正しさを証明する有力な根拠である。はなはだ奇妙なことには、幾多の空時系を考える新理論に基づいていて、かつニュートンの法則を具体化し、それに加えて水星の運動の特異性を説明する性質をもった、このような公式は一つ以上ある。[6] その中でどれか一つを選び出す唯一の方法は、各公式によって異なるもろもろの帰結に関し、実験的証拠を待つことである。自然はおそらく数学者たちの美的好みにはまったく無関心であろう。

なお一つだけ付け加えなければならないが、アインシュタインは、わたくしが今まで説明してきた、空時系をいくつも考える理論をおそらく斥けるであろう。彼は、測定方法に対する不変式論を変更する空時内の歪みと、それぞれの歴史的行程の固有時とを用いて、彼の公式を解釈するであろう。彼の述べ方は数学的にずっと単純であり、ただ一つの重力法則を許すのみで、ほかの重力法則を排斥する。しかしわたくしとしては、われわれの経験に与えられる同時性や空間配置に関する事実と、彼の主張とを調和させることはできない。またそのほかにも、さらに抽象的な性質の困難がいろいろある。

われわれは今や、もろもろの出来事の間の関係理論に到達したが、この理論は、一つの出来事のもつ関係はその出来事に関するかぎりすべて内的関係である、ただし他の関係項に関しては必ずしもそうでない、という考えにまず基づいている。例えば、関係項として含まれるもろもろの永遠的客体は、出来事と外的関係を持つ。さきの内的関係は、一つの出来事が、まさにそれの在る場所にのみ、またそれの在る状態でのみ、すなわち、一組の決まった関係においてのみ、見出されうる理由である。なぜならば、それぞれの関係がその出来事の本質に入りこみ、したがってその関係を離れては、その出来事は成り立たなくなるから。これがまさに内的関係という概念の意味するところである。これまで普通に、否、おしなべて、空時関係は外的であると考えられていた。この考えがここで否定されるものなのである。

内的関係を結ぶという考え方は、出来事を二つの素因に分析することを含んでいる。一つの素因は基底に在って自らを個体化する実体的活動力であり、いま一つは、この個体化された活動力によって統一される、諸相の複合体、すなわちその与えられた出来事の本質に入りこむもろもろの相関関係の複合体である。言い換えるならば、内的関係の概念は、もろもろの関係を綜合して出来事の顕わな特性を作る活動力としての、基体の概念を必要とする。出来事が出来事であるのは、自己自身のうちに数多くの関係を統一していることに由る。これら相互関係のなす全体的図式は、各々の出来事が実は独立的存在ではないのだが、それぞれそれを独立の存在として前提し、これらを構成する諸関係のどれが外的関係のかたちでとり残されているかを尋ねる、一つの抽象的観念である。このように公平に表現された諸関係の図式は、部分に対する全体として、またある一つの全体内では部分結合体として、さまざまの関係をもつもろもろの出来事の複合体を示す図式となる。このようになっても、内的関係がどこまでもわれわれの注意をひく。なぜなら、部分は明らかに全体を構成するものなのだから。またもろもろの出来事のなすいかなる複合体にも加わらない孤立した出来事は、出来事の本質そのものから同じく排除される。そこで全体は明らかに部分を構成するものである。こうして関係の内的特性が、抽象的関係のこの公平な図式の中に実際に現われる。

しかし、このように現実の宇宙を延長的、可分的なものとして示すことは、空間と時間の区別を無視している。それは実際、さまざまの出来事が自己を実現するためのもろもろの綜合活動力の調整を行う、実現の過程を無視している。この調整はこのように、基底にあるもろもろの活動的実体の調整であり、その調整によってこれらの実体は、スピノザの唯一実体の個体化されたもの、すなわちその様態として現われる。この調整が時間的過程を導入するものである。

このようにして、ある意味において時間は、綜合的実現の過程を調整する特性からいって、自然の空時連続体の外に拡がる。(3) この意味の時間的過程が直線的継起の一系列によってのみ構成されなければならないということはない。したがって、科学的仮説が現在要求することを満足させるために、われわれは、時間的過程が決してそのようなものでない、という形而上学的仮説を持ちこむ。しかしながら、われわれは（直接の観測に基づいて）、実現の時間的過程が系列をなす直線的過程の一群に分析されうる、と仮定するのである。この直線的系列のいずれも一つの空時系である。明確な系列的過程をこのように仮定する支えとして、われわれは次のものに訴える。

(1)感官を通して得られる、われわれの外に拡がりかつわれわれ自身と同時的に存在する宇宙の、直接的表象、(2)感官による認識を超えた領域において、何が今直接起こっているか、を問うことの意味を知的に把握すること、(3)創発する事物の存続のうちに含まれるものの分析、以上三つである。この事物の存続は、今実現されたパターンの顕示を含む。この顕示とは、ある出来事に内在するものとしてではあるが、また永遠的客体に諸相を与える自然（または同じく、出来事に諸相を与える永遠的客体）の時間的断片を示すものとしても、パターンを顕示することである。そのパターンは出来事の本質の中に入りこむが、その出来事のために持続期間全体をつうじて空間化されている。出来事は持続（duration）の一部である、すなわち出来事自身に内在する諸相に示されるものの一部である。また逆に、持続は出来事と、さきに述べた同時という意味で同時的である自然全体である。こうして出来事は自己を実現することにおいて一つのパターンを顕示し、このパターンは、明確な意味の同時性によって限定される明確な持続を必要とする。そのような意味の同時性はそれぞれ、このように顕示されたパターンを一つの明確な空時系に結びつける。もろもろの空時系のもつ現実性はパターンの実現によって成立するが、それは、実現の時間的過程をどこまでも支えるものとして、もろもろの出来事のなす図式全体に内在している。

ここで注意されたいが、パターンは、単なる瞬間的時間ではなく、ある決まった時間経過を含む持続を必要とする。そのような瞬間は、それが単に具体的な出来事の間のある接触関係を示すにすぎないという意味で、きわめて抽象的なものである。このようにして、持続は空間化される。そして「空間化される」という意味は、持続が出来事の特性を構成する実現されたパターンの場である、ということである、持続をパターンに含まれたもろもろの出来事の一つが現実化するさい実現されるパターンの場、と考えれば、持続はエポック〔7〕（epoch）、すなわち流動停止である。存続とは継起するもろもろの出来事におけるパターンの反復である。したがって存続は、それぞれパターンを示すもろもろの持続の継起を要する。この説明において「時間」は、「延長」より分離され、かつ空時のもつ延長的特性から生じる「可分性」より分離された。それゆえわれわれは、時間を別のかたちの延長と考えるようになってはならない。時間とはまったくエポックをなすもろもろの持続の継起にほかならない。しかしこの説明において次々に継起するもろもろの存在がそれぞれ持続である。持続は与えられた出来事のうちでパターンが実現されるために必要なものである。こうして可分性と延長性とは、与えられた持続の内にある。エポックをなす持続は、それの継起する可分的部分を通して実現されるのではなく、その部分とともに与えられる。このようにして、カントの『純粋理性批判』における二つの言葉が合してもつ妥当性に対して、ゼノン[8]がなすかも知れない反対に応じるには、初めの方の言葉を棄てればよい。わたくしの引く言葉は「直観の公理」という項[9]に述べられているもので、初めの方の言葉は〈外延量〉を説く箇所にあり、後の方のは〈内包量〉を説く箇所にある。そこでは外延量および内包量を含めて、量一般に関する考察が要約されている。初めの方の言葉は次の通りである。[4]

「わたくしが外延量というのは、部分の表象が全体の表象を可能ならしめる、したがって部分の表象が、全体の表象に必然的に先行する、[5]量である。一つの線を表象することは、それがどれほど短くても、それを頭の中で引いてみないかぎり、すなわちある点から始めて順次にすべての部分を造り出し、そうすることによってなによりもまずその直観を描き出さないかぎり、それは不可能である。同じことがすべての時間について、いかほど短い時間についても、あてはまる。時間というものは、一つの瞬間から他の瞬間への継起的進行としか考えられない。この進行において、あらゆる時間部分とそれらの合算とによって、終に時間の一定量が産み出されるのである」

　後の方の言葉は次の通りである。

「量の、いかなる部分も可能なる最小の部分でない（いかなる部分も不可分ではない）という、この特異な性質を連続性という。空間および時間は連続量である。なぜなら、そのいかなる部分も限界（点および瞬間）によって囲まれなければ存在しない、すなわちこの部分自身がまた空間あるいは時間であるから、空間はもろもろの空間から、時間はもろもろの時間から、成立する。点と瞬間とは単に限界、すなわち制限を示す位置にすぎないし、かかる位置としてそれが制限し限定すべき直観をつねに前提する。単なる位置から、すなわち空間または時間に先行して与えられるような部分からは、空間または時間は構成されえないであろう」

　もし「時間および空間」が延長的連続体であるならば、第二の引用文にわたくしはまったく賛成する。しかしこの文は第一の引用文と矛盾する。なぜなら、ゼノンは、悪無限的な背進がそこに含まれている、と反対するであろうから。時間のあらゆる部分はさらに小さい自己の一部分を含み、この背進は果てしなく続く。またこの系列は背進して究極において無に達する。というのは、発端となる瞬間は持続を持たず、先行する時間への接触関係を示すにすぎないから。このようにして、もし二つの引用文をともに立て通そうとするならば、時間は成立不可能となる。わたくしは引用文の第二は認めるが、第一は拒否する。実現ということは延長の場における時間の生成である。延長は、潜勢態であるかぎりのもろもろの出来事の複合体である。実現において潜勢態が現実態となる。しかしながら、潜勢的なパターンは持続を必要とし、持続はパターンの実現によって一つのエポックをなす全体として示されなければならない。このようにして時間とは、もともと可分であって接触している諸要素の継起である。持続は、時間的なものと成るときそうなることによって、ある存続的事物の実現をもたらす。時間化とは実現である。時間化は実現と離れた連続的過程ではない。それは原子状をなすものの継起である。こうして時間化されたものは可分であるが、時間は原子状をなすもの（すなわちエポックをなすもの）である。この考えは、出来事および存続的事物の本質についての考えから出てくる。次章においてわれわれは、この考え方が現代科学の量子論にどのように関与するかを考察しなければならない。

注意すべきことであるが、時間のエポックをなす特性を説くこの考えは、現代の相対性理論に依存しないで、たとえこの理論が放棄されても、依然として、否、いっそうきっぱりと成立する。この考えは、最も具体的な有限的存在と考えられる、出来事の内的特性の分析に拠って立つ。

右の議論をふり返ってみるさい、まず注意していただきたいのは、その論拠としたカントの引用文第二は、なにも特にカントだけの思想に基づいたものではないということである。この第二のものはプラトンと一致するが、アリストテレスには反する。(6) 第二に、右の議論はゼノンが自己の説をひかえめに述べたと仮定している。彼は、時間と空間との関係を含む運動というものに反対してではなく、時間それ自身に関する当時の考え方に反対して、彼の説を強く押すべきであった。なぜなら、生成するものは持続をもつが、いかなる持続の成立も、より短い持続（前者の一部）が前もって成立する（カントの引用文第一）までは、不可能であり、同じ論法がこのより短い持続にもあてはまり、以下同様であるから。またこれらの持続の無限の背進は無に収束する。アリストテレスの見解においてすら第一瞬間というものはない。したがって時間とは不合理な概念であろう。第三に、エポックを立てる説でゼノンの難点に応じるには、時間化を一つの完全な有機体の実現と考えればよい。この有機体は、空時連続体内における（出来事自身の内外にわたる）それの空時的諸関係を、自己の本質内に保持する出来事である。

（1）拙著『自然認識の諸原理』、第五二節、三、を参照されたい。
（2）これは、重力場における、あるいは分子や電子の成す媒質における、光速度ではない。
（3）拙著『自然という概念』、第三章を参照されたい。
（4）マックス・ミュラーの訳による。
（5）傍点は著者が付した。なお次の文の傍点も同様である。
（6）サー・T・L・ヒース著『ユークリッド原典』（ケンブリッジ大学出版部）、「点」に関する脚注を参照されたい。

〔1〕「自然は真空を忌む」という思想を指す。前章を見よ。
〔2〕前章の註〔2〕を見よ。

〔3〕マイケルソン Albert Abraham Michelson（一八五二―一九三一）はポーランド出身のアメリカの物理学者にして、アメリカ人として最初のノーベル賞受賞者（一九〇七年）。彼は干渉計（マイケルソンの干渉計と称される）を作った。これはエーテルに対する地球の相対運動を調べるために用いられ（マイケルソン・モーリーの実験）、その予期された結果が認められなかったことがアインシュタインの相対性理論の前奏となった。なおそのほかに光の波長を基として標準メートルの値を実測するに用いられた。

〔4〕ここでは特殊相対性理論を指す。

〔5〕『自然認識の諸原理』および『自然という概念』に、「延長的抽象化の理論」(the theory of extensive abstraction) が詳しく論じられている。ここで一応簡単な説明をしておく。ホワイトヘッドは、ある出来事は必ず他の出来事を覆いつくし (extend over)、他の出来事により覆いつくされている (extended over)、と言っている。この覆い合いはまさに extension（延長）の意味であるとともに、その抽象の要請の仕方により数学的系列の可能性が得られるのである。

〔6〕ホワイトヘッドの『相対性原理』がそれである。科学者は現代では無視しているが、ホワイトヘッドの理論を評価している人もいる。

〔7〕エポックはギリシア語 'ἐποχή' より出たもの。本来「中止」とか「停止」を意味し、転じて特殊な出来事によって示される時間の切れ目、すなわち「画期」とか「新紀元」の意味となる。ここでホワイトヘッドは時間をもろもろの持続の継起と考える。その持続は決して点的瞬間ではなく、ある幅を有し前後に区切りを内蔵するもの、すなわちエポックである。『過程と実在』第二部二章二節を参照。

〔8〕ゼノン（前四九〇頃―前四三〇頃）はパルメニデスの弟子で、師の説く唯一不動の「有」の思想を弁護するため、一に対する多、不動に対する運動、の実在性を主張する議論を自己矛盾に陥らしめる間接論証の方法を用いた。それをゼノンの逆説と称するが、多を否定する議論よりも運動を否定する議論の

方が有名である。それは四つに分かれ、(1)アキレスと亀、(2)飛矢不動、(3)中点（二分）問題、(4)並行運動問題、がある。或る大きさの量の部分を取り、またその部分の部分を取るという操作は無限に繰り返される（ホワイトヘッドはこれを悪無限的な背進と呼んでいる）。しかし点や瞬間を或る不可分の大きさを持つものと考え、これらの集合によって直線や時間を構成せんとする思想は、右の悪無限的背進と矛盾する。この矛盾を衝いたところにゼノンの逆説が成り立つ。『過程と実在』第二部二章二節を参照。

〔9〕ホワイトヘッドがここで引用しているカントの『純粋理性批判』からの二つの文章は、共に「直観の公理」という項に含まれているのではない。最初の引用文（外延量を説くもの）は「直観の公理」の項に属するが、後の引用文（内包量を説くもの）は「知覚の予料」の項に属する。

第八章　量子論

相対性理論が一般世人の注意を大いに喚起したのは当然である。しかしそれは、きわめて重要であったにもかかわらず、近年における物理学者たちの興味を主に呼び集めた題目ではなかった。疑いもなくその位置は、量子論によって占められている。量子論の興味ある点は、この理論に従えば、ほんらい漸進的増減をなしうると見えるいくつかの現象が、実際はただ、ある一定の飛躍によってのみ増減されるものである、というところにある。それはあたかも、時速三マイルないし四マイルで歩くことはできるが、時速三マイル半では歩けない、というようなものである。

問題の現象は、ある衝突によって励起された分子から出る光の輻射に関係がある。光は電磁場において振動する波から成り立つ。完全な波が与えられた一点を通過して後、その点ではすべてが原《もと》の状態に帰り、続いてくる次の波を待ちうける。大洋の波を想像し、次々に押し寄せる波の山をひとつひとつ数えてみよう。一秒間に与えられた点を通過する波の数を、その波系の振動数と呼ぶ。一定の振動数をもつ光波のなす系は、スペクトルの一定の色に対応する。ところで分子は励起されたとき、いくつかの一定振動数をもって振動する。言い換えれば、分子の振動方式には一定の組があり、各々の振動方式は一定の振動数を持つ。各々の振動方式は、電磁場に、それぞれ独自の振動数を持つ波を起こすことができる。これらの波は振動のエネルギーを運び去り、したがって（このような波が存在している場合）最後には分子は励起エネルギーを失い、波は無くなる。このように分子は、一定の色をいくつか、すなわち一定の振動数をいくつか、持つ光を輻射することができる。

それぞれの振動方式は任意の強さに励起され、その振動数を持った光の運び去るエネルギーの量も任意の大きさになりうると、諸君はお考えになるであろう。だが実はそうでない。もはやそれ以上分割されない、ある最小量のエネルギー[1]があるように思われる。この事情を譬えていえば、合衆国の市民が自国の通貨で負債を支払うさいに、自分の得た品物をごくわずかの分量に小分けするに応じて一セントを細かく分ける、というわけにはいかないようなものである。この一セントは光のエネルギーの最小量に相当し、得られた品物は励起するものの持つエネルギーに相当する。この励起するものは、一セント分のエネルギーを放射させるほど強いこともあれば、どれほどのエネルギーも放射させえないこともある。いずれにしても、分子はただ一セント分のエネルギーの整数倍のみを放射するであろう。さらにいま一つの特性があり、イギリス人を登場させてこれを説明しよう。彼はその負債をイギリスの通貨で支払うが、彼の最小単位は一セントと価値を異にする一ファージング[2]である。一ファージングはごく大ざっぱにいっておよそ半セントである。分子の場合、振動方式の異なるにしたがい振動数が異なる。各方式をそれぞれ一つの国民に譬えよう。一つの方式が合衆国に対応し、また別の方式がイギリスに対応する。一つの方式は一セント分のエネルギーの整数倍しか放射できず、したがって一セント分のエネルギーはその方式の支払いうる最小である。他方いま一つの方式は一ファージング分のエネルギーの整数倍しか放射できず、したがって一ファージング分のエネルギーはその方式の支払いうる最小である。また、一つの方式の一セント分のエネルギーが他の方式の一ファージング分のエネルギーに対して持つ相対的価値を教える、一つの規則が見出される。この規則は、子供だましのように簡単で、最小単位の貨幣分のエネルギーはいずれもその方式に属する振動数に厳密に比例した価値を持つ、というのである。この規則により、かつファージングをセントと比較すれば、アメリカ人の振動数はイギリス人の振動数の約二倍であろう。言い換えれば、アメリカ人は一秒間にイギリス人の約二倍の仕事をするであろう。このことが両国民の定評となっている性格に対応するか否か、の判断は諸君にお任せする。なお申し添えるが、太陽スペクトルの両端はそれぞれ長所を持っており、われわれにとって赤色光が要ることもあれば、紫色光が要ることもある。

以上諸君は、量子論が分子について主張していることを理解するのに、あまりお困りにはならなかったことと思う。ところで、分子あるいは原子内で起こっていることを描く現代科学にこの理論をはめこもうとすると、いろいろ問題が起こってくる。

自然現象は物質の位置移動によって説明できる、というのが唯物論の基盤であった。この原理に従えば、光波は物質的エーテルの位置移動によって説明されたし、分子内の現象は今日それぞれ独立した物質粒子の位置移動によって説明されている。光波に関しては、いまでは物質的エーテルは舞台の後方にかなり引きさがって、めったに話にのぼらない。しかしその原理は、原子に適用されるかぎりでは少しも疑いをもたれていない。例えば中性の水素原子は少なくとも二粒の物質から成立すると仮定されている。すなわち、その一粒子は陽電気と呼ばれる物質から成る核であり、他の一粒子は陰電気である一つの電子である。核は、複合体でありかつさらに微小な粒子──そのあるものは陽電気をもち、他のものは電子である[3]──に細分されうる徴候を示している。原子内で起こる振動はすべて、他の粒子から離れている物質粒子の振動的位置移動に帰することができる、と仮定している。量子論に伴う難点は次のところにある。すなわち、この仮説によれば、原子を、限られた数の一定の軌道を備えたものとして描かなければならない、そして振動の起こりうる道筋はこの軌道以外にないのであるが、これに反し、古典科学からはこのような軌道はまったく許されない、という点である。量子論は限られた数の路線をもった市街電車を必要とするが、古典科学の与える像は草原を自由に疾駆する馬である。その結果、原子物理学は、ちょうどコペルニクス以前の天文学における周転円[4]を強く連想させるような状態に陥った。

自然有機体説に基づけば、互いに根本的に相異なる二種類の振動がある。すなわち振動的位置移動と振動的な有機体的変形とであり、この二つのタイプの変化の条件は性格を異にする。言い換えれば、一つの全体をなすある与えられたパターンの振動的位置移動と、パターンの振動的変化とがあるのである。

有機体説における一つのまとまった有機体は、唯物論における物質粒子に対応するものである。数種の有機体を含む始原的類があるであろう。そしてここでは、その始原的類に含まれる種に属する各々の始原的有機体は、下位の有機体に分解されることがないのである。わたくしは始原的類をなす有機体を素原体（primate）と名づけよう。もろもろの素原体のなす種にはいろいろのものがあるであろう。

われわれは、物理学の抽象的諸観念を取り扱っているのだということをつねに忘れずにいてもらいたい。したがってわれわれは、具体的諸相の抱握から生じるパターンとして、素原体が本来何であるかを考えているのではなく、またそこに抱握される具体的諸相に関して、素原体がその環境に対して何であるかを考えているのでもない。われわれは単に、これらさまざまの諸相がパターンおよび位置移動に及ぼす影響を、空時を用いて表わしうるかぎりにおいて、それらの諸相について考えているのである。したがって、物理学の用語で言えば、素原体の諸相は素原体が電磁場に参加していることを示すものにほかならない。実際これがまさしく電子および陽子についてわれわれの知っていることである。電子はわれわれにとって、それの諸相が電磁場に関与するかぎり、その環境に現われた諸相のなすパターンにすぎない。

さて相対性理論を論じたさいわれわれは、二つの素原体の相対運動とは、それぞれの有機体的パターンが別々の空時系を利用している、という意味にほかならないことを見た。もし二つの素原体が相互に静止の状態、または相互に一様な相対運動の状態を続けるのでなければ、少なくともその一方はそれに備わった空時系を変えつつある。運動の法則は、このような空時系の変化が行われるさいの条件を表わしている。振動的位置移動の条件は運動の一般法則に基づいている。

しかしながら、素原体のある種が、これらをして空時系の変更を行わしめる条件の下で、ややもすると崩壊するということはありうる。そのような種は、もし異種の素原体の間に有利な結合——この結合において、崩壊の傾向がその結合の環境によって中和されるような結合——を形成するのに成功した場合にのみ、長期の存続を許されるであろう。原子核は、多数の異種の素原体から成り立ち、おそらく多くの同種の素原体もこれに加わっていて、その結合全体が安定性を利するようなものである、と想像することができる。そのような結合の実例は、陽電気の核が陰電気の電子と結合して中性原子となる場合である。そのさい中性原子はまったく電場から影響されないが、もし中性でなければ、電場は原子の空時系に変化を引き起こすであろう。

今日物理学のもろもろの要求を見れば、有機体の哲学とぴったり調和する考え方が出てくる。わたくしはそれを問いのかたちで記そう。すなわち、「存続についてのわたくしの有機体説は、それが、存続とは存続するものの全生涯にわたる未分化同一を必ず意味すると、ちゅうちょなく仮定するかぎり、唯物論の色合に染められているか」。おそらくお気付であろうが、（以前の章で）わたくしは「存続」の同義語として「反復」という言葉を用いた。明らかにこの言葉は完全に同義だとはいえない。そこで今わたくしは、反復が存続と意味を異にする点こそ有機体説の要求にいっそうかなう、と言いたい。これらの言葉の差は、ガリレオ派とアリストテレス派との差によく似ている。すなわち、アリストテレスが「静止」と言ったところへ、ガリレオは「または一様な直線運動」と付け加えた。このようにして有機体説では、パターンはある時間をつうじて未分化同一のかたちで存続する必要はない。パターンは本来、それが展開されるために時間経過を要する、美的対比物（contrast）の一つであろう。音の調《しらべ》はそのようなパターンの一例である。こうしてパターンの存続は今や、その継起する対比物の反復を意味する。これは明らかに有機体説に基づく最も一般的な存続概念であり、「反復」はおそらくこれを最も直截に表わす言葉であろう。しかしこの概念を物理学の抽象的観念に翻訳すれば、ただちに「振動」という術語となる。この振動は振動的位置移動ではなく、有機体的変形の振動である。現代物理学には、物理学の領域の基礎にある粒子的有機体の役を果たすものとして振動的存在が必要であるという徴候がいくつかある。そのような粒子は原子の核から追い出されるものとして見出され、そのとき消滅して光波になる粒子であろう。そのような粒子体が孤立しているとき、その存続はあまり安定したものではない、と推測してもよいであろう。したがって、その固有の空時系に急激な変化を起こさせるような不利な環境、すなわち粒子をひどく動かして激しく加速するような環境は、粒子を崩壊消滅させて同じ振動周期をもつ光波にしてしまう。

陽子は、おそらくまた電子も、それぞれの振動数と空間的な拡がりとを持ち、互いに重なり合っていて、激動によって位置移動の加速度をもつ場合の複合的有機体の安定を増すように配列された、素原体の結合であるだろう。安定の条件が、陽子に可能なもろもろの周期の結合をもたらすであろう。ある素原体を追い出すということは、陽子を別の結合に落ち着かせるか、または受け取ったエネルギーの助けによって新しい素原体を発生させるかする激動から起こってくるであろう。

素原体は振動的な有機体的変形の一定振動数と結合し、したがって、それが崩壊するとき消滅して同じ振動数の光波となり、この光波がそれの平均エネルギーをことごとく運び去るのでなければならない。電磁場の振動にして、一定振動数をもち、放射的に中心に向かいまた中心から発する、定常振動を想像することは(特殊な仮説として)まったく容易である。この定常振動は、一般に認められている電磁気学の法則にしたがって、一組の条件を満足する振動する球状の中心と、他の一組の条件を満足するその外部の振動する場とから成り立つであろう。これは振動的な有機体的変形の一例である。さらに(この特殊な仮説によれば)、数学的物理学が普通に要求するものを満足するように、付帯条件を定める二つの方法がある。一方の方法にしたがえば、全エネルギーは量子条件を満足するであろう。したがって全エネルギーは、素原体のもつ一セント分のエネルギーがそれの振動数に比例するような、一セント、すなわち一単位、の整数倍から成り立つ。わたくしは安定とか安定した結合とかの条件を明らかにしたわけではない。自然有機体説は、究極的物理法則の再検討の可能性を与えるが、これと対立する唯物論ではそれは与えられない、ということを実例によって示すために、その特殊な仮説を挙げたのである。

振動的素原体を立てるこの特殊な仮説においては、マクスウェルの方程式は、陽子の内部をも含めた全空間に成立すると想像される。その方程式は、エネルギーの振動的発出ならびに吸収を支配する法則を表わす。各素原体に起こる過程全体は結局、その素原体の特色を持ちかつその質量に比例した、ある平均エネルギーとなる。実際エネルギーは質量である。[5]素原体の内外にわたってエネルギーの振動的な放射的流れがある。素原体の内部では、電気密度の振動的分布がある。唯物論ではそのような密度は物質の存在を表わし、振動を説く有機体説では、それはエネルギーの振動的発出を表わす。そのような発出は素原体の内部にかぎられている。

科学というものはすべて、それが取り扱う事実の究極的分析に関するなんらかの仮定から出発しなければならない。これらの仮定を正当化するものは、一つには、われわれに直接意識される種類の現象からどこまでも離れないこと、また一つには、その場かぎりの想像を避けて、観察された事実をある一般的なかたちで表わすことに成功することである。わたくしが略述した、素原体の振動を説く一般理論は、有機体説によって物理学に許されるような可能性の一例として示したものにすぎない。眼目は、この考えがたんなる位置移動の可能性に有機体的変形の可能性を付け足す、というところにある。光波は有機体的変形のいちじるしい一例をなすものである。

いかなる時代にも科学の仮定は、それがちょうど十六世紀に天文学が脱却した周転円説の徴候を示すようなときには、しだいに力を失ってしまう。物理学は現在そのような徴候を示しつつある。その基礎を再検討するためには、それは、実在する事物の特性についてのもっと具体的な見解に立ち帰らなければならず、その基礎的諸概念をこの直接の直観に由来する抽象的観念として理解しなければならない。このようにしてこそ物理学は、それに開かれた修正の全般的可能性を展望できる。

量子論の導入した非連続性は、これに応じるために物理学の諸概念を修正するよう要求する。特に、すでに指摘されたように、非連続的存在を説くなんらかの理論が要求される。そのような理論から得られるものは、電子の軌道を連続線ではなくて、離れ離れにある位置の一系列と見なしうることである。

右に述べた素原体ないし振動するパターンを説く説は、前章に示した時間性と延長性との区別と結びついて、まさしく以下の帰結をもたらす。諸君は覚えていられるであろうが、出来事のなす複合体の連続性は、延長性にかかわる諸関係から生じ、一方時間性は、ある中心的出来事における、しかもその出来事の諸相によって与えられる、パターンの実現から生じ、そのパターンが現われるために持続の全体が空間化される（すなわち、停止される）ことを必要とする。このようにしてものの実現は、エポックをなすもろもろの持続の継起のうちに進み、連続的推移、すなわち有機体的変形は、すでに与えられた持続の内にある。振動的な有機体的変形とは実はパターンの反復である。あるまとまった期間がまとまったパターンに必要な持続を定める。このようにして素原体は、各持続が一つの最大から他の最大までを占める、もろもろの持続の継起において原子的なかたちで実現される。したがって、一つの全体をなす存続的存在としての素原体が考慮されなければならないかぎり、それはこれらもろもろの持続に次々に属するようにされなければならない。素原体がまとまりあるものと考えられるならば、その軌道を離れ離れの点の一系列という図で表示することができる。こうして素原体の位置移動は空間および時間において非連続である。もしわれわれが、素原体の継起する振動的期間にほかならない時間の量子の裏を探るならば、継起する一連の振動的電磁場を見出すのであるが、その電磁場はそれぞれ持続を占める空時において定常的である。このような場は、それぞれ素原体を構成する電磁振動の、一期間全体を表わす。この振動は実在の生成と考えられてはならない。それは、素原体がその非連続的な実現点の一つにおいてある姿である。また、素原体が実現される継起的持続は互いに相接している。したがって、素原体の生涯は、電磁場における諸現象の連続的発展として示されうる。ただし、これらの現象はそれぞれ、ある決まった期間の時間を占める、まとまったかたちの原子状のものとして、実現に加わる。

あらゆるパターンが同じ継起的持続において実現されなければならない、という意味で時間が原子状をなすと考える必要はない。第一に、もし二つの素原体において期間が同一であるとしても、実現の持続は同じでないかも知れない。言い換えれば、その二つの素原体は実現段階に相違があるかもしれない。次にもし期間が異なっていれば、一方の素原体の原子状をなす一つの持続は必ず、他方の素原体の多くの持続を区切る時点によって分割される。

素原体の位置移動の法則は、いかなる条件の下において素原体がその空時系を変更するか、を明らかに示すものである。

この考えの研究をさらに進める必要はない。振動的存在という概念はまったく実験的に正当づけられなければならない。さきの例で明らかにした主眼点は、われわれの採った宇宙論的な見方が、物理学の側から強く持ち出された非連続性の要求にまったく合致する、ということである。また時間化をエポックをなすもろもろの持続の継起的実現とするこの考え方が採られるならば、ゼノンの指摘した難点は避けられる。ここでこの考えに特殊なかたちを与えたが、それはまったくただ例証のためのもので、実験物理学の結果に適用されうる前にこのかたちは必ず鋳直されなければならない。

〔1〕ドイツの物理学者マックス・プランク（一八五八―一九四七）は、実験的事実に合致するように黒体輻射の法則を立てるため、従来の古典力学の観念を棄てて、輻射エネルギーは連続量ではなく、或る単位量の整数倍をとる（すなわち不連続量）、と仮定した。このエネルギーの単位量をエネルギー量子（あるいは簡単に量子）と呼ぶ。

〔2〕ファージングは英国の最小貨幣で、ペニーの四分の一の値である。

〔3〕原子核は、放射能元素の変脱においてα粒子及びβ粒子の放出が認められ、またラザフォードの原子破壊の実験によって陽子の放出が認められたことによって、これらの粒子が構成要素であると推知された。しかし中性子及び陽電子の発見により、本文に示したごとき見解はもはや一般に認められていない。

〔4〕太陽に関して地球の外側を運行する遊星は、地球から見るとその速度が遅くなり、一度は停留した上で、進行方向とは逆の方向に運行し、また停留を示した後に、以前の進行方向に進むごとく見える。これを天動説の立場で説明するために、アレクサンドリアのプトレマイオスは、地球を中心とする大きな円周上に中心を置く小さな円を考え、逆行運動する遊星はこの小さな円周上を運動しながら、大きな円周に沿って運動すると考えた。この小さな円を周転円という。

〔5〕既出。第六章の注〔11〕を見よ。

第九章　科学と哲学

本章におけるわたくしの目的は、われわれが問題にしている近代数世紀間の哲学思想の流れに及ぼした科学の影響を考察するにある。わたくしは決して近代哲学の歴史をただ一章の範囲内に押しこめるつもりはない。ただ科学と哲学との接触を、本書が展開しようと目指している思想図式内に入るかぎりにおいて考察しようと思う。この理由から、偉大なドイツ観念論の運動は、哲学と科学とが相互に概念を修正し合うことに関するかぎり、その時代の科学と有効な接触をしなかったものとして、除外されるであろう。この運動の発祥の源をなしたカントは、ニュートン物理学、およびニュートンの思想を発展させたフランスのすぐれた物理学者たち――例えば、クレーロー[1]のような――の思想を充分吸収していた。しかしカント派の思想を展開し、あるいはこれをヘーゲル主義に転じた哲学者たちは、カントが持っていた科学知識の背景を欠いているか、それとも、もし哲学に大部分の勢力を奪われなかったならばおそらく偉大な物理学者になれたかもしれないカントのような潜在能力を欠いているか、いずれかであった。

近代哲学は科学の起源と相似た状況の下に成立し、両者は同時代に端を発する。近代哲学発展の全般的傾向は、一つには科学的諸原理を樹立したのと同じ人びとの手によって、十七世紀に決定された。この目的の決定は、十五世紀に始まる過渡期の後を受けたものであった。実際、ヨーロッパ精神の全般的運動があり、それが宗教、科学および哲学をその流れに乗せたのであった。この運動の特徴を簡単に言えば、中世の遺産に由来する精神構造をもった人びとがギリシア的霊感の本源に直接立ち帰ることであった、と言えるであろう。したがって、ギリシア精神の復活というものはまったくなかった。新時代は死者からは生まれない。ギリシア文明に活気を与えた美と理性との原理は、あらためて近代精神の衣をまとった。両者の間には、生者を死者と分かつ、別の宗教、別の法体系、別の無秩序、別の民族的遺産があった。

哲学はそのような差異にことに敏感な反応を示している。古代彫像の複製は作れるが、古代精神の複製は作りようがない。精神の複製は、仮面劇が実生活を写す以上に、原型に近づくことはできない。過去を理解することは可能であろうが、同一の刺戟に対する反応が近代と古代とでは異なる。

特に哲学の場合には、色調の相異が表面にはっきり現われる。古代人の客観主義的態度とは反対に、近代哲学は主観主義に染まっている。これと同じ変化が宗教にも見られる。キリスト教会の初期には、神学的関心は、神の本質や〈受肉〉の意味、また世界の究極的運命についての黙示的予言、などを論じることに集中した。宗教改革時代には、教会は、義認に関する信者の個人的経験についての意見対立によって四分五裂した。経験する個人主観が、一切の実在の演じる劇全体にとって代ったのである。ルターは、「余はいかにして義認されるか」、と問うたが、近代の哲学者は、「わたくしはいかにして知識を得るか」、と尋ねている。ともに、経験する主観に重点を置いている。この立場の変化は、信者の群を羊飼のように守るキリスト教の牧歌的一面のなせる働きである。幾世紀もの間、キリスト教は個々の人間の魂の持つ無限の価値を強調した。したがってそれは、自然的欲望に走る本能的自我中心主義の上に、さらに主知的な見方をする自我中心主義を義とする本能的感情を付け加えた。人間は誰も彼も生まれながらにして自己自身を尊しとして守るものである。疑いもなく、この近代の注意は、最も価値の高い真理に集中的に向かってはいる。例えば、実社会において、奴隷制度を廃止し、基本的人権を民衆の頭に刻みつけたのである。

デカルトは、その『方法叙説』および『省察』において、彼以後近代哲学に影響した一般的諸概念をきわめて明確に示している。経験を受けとる主観がある。『叙説』においてはこの主観はつねに第一人称で、すなわちデカルト自身として、述べられている。デカルトは精神としての彼自身から出発する。この精神は、感覚および思惟の表象が精神自身に内在することの意識によって、自己自身を単一存在として意識する。その後の哲学史は、デカルトが定めたこの原初的与件をめぐって展開する。古代世界は〈宇宙〉の演じる劇を土台にし、近代世界は〈魂〉の内面で演じられる劇を土台にする。デカルトはその『省察』において、この内面的な劇の存在することを、誤謬の可能性を拠りどころにしてはっきり述べている。客観的事実との間に対応はないであろう。こうして、もろもろの活動を行い、かつ自己の実在性の源を純粋に自己自身から発する魂というものがなければならない。例えば、『省察第二』から一節を引いてみよう。[2]「だが、これらの表象は偽であり、わたくしは夢見ている、と言われるであろう。それならばそれでよい。とにかく、わたくしが光を見、音を聞き、熱を感じているらしいことは確かである。このことは偽ではありえない。これこそわたくしが感覚する（sentire）と呼ぶにふさわしいものである。そしてそれは思惟することにほかならない。このことからわたくしは、わたくしが何であるかを、従来よりいくらか一層明晰判明に知り始める」。さらに『省察第三』に次のようにある。「……、というのは、先にわたくしの述べた通り、わたくしが感覚しもしくは想像するものはわたくしを離れてはおそらく無であろうが、しかしわたくしは、感覚および想像と名づける思惟の仕方は、それが思惟の仕方であるかぎり、わたくしのうちに存在する、ということを確信しているから」。

中世および古代世界の客観主義は科学に移し入れられた。自然はそこでは、独立したものであり、それ自身の内部において相互に作用し合うものと考えられている。ただ、最近の相対性理論の影響によって、主観主義思想の形成に向かう傾向が現われてきてはいる。しかしながら、最近における この例外を除けば、科学で考える自然は、個々の観測者に依存することから離れて、その法則を定められてきている。しかし科学に対する昔の態度と今の態度には次の相違がある。近代人は反合理主義によって科学の究極的諸概念を、全実在のいっそう具体的な展望に由来する諸観念と調和させせよう、という試みをいっさい阻まれている。物質、空間、時間、物質の配列の変化に関するさまざまの法則、などは手出しのできない究極の頑固な事実と考えられている。

哲学にこのように敵対することは哲学にも科学にも等しく不幸な影響を与えた。本章では哲学を問題にしている。哲学者は合理主義者である。彼らは原理にまで還元し難い頑固な事実の背後を探ろうと努めている。すなわち、万物の流動に入りくる種々雑多の事物間の相互関係を普遍的原理に照らして説明したいと考えている。また彼らは単なる恣意を排除するような原理を求める。すなわち、それによって、事実としていかなる部分が前提されあるいは与えられるとしても、その他の事物の存在が合理性の要求を満足するような原理である。哲学者は意味を要求する。ヘンリー・シジウィックの言葉[3]を引けば、——「合理的思惟の全部門を完全に統一して明確な整合性を与えることが哲学の第一の目標であり、そしてこの目標は、倫理学の主題となる判断および推理の重要な一群を無視するような哲学では達成できない」。したがって、ある究極的メカニズムの奥に立ち入る合理化を拒む、自然科学や社会科学が歴史に大きくのしかかっていたために、哲学は近代生活に強く影響する潮流から閉め出された。それは偏った思想形成をつねに批判する本来の役割を失った。それは、科学によって物質という客観主義的領域から追放されたために、精神という主観主義的領域に引退した。このようにして十七世紀における思想の発展は、中世に由来し、しかも一段と高められた、個人の人格の意識と協力した。われわれの知るように、デカルトは、彼の哲学がそれの存在を確証する彼自身の究極的精神の上に、しっかと立ち、次に『省察第二』において人体および一塊の蜜蠟によって例証したような、彼の科学が仮定する、究極的物質とさきの精神との関係を問題にした。ここにアロンの杖と魔法使の蛇[1]がある。哲学に課せられた問題はただ、いずれがいずれを呑むか、ということ、またデカルトが考えたように、両者が折合いよく共存するかどうか、ということである。このような思想の流れの中に、ロック、バークリー、ヒューム、カントが見出される。二つの偉大な名前、すなわちスピノザとライプニッツとはこの名簿に載っていない。しかし科学との関係から見て二人の哲学の影響を云々すれば、彼らはともに相当孤立している。それはあたかも、スピノザは古い型の思想を保持することによって、ライプニッツはモナドという新しい思想によって、安穏無事な哲学の境界外にある僻地にさまよい出たかのようであった。

哲学史は科学史と奇妙にも並行している。いずれの場合にも、十七世紀があとの二世紀のために舞台を整えた。しかし二十世紀に入ると新しい一幕が始まる。思想の風土における全般的な変化の原因をただ一篇の著作やただ一人の著者に帰するのは行き過ぎである。確かに、デカルトはすでに彼の時代に漲っていたものを明確に決定的なかたちで表現したにすぎない。これと同じように、もしウイリアム・ジェイムズによって哲学の新しい舞台が整えられたとするならば、彼の時代の他のもろもろの影響を閑却することになろう。しかしそのことを認めるとしても、なお一九〇四年に出た『意識は存在するか』というジェイムズの論文を、一六三七年に出たデカルトの『方法叙説』と対照することが、ある程度適切であることは変わらない。ジェイムズは舞台から古い小道具を一掃している。いやむしろ、その照明を一変させている。例えば彼の論文から二つの文を引くことにしよう。『『意識（consciousness）』というものが存在することを頑と否定するのは明らかに不合理と思われる――『いろいろの表象』（thoughts）は確かに存在するから――、それゆえある読者はもはやわたくしに随いてこないかとも思う。そこでただちに釈明したいが、わたくしはただ、この言葉が実体（entity）を代表することを否定し、この言葉が機能を代表することを最も強く主張したいと思うだけである』。

科学的唯物論とデカルトの自我とはともに、一方では科学から、他方では独特の心理的前歴をもつウイリアム・ジェイムズの代表する哲学から、同時に攻撃を受けた。この二つの重なった攻撃は、およそ二百五十年間継続した一つの時代の終焉を告げるものである。もちろん、「物質」と「意識」とはともに日常経験におけるきわめて明瞭なものを表わしているから、いかなる哲学も両者のそれぞれの意味に合致する何ものかを提示しなければならない。しかし重要な点は、この両者に関して、十七世紀の与えた決定には、現在攻撃されている或る前提が浸みこんでいたということである。ジェイムズは、意識が実体であることを否定するが、それが機能であることを認める。したがって、ジェイムズが古い考え方に対して加えている攻撃を理解するためには、実体と機能との区別が最も重要である。さきの論文において、ジェイムズが意識に与えている性格は充分論じられている。しかし彼は、彼が意識にあてはめまいとする実体の概念をどういう意味に考えているか、についての説明はいささか曖昧であることを免れない。右に引いた文にすぐ続いて、彼は次のように言う。

「つまり、物質的事物を構成する素材と対比して考えられ、かつそれらの事物についてわれわれのもついろいろの表象を作り上げる、原本的素材（stuff）、ないし存在の資格（quality of being）と言われるもの、は無い。だが経験にはいろいろの表象の果たす機能があり、その機能を果たすものとしてこういう存在の資格が呼び出されてくる。その機能が知る働きである。『意識』は、事物が単に在るだけでなく、報知される、すなわち知られる、という事実を説明するために必要だと想定されている」

このようにジェイムズは、意識がいわゆる「素材」であることを否定している。「存在」（entity）という言葉ないし「素材」（stuff）という言葉でさえも、必ずしも分かりきった事柄とは言えない。「存在」という概念はきわめて一般的なものであるから、考えられるものなら何ものをも意味すると受け取ってよいであろう。われわれはまったくの無というものについて考えることはできない。そして思惟の対象となるものは存在と呼ばれてよいであろう。この意味では、機能は存在である。明らかに、これはジェイムズが頭に置いていたことではない。

わたくしが本書においてこれまで試みに提出してきた、自然有機体説に即して、自分に都合のよいようにジェイムズを解釈すれば、彼はまさしく、デカルトがその『叙説』ならびに『省察』において主張していることを、否定していると見てよいであろう。デカルトは二種の存在、すなわち物質と精神とを区別する。物質の本質は空間的延長であり、精神の本質は、デカルトが「思惟」(cogitare) という言葉に与えている充全な意味での、思惟である。例えば、彼はその『哲学原理』、第一部、第五三節において、こう主張している。「あらゆる実体には一つの主要な属性がある。精神には思惟が、物体には延長がある」。その前の第五一節ではデカルトはこう述べている。「われわれは実体というものを、その存在のために自己自身以外になにものも必要としない仕方で存在するもの、としか考えられない」。さらに後のところでデカルトは、こう言っている。「例えば、存続しなくなる実体はまた存在しなくもなるから、持続は、頭で考える場合を除いて、実体よりきり離せない。……」

こうしてわれわれは次のように結論する。すなわち、デカルトにとって精神と物体とはそれぞれ自己自身以外になにものも必要としない(神だけは、万物の根底であるから、必要とするが)仕方で存在し、精神も物体もともに、存続なくしては存在しなくなるがゆえに、存続し、空間的延長は物体の本質的属性であり、思惟は精神の本質的属性である、と。

デカルトがその『原理』の中の、右の問題を扱った数節全体に示している天才は、いかに賞讃してもなお足りない。その天才は、彼が著作したころの世紀に、またフランス知性の明晰さにふさわしい立派なものである。デカルトが時間と持続とを区別し、時間の根拠を運動に置き、物質と延長との密接な関係を説いたところは、相対性理論や、万物生成に関するベルグソン哲学のある面が、暗示する現代的諸概念を、当時として可能なかぎり、先回りして示している。しかしその基礎的諸原理は、独立して存在し、もろもろの時間的持続のなす集合体内に単に位置を占める実体を、また物体の場合には、もろもろの空間的延長のなす集合体内に単に位置を占める実体を、前提するように打ち建てられている。それらの原理は、唯物論的機械論的自然が在って思惟する精神がこれを展望する、という説にただちにつながる。十七世紀末以後、科学は唯物論的自然を引き受け、哲学は思惟する精神を引き受けた。哲学の学派によっては究極的二元論を認めるものもあったし、また、さまざまの観念論に立つ学派は、自然は単に精神のなすもろもろの思惟形態の主要な例にすぎない、と主張した。しかしどの学派もすべて自然の究極的要素に関するデカルトの分析を承認した。わたくしは、デカルトに淵源する近代哲学の主潮流に関してこのように述べてきたが、いまの話ではスピノザとライプニッツとを除外している。ただし彼らはもちろん、デカルトの影響を受け、また彼らとしてもほかの哲学者たちに影響を与えたのではあるが、だがわたくしはいま主として科学と哲学との有効な接触を考えているのである。

科学と哲学との領域をこのように分かつことは簡単な仕事ではなかった。事実それは、その土台となったできあいの前提全体の脆弱さを明らかに示した。自然は、もろもろの物体、色、音、匂い、味、感触、その他さまざまの身体的感覚、の絡み合ったもので、介在する空間によって互いに隔てられかつそれぞれの形をもつパターンをなして、空間内に在るように展開されるものとして意識される。また自然全体は、時間経過とともに変化する流動である。この組織立った全体はもろもろの事物のなす一つの複合体としてわれわれに顕わになる。しかし十七世紀の二元論はこの全体を分断している。すなわち、科学の客観的世界は、空間および時間内に単に位置を占め、その位置移動については定まった規則に従う、たんなる空間的物質に占有された。一方哲学の主観的世界は、個々の精神のなすもろもろの思惟形態の主観的内容を成すものとして、色、音、匂い、味、感触、身体的感覚、を我がものとした。いずれの世界も全体の流動を分かち持っていた。しかし測定される時間は、デカルトによって観測者の精神のなすもろもろの思惟形態に属するものとされている。この図式には明らかに一つの致命的な欠陥がある。精神のなすもろもろの思惟形態は、いろいろの事物を、例えば色を、注視の対象として精神の前に差し出すものとして、自己を顕わにする。しかしこの考えでは、色は結局精神の側に置かれたものにすぎない。したがって精神は自分だけの私的思惟界に局限されるように見える。経験における主観・客観の完全な合致は、精神だけの私的な受ける働き（passion）の一つとして精神の内にある。デカルトの採った考え方から出てくるこの結論は、バークリー、ヒューム、カントがそれぞれ自己の体系を発展させた出発点である。また彼らに先んじて、ロックが最も重要な問題として努力を集中した点でもあった。このようにして、いかにして科学の真に客観的な世界に関する知識が得られるか、という問いは最も重要な問題となる。デカルトは、客観的物体は思惟する精神によって知覚されると述べている。『省察第二』においてこう言っている。「したがってわたくしは、この一片の蜜蠟が何であるか、を想像によって理解すらできず、それを知覚するものはただ精神のみである、と認めざるをえない。わたくしはこの特殊な一片の蜜蠟について語っている。なぜならば、蜜蠟一般については、このことはなおさら明らかであるから。それならば精神によってのみ知覚されうるこの一片の蜜蠟とは何であるか。……それの知覚は、視覚の作用でも、触覚の作用でもなく、また想像の作用でもない。そして以前にはそのように思われたにしても、かつてそれらのいずれかであったことはまったくなく、単に精神の直観（inspectio）である、……」。注意すべきことは、inspectioというラテン語はその古典的用法においては、実践に対する観想（theory）という概念と結びついている。

近代哲学が主として探求に努めた二つの大きな前提は今や明らかにされた。精神の研究は二つに分かれる。その一つは心理学、すなわち精神の諸機能をそれ自身としてかつその相互関係において考察する研究であり、いま一つは認識論、すなわち共通の客観的世界の知識に関する理論である。言い換えれば、精神に起こる受ける働きとしてのもろもろの思惟形態の研究と、客観的世界の直観に至るものとしてのもろもろの思惟形態の研究とがある。この分け方はきわめて不確かなもので、多くの厄介な問題を生じ、デカルト以後の各世紀はそのような問題の考察に専念した。

人びとが客観的世界を考えるさいには物理学の諸概念を用い、主観的世界を考えるには精神を用いていた間は、デカルトが成し遂げたような問題の設定は出発点として充分間に合っていた。しかし生理学の勃興によってその均衡は覆された。十七世紀に人びとは物理学の研究から哲学の研究に移った。十九世紀の終わり近くに、ことにドイツにおいて、人びとは生理学の研究から心理学の研究に移った。この色調の変化は決定的なものであった。もちろん、十七世紀にも身体が心理に関係することは、例えばデカルトの『方法叙説』第五部において、充分考察された。しかし生理学的本能は当時まだ知られていなかった。身体の考察にあたって、デカルトは物理学者の態度で考えた。これに反し、現代の心理学者は医学的生理学者の精神態度を身につけている。ウィリアム・ジェイムズの経歴はこのような態度変化の実例である。彼はまた、問題の急所を一挙に解明しうるような、明晰犀利の天才を備えてもいた。

わたくしがデカルトとジェイムズとを近づけて並べた理由は、今や明らかである。これらの哲学者はいずれも、問題に最後的解決を与えて一つの時代に終止符を打ったわけではない。彼らの偉大な功績はむしろその反対のところにある。彼らはそれぞれ、人知の到達したそれぞれの段階に応じ思想を有効に表現しうる諸概念を、デカルトは十七世紀のために、ジェイムズは二十世紀のために、明確に形成することによって、一つの時代の口火を切っている。この点で彼らは共に、アリストテレス的なスコラ哲学の最高頂を示した聖トマス・アクィナスと対照される。

デカルトもジェイムズも多くの点において、それぞれの時代の特色を最もよく表わす哲学者ではなかった。わたくしはむしろ、その位置を、少なくとも当時の科学に関係をもつかぎり、それぞれロックとベルグソンに与えたい。ロックは哲学を絶えず進展させる思考方式をくり拡げた。例えば彼は心理学に訴えることを強調した。彼は限られた範囲の緊急の問題を探求する画期的時代を開いた。確かにそうすることによって、彼は哲学に科学の反合理主義をいくぶんか浸みこませた。しかしみのり多き方法論の地盤固めそのものは、その場合に関するかぎり究極的と考えられなければならないような、明白な要請から出発しなければならない。そのような方法論上の要請に対する批判は、こうして別の機会に残される。[2]ロックは、デカルトの遺した哲学的境位が認識論および心理学の問題を含むことを発見した。

ベルグソンは、生理学の有機的思考を哲学の中へとり入れた。彼は十七世紀の静的な唯物論から最も完全に離れ去っている。空間化に対する彼の抗議は、ニュートン的な自然観を決して高度の抽象ではないと見る考えに対する抗議であった。いわゆる彼の反主知主義は右の意味に解釈されなければならない。ある点で彼はデカルトに復帰しているが、その復帰には現代生物学を本能的に我がものとすることが加わっている。

ロックとベルグソンとを結びつける理由がいまひとつある。すなわち自然有機体説の萌芽をロックに見出すことができるのである。[3]ごく最近彼の解釈を発表したギブソン教授[4]は次のように述べている。すなわち、自己意識の同一性に関するロックの考え方には、「生命ある有機体の同一性と等しく、合成説[4]のかたちをとって現われた、自然および精神についての機械論的な見方をまったく超えるところがある」、と。しかし注意すべきことには、まず第一にロックはこの主張の把握の仕方があやふやであり、第二に、なお重要なことだが、この観念を自己意識のみにあてはめている。そこでは生理学のもつ態度はまだ確立されていない。ところで生理学のなした働きは精神を自然の内に押し戻すことであった。神経生理学者は、まず体内の一連の神経に及ぼす刺戟の効果を跡づけ、次に神経中枢における統合を、最後に新しく神経を昂奮させて末端の運動器官を動かすことにより、身体外に投射が行われることを、跡づける。生物化学においては、各部分の化学的組成が有機体全体の保存に微妙に適合していることが発見される。このようにして精神の知る働きは、ある全体をなすものの反射的経験であって、一つの単一現象として自己が本来何であるかを自ら報知するものと見られる。この単一現象は、それの部分における現象の全部を統合したものであって、それらの数的和ではない。それは一つの出来事として自己自身の統一をもつ。それ自身一つの存在と考えられるこの全体的統一体は、もろもろの出来事より成る宇宙のパターン化された諸相を抱握した統一体である。それが自己を知ることは、それによって抱握される諸相をもつもろもろの事物に自らが関与すること（relevance）から生じる。それは世界を相互関与の一体系として知り、このようにして自己を他のもろもろの事物に映されたものとして見る。これらの他の事物の中には、それ自身の身体のさまざまの部分も含まれているのである。

存続する身体的パターンを、その存続するパターンに貫かれている身体的出来事ならびにその身体的出来事の諸部分から、区別することが大切である。身体的出来事の諸部分もそれぞれの存続するパターンに貫かれていて、これらのパターンは身体的パターンの要素をなしている。身体の各部分は実は身体的出来事全体の環境の一部であるが、互いに他に映し合う諸相が相手のパターンに変化を及ぼす力を特に持つような関係で結ばれている。このことは全体の部分に対する関係が緊密であることから生じる。このようにして、身体は部分に対する環境の一部であり、部分は身体に対する環境の一部である。ただし身体とその部分とはそれぞれ相手の変化に特別鋭敏である。この鋭敏さは、部分が身体のパターンの安定を保持する態勢をとるように、仕組まれている。それは、有機体を保護する有利な環境の特殊な事例である。部分の全体に対する関係は、部分が全体のためにあるという有機体の概念と結びついた特殊の交互関係である。しかしこの関係は自然全体をつうじて成立しており、ことに高等の有機体の場合に始まるというものではない。[5]

さらに、この問題を化学の扱うこととして見るさい、生体内の各分子の作用を、特にその生きた有機体全体のパターンだけに結びつけて解釈する必要はない。確かに、各分子はこのパターンがそれぞれの分子に映した相に影響されて、他の場所に置かれた場合とは違った姿をとる。同様に、電子はある周辺状況においては球状をなし、また別のある周辺状況においては卵形をなすであろう。科学に関するかぎりでは、この問題にとりつく道は、生体内の分子が、無機物のなす環境では観察されない性質を示すか否か、を問うことにほかならない。同様に、磁場において軟鉄は磁性を示すが、この性質は他の場所では減退する。生体のなす敏活な自己保存作用、および意志の決定に続く身体の物理的作用、についてのわれわれの経験より、全体の示すパターンの影響によって身体内の分子に変化が生じることが分かる。究極的基礎的有機体が、充分整ったかたちのパターンをもつ高等の有機体の一部をなしているときに、受ける変化を表わす物理法則がありそうに思われる。しかしながら、そのような法則ならば、身体全体とその各部分との間に映し合われる、諸相の直接の影響が微々たるものであるときには、経験的に観察される環境の作用と完全に合致するであろう。そのさいわれわれは伝達というものを認めておかなければならない。そうすれば、全体の示すパターンの変化は部分の下降系列における次々の変化によって伝達され、結局細胞の変化は分子内の細胞の相を変化させ、そうして分子あるいはなにかもっと微細な存在においてもこれに対応する変化を起こさせる。そこで生理学の問題は、性質を異にするもろもろの細胞内の分子を取り扱う物理学の問題となる。

今やわれわれは、心理学が生理学ならびに物理学に対してもつ関係を知ることができる。個人の心理的領域は単に、その個人自身の立脚点から考察された出来事にすぎない。この領域の統一性がすなわち出来事の統一性である。しかしそれは部分の集合としての出来事ではなくて、一つの存在としての出来事である。部分相互の、ならびに部分の全体に対する関係は、それぞれ相手の内に映じた各部分の諸相である。外から観察する人にとって一つの身体は、全体としての身体が、また部分の集合としての身体が、その人に対して示す諸相の集まりである。外から観察する人にとっては、形状や感覚的客体の示す相が、少なくともその身体を認めることに対して、強く働く。しかしわれわれはまた、高等の有機体の精神が端的に示す諸相をわれわれ自身のうちに見出しうる可能性をも許さなければならない。他人の精神を認めるには形状や感覚的客体の示す諸相から間接に推理する方法に必ず拠らねばならないという主張は、この有機体の哲学からすればまったく根拠がない。この哲学の根本原理は、すべて生起して現実となるものはあらゆる個々の出来事にみずからの諸相を植えつける、ということである。

さらに、自己認識の場合にさえも、われわれ自身の身体の各部分の諸相は形状および感覚的客体の諸相というかたちをとる。しかし身体的出来事のうちで、認識作用が結びつけられる部分は、それ自身として単一の心理的領域をなしている。それを構成する各要素は身体的出来事それ自身にかかわりをもたない。それらは身体的出来事の外に在るものの示す諸相である。このようにして身体的出来事に内在する自己認識は、一つの複雑な統一体として自己を知ることであり、その統一体は自己外の全実在を含む要素から成り、諸相のなす自己のパターンの限定を受けているものである。このようにしてわれわれは、われわれ自身でない多くの事物を統一する機能として、われわれ自らを知る。認識は出来事を、相異なるもろもろの事物の実在的な共存を有機体化する一つの活動態、として顕わにする。しかしこの心理的領域はあらためて認識されるに及ばない。したがってこの領域はなお、その自己認識を捨象した単一的出来事である。

それゆえに意識とは知る機能であろう。しかし知られるものはすでに、実在する一つの宇宙の諸相を抱握している。これらの諸相は、互いに他を変化させ合う他のもろもろの出来事の諸相である。諸相のなすパターンにおいて諸相は相互関係のかたちをとっている。

パターンを織り成す原与件は、形状、感覚的客体、そのほか事物の流動にかかわることなく自己同一を保つ永遠的客体、の諸相である。これらの客体が全体的な流動に進入するときには、ある出来事を他の出来事に変えていく。それらはこれを知覚する人のうちに存する。しかし彼に知覚されたそれらの客体は、彼自身を超えた全体的な流動について何かを語る。主―客関係(subject-object relation)[6]はこれら永遠的客体のなす二重の役割に由来する。これらの客体は主体的存在(subject)の示すいろいろの変様であるが、宇宙という共同体にある他の主体的存在の諸相を伝える性質に見られるだけの変様である。このようにして、いかなる個々の主体的存在も独立して実在することはできない。なぜなら、それは自己以外のもろもろの主体的存在の諸相を、ある程度抱握するものであるから。

「主―客」という用語は経験に現われる基礎的境位を表わすにはふさわしくない。それは実際アリストテレスの「主語―述語」の名残りを含んでいる。それはすでに、別々の主語がそれぞれ自分だけにかかわる述語によって制限される、という形而上学的な考えを前提している。これは主体的存在が自分だけの経験世界を持つという考えである。もしこれを認めるならば、独我論を逃れる道はない。問題は、「主―客」という言葉がもろもろの客体的事物（object）の基底に在る一つの基礎的存在を指し示すことにある。したがってこのように考えられた「客」という概念はアリストテレスの述語の亡霊にすぎない。認識経験に現われる原本的境位は「もろもろの客体的存在の間にある自我という客体的存在（ego-object）」である。すなわち、原本的事実は、自我という客体的存在を示す「ここ―今」を超越し、かつ一切を同時に実現させている空間的世界である「今」を超越する、いずれにも偏らない世界である。それはまた、過去的現実性と限られた未来可能性とを含むとともに、抽象的可能性の世界全体、すなわち、現実的実現過程を超越し、しかもその過程内で具体的なかたちをとりつつその過程と対比される、永遠的客体の領域をも含む世界である。ここ―今における意識としての自我という客体的存在は、自己の経験的本質が実在の世界と観念の世界とに内的に関係することから成り立つこと、を意識する。しかしこのようにして成り立っている自我という客体的存在は、実在の世界の内に在る。そして、このようにもろもろの実在と並んで存在するために観念が進入することを必要とする一つの有機体として、自己を示す。だが、この意識の問題を扱うことは他の機会に譲らなければならない。

今の話に必要な点は、自然を有機体として解する哲学が、唯物論哲学に必要な地点とは正反対の地点から出発しなければならない、ということである。唯物論の出発点は独立して存在する二つの実体、すなわち物質と精神、にある。物質は外的な位置移動関係によるもろもろの変化を受け容れ、精神は自己の眺める対象によるもろもろの変化を受け容れる《パッション》。この唯物論においては二種の独立した実体があり、各々はそれぞれに相応した受ける働きによって限定される。有機体説の出発点は、互いに絡み合った組織内に配置されたもろもろの出来事の実現として、過程を分析することにある。出来事は実在するものの単位である。創発する存続的パターンは創発する成立形態を安定させて、過程をつうじて同一性を保つ事実とするものである。お分かりであろうが、存続とはまず、自己を超えて存続するという性質ではなくて、自己の内で存続する性質である。すなわち、存続は、出来事全体の時間的諸部分に自己のパターンを再現する性質である。まさにこの意味において、一つの出来事全体は一つの存続するパターンを荷うのである。全体に対しても継起する諸部分に対しても、まったく同一の内在的価値というものがある。認識とは、自己の前に可能性、現実性および目的をうまく配して、活動的基体全体がある程度の個体化された実在となる創発である。

また、右のように心理学や生理学からではなく、現代物理学の基礎的諸概念から出発しても、われわれは同じくこの有機体的世界観に到達することができる。事実、わたくし自身が数学や数学的物理学を研究したために、わたくしはまったくこの道からわたくしの信念に到達したのである。数学的物理学は、まず空間および時間を貫く活動力の電磁場を想定する。この場を規定する法則は、世界の流動という全体的活動がもろもろの出来事に個体化されるときに従う条件にほかならない。物理学には抽象ということがある。この科学は、ものが本来何であるか、を無視する。物理学でいう存在は、単にその外的実在性に関して、すなわちそれが他のものに映す相に関して、考察されるのみである。しかしこの抽象はただそれだけに止まらない。なぜならば、問題にされるのはただ、他の事物の生涯の個々の空時的限定を変化させるような、他の事物に映された相だけであるから。ここに観測者それ自身の実在が加わっている。すなわち、観測者そのものが問題になる。例えば、彼が赤色や青色を見るという事実が科学のなす立言に加わる。しかし観測者の見る赤色は、実際には科学に入ってこない。関与するものはただ、観測者のもつ赤色という経験が彼の他のすべての経験とまったく異なっているということだけである。したがって、観測者自身に固有な性格は、物理的存在の自己同一的個体性をはっきり定めるためにのみ関与する。これらの存在は、存続する存在の生涯の行程を、空間および時間においてはっきり定める働きを為すもの、としてのみ考察される。

物理学の用語法は十七世紀の唯物論的諸観念に由来している。しかしながら、その極端な抽象においてさえ、物理学が真に前提しているものは、さきに説明したような諸相を説く有機体説なのである。まずなにか出来事が空虚な空間にあるとする。ここの「空虚」という言葉は電子や陽子やそのほかいかなる種類の電荷も存在しないという意味である。そのような出来事は物理学において三つの役割をもつ。第一に、それはエネルギーの活躍する現実の場面であって、エネルギーの住み家（habitat）としてでもよく、あるいは特殊なエネルギー流の場所（locus）としてでもよい。とにかくこの役割において、エネルギーは、考察される時間の間は空間に位置を占めるものとして、または空間を流れるものとして、そこに在る。

第二の役割においては、出来事はパターンを伝達するに必要な一環であり、この伝達によってあらゆる出来事の特性はあらゆる他の出来事の特性からなんらかの変化を受ける。

第三の役割においては出来事は、もし電荷が偶然そこに在った場合、変化としてにせよ、位置移動としてにせよ、その電荷に何が起こるか、に関する可能性を宿すものである。

もし、われわれが想定を改めて、それ自身のうちに電荷の生涯の一部を含む出来事を考察するとしても、右に示した三つの役割の分析は依然として変わらない。もっとも第三の役割が含む可能性はこの場合は現実性となるが、このように可能性に現実性を置き換えると、空虚な出来事と充実した出来事との区別が得られる。

空虚な出来事に立ち戻って見ると、それには特有の内容の個体性がないことが分かる。空虚な出来事のなす、エネルギーの住み家としての、第一の役割を考察すると、個々のエネルギーが、動かず位置を占めているにせよ、あるいはエネルギー流の要素であるにせよ、個々のものとして見分けられない、ということが分かる。そこには、活動力それ自身が個体化することなく、活動力の量的規定があるばかりである。このように個体化の働きが欠けていることは、第二および第三の役割においてはさらにより明らかである。空虚な出来事はそれ自身一つのものではあるが、内容を安定した個体性というかたちで実現することができない。内容に関するかぎり、空虚な出来事とは有機体化した活動態の一般図式において実現された一要素である。

空虚な出来事が、決まった系列をなす反復する波形の伝播の場面であるときには、いくらか修正を必要とする。そこには、その出来事のうちで変わらぬかたちを保つある決まったパターンがある。ここでは存続する個体性の最初のかすかな徴《しるし》が見られる。しかしそれとて、独自のものをほんのわずかさえも備えていない個体性である。なぜなら、それは単に、パターン化のもっと大きい図式の中に出来事が含まれていることからのみ出てくる、変わらないかたちにすぎないから。

さて充実した出来事の吟味に眼を向けると、電子は明確な個体性を持っている。それは種々雑多な出来事を経ていくその生涯にわたって跡づけることができる。電子が陽電荷をもつ他の同様な原子状粒子と合して作る集合体は、われわれが普通に知覚するような物体をなしている。このような物体で最も単純なものは分子であり、分子の集合は一塊の普通の物質、例えば椅子や石、をなす。このように電荷というものは、出来事それ自身の個体性に付け加わる、内容の個体性を示す徴である。この内容の個体性ということが唯物論の強味である。

しかしながらこのことは有機体説に立っても同じように立派に説明できる。電荷の機能を調べると、それの役割は、空間および時間を通して伝達される一つのパターンの発生を示すこと、であるのが分かる。それはある特殊なパターンを解く鍵である。例えば、いかなる出来事における力の場も、電子および陽子の活躍を注意することによって組み立てられるし、エネルギーの流れと分布も同様である。さらに電波はこれらの電荷の振動する活躍に起源を有する。このようにして伝達されるパターンは、原子状の電荷の生涯に由来する諸相が空間および時間をつうじて流動するもの、と考えることができる。電荷の個体化は二つの性質の結合によって起こる。すなわち、第一には、パターンの拡散を決定する鍵として電荷の働き方が絶えず同一であることによって、第二には、電荷の生涯が単一連続であることによって、起こる。

したがって、有機体説は、物理学がそのもろもろの究極的存在に関して仮定しているものを端的に表現する、と結論してよいであろう。またこれらの存在がまったく具体的な個体であると考えられるならば、それらはまったく意味がないことにも気がつく。物理学に関するかぎり、それらの存在はもっぱら互いに他の周りを運動するだけで、この機能以外には実在性を持たない。物理学だけから見て、実在性をそれ自身で持っているものはない。

もちろん、哲学の基礎を有機体という前提に置くことはライプニッツ[5]に溯らなければならない。ライプニッツのモナドは、彼にとって究極的な実在的な存在である。しかし彼は、それぞれ受ける働き《パッション》によって限定されるデカルトの実体を保存しているが、これらの実体はいずれも実在を最後的に特色づけるものと思われたからである。したがってライプニッツにとっては、内的諸関係をもつ具体的実在というものはなかった。それゆえ彼は、二つの異なった考え方を手もとに持っていた。その一つは、究極の実在的存在とは、各成分を融かして統一体とし、その結果この統一体が実在となるような、有機体化する活動力である、と考えるものであった。いま一つの考え方は、究極の実在的存在とはもろもろの性質を備えた実体である、という考え方である。第一の考え方は、実在全体を結合する内的諸関係を認めるところに立つ。第二の考え方はそのような関係をもつ実在と相容れない。この二つの考え方を結合するために、彼のモナドは窓なきもの[7]とされた。それぞれのモナドの受ける働き《パッション》は単に予定調和という神の計らいによって宇宙を映すことであった。この体系はこのようにそれぞれ独立した存在の集まりを前提した。彼は経験の単位としての出来事を、それが安定して特殊な意義を荷う存続的有機体と区別せず、また高次の完全な個体化形態を表わす思惟的有機体とも区別しなかった。また彼は、与えられた感覚を種々雑多な出来事とさまざまの仕方で関係させる、多項関係も認めなかった。この多項関係は実は、ライプニッツが認めているパースペクティブなのであるが、ただその関係が有機体をなすモナドの性質にすぎない、という条件でのみ認めているのである。単に位置を占めるという概念を、空間および時間に対して基礎的なものとして無条件に認めることから、また独立した個体的実体の概念を、実在的存在に対して基礎的なものとして認めることから、実際に困難が生じる。こういうわけでライプニッツに開かれた唯一の道は後にバークリー（彼の思想の普通の解釈に従えば）の歩んだ道と同じであった。すなわち、形而上学の諸困難を超克しうるデウス・エクス・マキナ[8]に訴える道である。

デカルトが、その後の哲学を科学運動とある程度つねに接触させた思想の伝統を導き入れたと同様に、ライプニッツは、究極的な現実的事物である存在は、ある意味において有機体化の過程である、といういま一つの伝統を導き入れた。この後の伝統はドイツ哲学の大事業の基礎をなした。カントは右の二つの伝統を互いに反映し合う関係においてとり入れた。カントは科学者であったけれども、カントを祖とする諸学派は科学界の人びとの精神にごくわずかの影響しか与えていない。今世紀の哲学諸派の任務は、右の二つの流れを合わせて、科学に由来する世界像を形成し、そうしてまた科学がわれわれの美的ならびに倫理的経験の主張肯定から分離していることに結着をつけることにある。

(1)『純粋理性批判』、「先験的分析論」、「経験の類推第二」――ここで毛管現象に触れている――に、カントが科学書を読んだ興味ある証拠がうかがえる。何もこのような複雑な現象を例に挙げる必要はない。卓上に置かれた書物でも同じく充分間に合ったはずである。しかしこの現象はクレーローによって初めて、その著『地球形状論』の補注において適切に取り扱われたばかりであった。カントがこの補注を読んでいて、それが強く念頭にあったことは明らかである。

(2)ヴェイッチの訳からの引用。
(3)ヘンリー・シジウィック著『論文集』、補注一。
(4)ギブソン著『ロックの認識論とその歴史的関係』、ケンブリッジ大学出版部、一九一七年。
(5)バートランド・ラッセル著『ライプニッツの哲学』にはこの考え方が示唆されている。

〔1〕アロン　Aaron はモーゼの兄。エジプト王の前にアロンが自分の杖を投げたとき、ヤーヴェの力によりそれは一匹の蛇となった。エジプト王はこれに対して、魔法使たちを呼び、彼らがみな自分の杖を投げ出すと、全部が蛇に化した。アロンの杖はこれらの蛇をみな呑み込んだ。詳しくは出エジプト記、第七章、八―一三、を見よ。おそらくホワイトヘッドは、精神をアロンの杖に、物体を魔法使の蛇に、譬えたのであろう。
〔2〕カントを指すものであろう。
〔3〕ホワイトヘッドは『過程と実在』の序文でも、次のように述べている。「有機体の哲学の主要な立場を最も十全に先取りしたのは、……ジョン・ロックである」。
〔4〕合成説　Composition theory という思想はおそらく、本文の少しく後でホワイトヘッドが、「この単一現象は、それの部分における現象の全部を統合したものであって、それらの数的和でない」、と言っているところから、部分が寄せ集められて全体をなすが、その際部分は寄せ集められる以前に持っていたのと同じ特性を失わない、という思想を意味すると考えられる。
〔5〕ホワイトヘッドのオプティミズムを読みとることができる。なお第十三章三三六頁以下も参照されたい。
〔6〕'subject-object' という用語を、「主観―客観」とか「主体―客体」とかの訳語に限定すると、奇妙に動きがとれなくなり、二四九―二五〇頁での文章の意味が生かされてこない。普通われわれは人間と人間以

外の事物とを区別するとき、人間の方は意識があり、経験があり、自ら行動を起こす統一体として捉えている。しかし人間だけが主観であり、主体であるのではない。また身体と切り離された自我だけが主観であり、主体であるわけでもない。自我というものは、他のもろもろの事物と共にあり、それらの事物の諸相を自らの内に抱握する。しかしそれらの事物（objects）の中には永遠的なものもあれば現実的なものもある。永遠的な事物は特に「永遠的客体」（eternal object）として、いわゆる観念や概念の世界を構成する。現実的な事物は人間と同じく生まれかつ滅し、他の事物の諸相を自らの内に抱握する。そのひとつひとつが抱握的統一体であり、『科学と近代世界』では「現実契機」であり、『過程と実在』では主として「現実的実質」（actual entity）と呼ばれている。現実契機たる事物は主観から眺められるだけの客観でもなく、主体から働きを受けるだけの客体でもない。すべて主体的統一を持ち、他の事物を自分なりに眺め、その影響を生かしてゆく主観的形式をもっている。人間以外の事物が客体的存在というのなら、自我もまた「客体的存在」と呼ばねばならない。人間を主体的存在というなら、他のもろもろの事物もそれなりの主体的存在である。認識とか経験とかを広義に解し、抱握的統一体としての有機体が他の抱握的統一体としての有機体と抱握的関係を結ぶという世界を描くことが、ホワイトヘッドの主眼である。このようなことを考えて、二四九―二五〇頁での文章における彼の用語を相当意訳せざるをえなかった。「主―客」はそのやむをえざるものの一つである。

〔7〕モナドは窓を持たないということは、それぞれのモナドは外のモナドの影響を受けず、モナド間に直接的交渉はないことを意味する。

〔8〕デウス・エクス・マキナは「機械仕掛によって出る神」の意味で、古代の悲劇において事件の最後的解決が機械仕掛で不意に登場する神によって与えられることがしばしばある。従って困難な問題を偶然ないし超自然的な出来事によって解決するような事例に対して、多少軽蔑的な意味を含めて語られる。

ライプニッツ及びバークリーではその哲学の困難な点を解くために予定調和を与え、或いは我々の観念に実在的意味を賦与するような、神が導入されている。

第十章　抽　象

これまでわたくしは、近代思想家たちの心を支配してきた深遠な諸問題に対する、科学運動の影響を検討した。いかなる個人も、いかなる限られた一つの社会も、いかなる一つの時代も、同時にあらゆるものについて考えるわけにはいかない。したがって、科学が思想に及ぼしたさまざまの衝撃を解明するために、わたくしはこの論題の取り扱いを歴史的に行ってきた。このように歴史を跡づけるにさいしてわたくしは、その歴史全体の最後の結末が、われわれの考察した三世紀を支配していた科学的唯物論という居心地よい図式の明白な解体であることを、つねに念頭に置いてきた。それで、わたくしはもろもろの有力な意見に対して批判を加えるさまざまの立場に力点を置き、科学にとっても科学の批判者にとっても基礎となるものを含むほどの広さをもつ宇宙論を、科学的唯物論にとって代るものとして略述することに努めた。この新たな図式では、基礎的なものとしての物質という概念は、有機的綜合体（organic synthesis）という概念によってとって代られた。しかしこの取り扱い方はつねに、科学思想のもつ実際の錯雑した問題や科学思想の暗示する、とくに厄介な問題の考察から出発したのである。

本章ならびに次章においては、近代科学に特有な諸問題を忘れて、事物の細部に対する専門的研究に先行すべき一つの見地、すなわち事物の本質を冷静に考察する見地に立とうと思う。そのような見地は「形而上学的」と呼ばれる。したがって、簡単な二つの章で述べられるものでさえ、とにかく形而上学は煩わしいと思われる読者は、ただちに「宗数と科学」の章に進まれるのがよいであろう。そこでは再び科学の近代思想に与えた衝撃という論題が取り上げられているからである。

形而上学を扱うこの二章はまったく記述的である。これを正当づけるものは次の三点にある。(1)われわれの直接経験を構成する現実契機[1]（actual occasion）をわれわれが直接に知っていること、またこの二章が、(2)さまざまの種類の経験に関するわれわれの組織立った説明を調和させる地盤を成すのに成功していること、(3)認識論を構築しうる諸概念を与えるのに成功していること。(3)の意味は、われわれに知られる事物の一般的特性の説明というものは必ず、知られる事物に付け加わるものとしていかにして認識が可能であるか、の説明を構築できなければならないということである。

いかなる認識の契機においても、知られるものは経験という現実契機（actual occasion of experience）であり、それはある存在の領域——この領域に属する諸々の存在は他の経験契機に対して直接契機と類似の関係もしくは相異なる関係をもつことにおいて、その直接契機を超越する

――に関連して種々に分化される。[1] 例えば、ある決まった色合の赤は直接契機においては、ある決まった球状と結びついているかもしれない。しかしその色合の赤およびその球状は、そのいずれも他の契機と別の関係をもつことにおいて、その直接契機を超越するものとして示される。また、他の契機において同じものが実際に生じることは別として、あらゆる現実契機は、他のもろもろの存在が相互に結びついて作る一つの領域内に置かれる。この領域は、その契機について意味深げに語られうるあらゆる非真（untrue）の命題によって顕わにされる。それはいろいろの暗示の領域であり、これらの暗示がもつ現実での足場はそれぞれの現実契機をすべて超越する。非真の命題が各々の現実契機に対して実際関与していることは、芸術やロマンスによって、また理想的なものを顧みての批評によって、顕わにされる。現実界の理解のためには観念界を顧みなければならないということが、わたくしの主張する形而上学的立場の基盤である。この二つの領域は、形而上学的境位全体に本来内在するものである。ある現実契機に関するある命題が非真である、ということの真理は、感性的成立形態についての重大な真理を表わすであろう。それはその第一の特性である「大いなる拒絶」[2]を表わす。ある出来事は、それについてのもろもろの非真の命題が（それに対して）重要性を持てば持つほど、決定的な出来事となる。つまり、これらの命題がその出来事に関与することは、成立形態としてのその出来事自身から引き離すことはできない。これらの超越的存在は「普遍」と名づけられている。わたくしはむしろ「永遠的客体」（eternal object）という言葉を用いて、普遍という言葉が哲学で久しく問題にされたため[3]に、これにくっついているもろもろの先入見から脱したい。永遠的客体は、したがって、その本性上抽象的である。わたくしが「抽象的」という意味は、永遠的客体が本来あるところのもの——すなわち、それの本質——は、なにか一つの特殊な経験契機と連関させなければ理解できない、ということである。抽象的であるとは、現実に起こる特殊な具体的契機を超越することである。しかし現実契機を超越するということは、それから引き離されるという意味ではない。むしろその反対にわたくしは、各々の永遠的客体は各々の現実契機と独自の結びつきを持つと考える。わたくしはこの結びつきを、この客体の契機に対する進入（ingression）の様態と名づける。こうして永遠的客体は次の三つをよく知ることによって理解される。(1)それの特殊な個別性、(2)現実契機において実現するに適した他のもろもろの永遠的客体との一般的諸関係、(3)特殊の現実契機へのそれの進入を表わす一般原理。

右の三項目は二つの原理を表わしている。第一の原理は、各々の永遠的客体はそれぞれ特有の仕方でそれ自身である個別的なものである、ということである。この特殊な個別性はその客体の個別的本質であって、それ自身であるという以外に言いようがない。こうして個別的本質は、その独自性にかんして考えられた本質にほかならない。さらに、永遠的客体の本質とは、それの現実契機に独自の寄与をなすものと考えられた永遠的客体にほかならない。このような独自の寄与は、その客体がどんな進入様態をとっても同一の自己を保つ、という事実から見て、すべての現実契機に対して同一のものである。しかしその進入様態の異同から見て、ひとつひとつの契機によって変わってくる。したがって永遠的客体の形而上学的地位は、現実態に対する可能態という地位である。あらゆる現実契機は、どのようにこれらの可能態がその契機に対して現実化されるか、によってその特性を決定される。したがって現実化とはもろもろの可能態の中から選択することである。もっと正確に言えば、もろもろの可能態のその契機における実現から見て、それらの可能態を段階に分けることになるような選択である。この結論からわれわれは第二の形而上学的原理に到達する。この原理はこうである。抽象的存在と考えられた永遠的客体は、他のもろもろの永遠的客体との関係から引き離されることはできない、かつまた、たとえ決まった現実契機に対する実際の進入様態から離されることはあるにしても、一般に現実態との関係から、引き離されることはできない。この原理は、各々の永遠的客体はそれぞれ「関係的本質」を持つ、という立言によって表わされる。この関係的本質は、その本質を持つ客体が現実契機に進入することがいかにして可能であるか、を決定するものである。

右のことを言い換えて見よう。もしAが永遠的客体であるとするならば、Aそれ自身は全体におけるAの地位を含み、Aはこの地位から引き離されることはできない。Aの本質においては、Aの他の永遠的客体に対する関係には確定性があり、Aの現実契機に対する関係には不確定性がある。Aの他の永遠的客体に対する関係はAの本質において確定しているから、その関係は内的関係である。すなわち、この関係はAの構成要素である。なぜなら、内的関係のうちにある或る存在はこの関係のうちにない存在としては存立しないから。言い換えれば、ひとたび内的関係を持てば、終始内的関係を持つ。こうしてＡの内的諸関係は相合してＡの意味を構成するのである。

次に、ある存在の本質のうちに外的関係を待ち設けている不確定性というものがなければ、その存在は外的関係を持つことができない。Ａに適用される「可能態」という言葉の意味は、Ａの本質のうちに現実契機との関係に対する待ち設けがある、ということにほかならない。Ａの或る現実契機に対する諸関係は、他のもろもろの永遠的客体に対するＡの永遠的諸関係が、その契機における実現に関して段階に分けられたかたちにほかならない。

このようにして、特殊な現実契機ａへのＡの進入を表わす一般原理は、Ａのａに対する進入に関してＡの本質にある不確定性と、Ａのａに対する進入に関してａの本質にある確定性とである。こうしてａという綜合的抱握態はＡの不確定性がａの確定性のうちにそれ自身を解消したものである。したがって、Ａとａとの関係はＡに関しては外的であり、ａに関しては内的である。いかなる現実契機ａも、あらゆる様態が自らを解消して現実の明確《カテゴリカル》な進入形態となったものである。つまり真偽ということが可能態にとって代る。[4] Ａのａへの完全な進入は、Ａおよびａの双方についての、また——おそらくは——他の事物[5]についての、あらゆる真の命題によって表わされる。

永遠的客体Ａが他のあらゆる永遠的客体に対して確定的関係を結んでいることは、Ａが他のあらゆる永遠的客体と体系的にかつその本性上必然的に関係しているということである。そのような関係を結んでいることによって実現に向かう一つの可能態が明らかにされる。しかし関係というものは、それに含まれる一切の関係項に関する一つの事実であって、関係項のうちのただ一つしか含まないかのように他の関係項を切り離すことはできない。したがって体系的に相互関係を結んでいるという一般的事実が存し、これは可能態の特性に内在している。もろもろの永遠的客体のなす領域が一つの「領域」(realm)と呼ばれるのは正しい。なぜなら、各々の永遠的客体は関係を相互に結び合ったこの一般的体系的複合体の中でそれぞれの地位を持つからである。

Aが現実契機aに進入することにおいて、他のもろもろの永遠的客体に対してAが持つ、さきに述べた実現に関して種々の段階に分けられた、他のもろもろの相互関係は、これらを表現するためには、空時関係におけるAの地位ならびに他のもろもろの永遠的客体の地位と関連させなければならない。(右の目的を遂げるためには、)さらにまたこういう地位は、同じ空時関係におけるaの地位、ならびに他のもろもろの現実契機の地位に関連させないでは表現することはできない。したがって、もろもろの出来事の現実経過を表わすべきこの空時関係とは、永遠的客体間に成立するもろもろの一般的体系的関係内部において選択した一つの限定にほかならない。空時連続体に適用される「限定」とは、もろもろの出来事の現実経過に内在してはいるが、いっそう抽象的な可能態から見れば恣意的な想定と思われるような、実際に行われている限定、例えば空間の三次元とか、空時連続の四次元とか、のことである。現実的事物の根底に在って、各々の現実契機に特有の限定とは異なっている、これらの一般的限定を考察することは、「神」についての章で改めてもっと詳しく行うつもりである。

次に、現実態に関連させて見たあらゆる可能態の地位は、この空時連続体に関連させられねばならない。特にある可能態について考察する場合においても、この連続体が超越されうる、と考えることができるかもしれない。しかし現実態とはっきり関連させるかぎり、その空時連続体の超越がいかにしてなされるかを、はっきりさせなければならない。このようにしてなによりもまず、空時連続体は、いっそう一般的な体系的関係領域から選択された、関係的可能態の場所である。このように規定された関係的可能態の場所は、右の一般的体系に内在する可能態の実現の仕方に関する一限定を表現する。すべてその体系と一般に結びついている可能態はこの限定を受ける。またすべて出来事の一般的経過に関して抽象的に可能なる限定は、特殊の契機によって導入される特殊の限定とは異なり、あらゆるさまざまの空間的位置およびあらゆるさまざまの時間において空時連続体を貫いている。

根本的に言えば、空時連続体とは、あらゆる可能態を関係づける一般的体系であるが、この体系が現実態の一般的事実に関与することによって限定されるかぎりにおいてそうなのである。またその体系が現実態に対してこのように関与することは、可能態の本質に内在している。なぜなら、可能態とは、成立形態から抽象された成立可能性を内に含むものであるから。

現実契機は一つの限定されたものと考えられるべきこと、またこの限定の仕方はさらに進んで種々の段階を持つものとして特色づけうること、はすでに強調した。ある現実契機（a）のもつこの特性はさらに説明を要する。ある永遠的客体（A）の本質には不確定性がある。現実契機aは自己のうちにあらゆる永遠的客体を綜合する。そしてそうするさいに、あらゆる他の永遠的客体または一組の永遠的客体に対してAのもつ、完全な確定的関係をも含む。この綜合は実現を限定しはするが、内容を限定しない。それぞれの関係はみな内在的自己同一性を保持する。しかしそれらの関係のうちでこの綜合に加わるもろもろの段階は、各々の現実契機、たとえばa、に内在する。これらの段階はただ価値の関与としてのみ表現することができる。さまざまの契機を比較して、この価値の関与は、感性的綜合態の要素としてAの個別的本質を含むもの（その含み方には程度の強弱があるが）から、感性的綜合態の要素としてAの個別的本質を含まない最低度のものに至るまで、程度の強弱をいろいろ異にする。この価値の関与が最低度のものであるかぎり、Aのあらゆる確定的関係がその契機の構成に加わると言えるのは、この関係が未だ充実されず別のものとしてあり、まだ充実されない内容の体系的基体の一要素をなすのみで、ほかにはいかなる感性的価値をも与えない、という明確な在り方を顧みた場合だけである。もっと高度のものの場合には、その関係はやはり充実されていないこともあろうが、感性的には関与しているであろう。

このようにしてただ他の永遠的客体との関係という点からのみ考えられたAは、「非存在（not-being）として考えられたA」である。その場合、「非存在」とは、「現実の出来事に確定的に含まれているとか排除されているとかの事実を捨象した」という意味である。また「一つの決まった契機aから見た非存在としてのA」とは、Aが自らもつ確定的な関係のすべてにおいてaから除外されている、という意味である。さらに「aから見た存在としてのA」とは、Aが自らもつ確定した諸関係の一部においてａに含まれている、という意味である。ところで、それのもつすべての確定した諸関係においてＡを含むような契機はありえない。なぜなら、それらの諸関係のうちには対立するものがあるから。したがって排除された関係に関しては、たとえ他の関係に関してＡがａにおける存在であろうとも、Ａはａにおける非存在であるであろう。この意味においてあらゆる契機は存在と非存在の綜合である。さらにまた、永遠的客体の或るものが単に非存在として契機ａに綜合されるにしても、存在として綜合されるそれぞれの永遠的客体もまた非存在として綜合される。この場合、「存在」（being）とは「感性的綜合態において個別的に働くもの」という意味である。また「感性的綜合態」とは「他のすべての現実契機と内的関係を結んでいるために加えられるもろもろの限定の下で、自己創造的と見られた経験的綜合」である。したがってわれわれは、すでに今まで述べてきたことであるが、次のように結論する。すなわち、すべての永遠的客体をひとつひとつの契機へ綜合的に抱握するという一般的事実は、それぞれの永遠的客体がもろもろの契機と一般的に不確定的な関係を結ぶという面と、その永遠的客体が各々の特殊な契機と確定的な関係を結ぶという面と、二面を有する。この立言によって、いかにして外的関係が可能であるか、ということの説明が要約されている。しかしこの説明の支えとなるものは、空時連続体を、現実契機にそれが単に含まれている――普通の説明はこうである――ことから解放し、かつ出来事の現実的経過の一般的特性によって限定されるような、抽象的可能態の一般的本質からそれが成立することを示すところにある。

内的諸関係に関して生じる困難は、いかにしてある特殊の真理が可能であるか、を説明し難いことである。内的関係があるかぎり、あらゆるものは他のあらゆるものに依存しなければならない。しかしもしそうであるとすれば、われわれは他のあらゆるものを同じように知るまでは何事についても知ることができない。したがって明らかにわれわれは同時にあらゆることを語らなければならないようになる。そのようにしなければならないと考えることは明らかに誤っている。したがってわれわれは、有限の真理というものを認める以上、いかにして内的諸関係なるものがありうるかを説明しなければならない。

現実契機は可能態の領域から選択されたものであるから、いかにして現実契機が実際に持っているような一般的特性を持つか、を究極的に説明するには、可能態の領域のもつ一般的特性を分析しなければならない。

永遠的客体の領域のもつ分析的特性は、この領域に関するまず最初の形而上学的真理である。この特性の意味は、この領域における永遠的客体Aの地位が、数は不定だが限られた範囲の、従属的諸関係に分析されうる、ということである。例えば、BおよびCを他の二つの永遠的客体とすれば、A、B、C、だけを含み、関係項としてこれ以外に他の明確な永遠的客体を挙げなくてもよいような、ある完全に決まった関係R（A、B、C）がある。もちろん、この関係R（A、B、C）は、それ自身も永遠的客体である従属的諸関係を含むであろうし、R（A、B、C）はまたそれ自身一つの永遠的客体である。また、同じ意味でA、B、C、だけを含む他の諸関係もあるであろう。いまやわれわれは、永遠的客体が内的に関係を結んでいることに連関してこの限定された関係R（A、B、C）がいかにして成立するか、を吟味しなければならない。

永遠的客体の領域に有限的諸関係が存在する理由は、これらの客体間に成立する諸関係がまったく選択の余地なく完全な体系をなしていることである。いまわれわれが論じているのは可能態であるから、あらゆる可能な関係は可能態の領域にある。それぞれの永遠的客体のもつあらゆるそのような関係は、一般的関係図式における一つの関係項としてその客体が占める、完全に決まった地位を基礎にしている。この決まった地位は、わたくしが客体の「関係的本質」と名づけたものである。この関係的本質は、ただその客体のみと関連させて決定されるものであり、その本質が複合的（これについてはすぐ後に説明する）であってその客体の個別的本質に他の客体が特に含まれている場合以外には、他のいかなる客体とも関連させる必要はないのである。「或る」（any, some）という言葉の意味、すなわち論理学における「変項」の意味は、次の原理から生じる。その原理全体はこうである。すなわち、一つの決まった永遠的客体Aが一定数n個の他の永遠的客体に対してもつ何らかの決まった関係の在り方（how）に特殊の規定を与えることができる、しかもそのさい他のn個の客体がそれぞれ多種多様の関係において必ず一役演じるべき地位にあるということ以外には、そのn個の客体X_1、X_2、……X_nについて何らの規定を要しない、という事実である。この原理の根拠は、一つの永遠的客体の関係的本質がその客体だけのものでない、ということである。それぞれの永遠的客体は内的にはあらゆる可能な関係を結んでいるから、各客体の関係的本質だけでもろもろの関係的本質のなす整った完全な図式が規定される。こうして可能態の領域は、いくつかの永遠的客体から成る集合の一定数間に成り立つ諸関係の整った図式を与える。そしてあらゆる永遠的客体は、それぞれの客体のもつ地位が許す範囲において、あらゆるそのような関係に加わる。

したがって（可能態における）諸関係は永遠的客体の個別的本質を含まない。それらは関係項として或る（any）永遠的客体を含むが、そのさいこれらの関係項が必要な関係的本質を有する、という条件に従う（この条件こそ、「或る永遠的客体」という言葉の中の「或る」を、自動的にかつ必然的に規定するものである）。この原理は可能態の領域における〈永遠的客体の孤立〉の原理である。永遠的客体がそれぞれ孤立しているのは、それが可能態としてもつ諸関係はそれぞれの客体の個別的本質と関連なしに表わされうるからである。可能態の領域と反対に、もろもろの永遠的客体が現実契機に含まれるということは、それらの客体のもちうる諸関係の或るもの（some）に関して、それらの個別的本質が共存すること（togetherness）を意味する。このように実現された共存態とは、永遠的客体の決まった関係領域によって限定される——すなわち、かたちづくられる——創発的価値の成立形態であり、この永遠的客体の関係領域から見て実在的共存態が成立するのである。したがって永遠的客体の関係領域というものはかたち（form）、すなわち形相（εἶδος）である。創発する現実契機は形相を与えられた価値の自己超越体（superject）[6]である。なんらかの特殊な自己超越体を捨象した価値は抽象的素材、すなわち質料（ὕλη）であり、これはすべての現実契機に共通のものである。価値を含まない可能態を抱握して、形相を与えられた価値の自己超越体とする綜合作用は実体的活動力である。この実体的活動力は、形而上学的境位を構成する静的要因をどのように分析するさいにも、見落とされるものである。この形而上学的境位の分析された要素は実体的活動力の属性である。

永遠的客体間に成り立つ有限的な内的関係、という概念に内在する困難は、次の二つの形而上学的原理によってうまく避けられるのである。(1)永遠的客体のもつ諸関係でAを構成すると考えられるものは、他のもろもろの永遠的客体をそれらの個別的本質とは関連のない単なる関係項として含むのみである。(2)それゆえ、Aの一般的関係を分割してAのもつ多数の有限的関係となしうることは、その永遠的客体の本質に存している。第二の原理は明らかに第一の原理に依存する。Aを理解するとは一般的関係図式のかたち(how)を理解することである。この関係図式は他の関係項の個別的独自性をまたずに理解できる。この図式はまた、それぞれの個別性をもちしかも同時に可能態内における関係全体を前提するような、多数の限定された関係に分析できるものとして顕わにされる。現実態に関してはまず諸関係が一般的に限定され、このように限定されることによってこの未だ限定されていない一般図式が四次元空時体の図式となる。この空時体の図式は言わば、あらゆる永遠的客体に内在する(現実態によって規定された)もろもろの関係図式の最大公約数である。このことはすなわち、ある永遠的客体(A)の選ばれた諸関係がいかにして、かつ(how)ある現実契機に実現されるかは、右の空時体の図式から見たAの地位を明らかにし、かつこの現実契機の他の現実契機に対する関係をこの図式において明らかにすることによって、つねに説明できる、ということである。決まった永遠的客体から成るある集合に属する、いくつかの客体を含む決まった有限的関係は、それ自身一つの永遠的客体である。すなわち、それはその関係内にあるもろもろの永遠的客体から成り立つ。わたくしはそのような永遠的客体を「複合体」と名づける。複合体をなす永遠的客体の関係項としてのもろもろの永遠的客体は最初の永遠的客体の「成分」と名づけよう。また、これらの関係項のいずれかがそれ自身複合体をなすならば、それの成分は初めの複合体をなす客体の「二次的成分」と名づけよう。二次的成分を構成する成分もまた最初の客体の二次的成分と呼ぼう。このようにして一つの永遠的客体の複合性とは、成分をなすもろもろの永遠的客体間の関係にそれが分析されうるということである。もろもろの永遠的客体の結ぶ一般的関係図式の分析とは、複合体をなす多数の永遠的客体から成るものとしてその図式を示すことである。成分のなす関係に分析されえない一つの永遠的客体、たとえばある決まった色合の緑色は「単純」と呼ばれるであろう。

今やわれわれは、いかにして永遠的客体の領域の分析的特性よりして、その領域がいろいろの段階に分析されうるか、を説明することができる。

最低段階の永遠的客体は、その個別的本質が単純であるような対象である。これは複合性の度合が零の段階である。次に、構成分子の数が有限であると無限であるとを問わず、右のような対象の一組を考察してみよう。例えば三つの永遠的客体A、B、Cより成る一組を考察してみよう。

ただしそのいずれも複合体でないとする。次にA、B、Cより成るある決まった可能的関係をR（A、B、C）としよう。簡単な例をとるならば、A、B、Cは、いついかなる所においても見られる正四面体の三面の空時関係を相互の間にもつ、三つの決まった色としてもよかろう。そのときR（A、B、C）もまた一つの最低段階の複合体をなす永遠的客体である。これと同様にして、次々に高い段階に進むもろもろの永遠的客体がある。複合体をなすある永遠的客体S（D_1、D_2、……D_n）に関して、永遠的客体D_1、D_2、……D_n——これらの個別的本質がS（D_1、D_2、……D_n）の個別的本質を構成する——は、S（D_1、D_2、……D_n）の成分と呼ばれる。S（D_1、D_2、……D_n）に与えられるべき複合体の段階が、その成分中に見出される最高段階の複合体を超えたものであるべきことは明らかである。

　このようにして可能態の領域は、単純な永遠的客体と、さまざまの段階に分けられた複合的な永遠的客体とに分析される。複合的な永遠的客体は抽象的なものである。決まった（definite）永遠的客体の抽象、すなわち非数学的抽象、に関しては、「抽象」に二義がある。すなわち、現実態からの抽象と可能態からの抽象とである。例えば、AとR（A、B、C）とはともに可能態の領域からの抽象である。その場合、Aはそれのもつあらゆる可能的関係——そしてR（A、B、C）もその一つだが——におけるAを意味しなければならない。またR（A、B、C）はそれのもつあらゆる関係において変わることのないR（A、B、C）を意味しなければならない。ただしこの意味のR（A、B、C）はAの入りうる他の諸関係を排除する。それゆえ、R（A、B、

C）におけるAだけをとってみたときのA（A simpliciter）よりもなお抽象的なのである。このようにして、単純な永遠的客体の段階からますます高次の段階の複合体に移るにつれて、われわれは可能態の領域からの抽象をますます高次の段階へと進めていくのである。

今やわれわれは、可能態の領域からのある定められたかたちの抽象に向かってはっきり進む諸段階を考えることができる。なおこの進行はしだいに複合性の度合を増していく（思惟上の）進行を含むものである。わたくしはそのような進行の道筋を「抽象の段階組織」と名づけよう。抽象の段階組織は、それが有限的であれ無限的であれ、単純な永遠的客体より成るある決まったグループを基盤とする。このグループを段階組織の「基盤」と呼ぼう。そこで抽象の段階組織の基盤は、複合性の度合が零である客体の集合である。抽象の段階組織を形式的に定義すれば左の通りである。

単純な永遠的客体のグループをgとすれば、「gを基盤とする抽象の段階組織」は次の諸条件を満足する永遠的客体のなす集合である。

(1) gの成員はその段階組織に属し、またそれらだけが、その段階組織内の単純な永遠的客体であること。

(2) 段階組織内の複合体をなす永遠的客体の成分は、また、その段階組織の成員でもあること。

(3) その段階組織に属するもろもろの永遠的客体は、どの一組をとっても、それぞれの客体がすべて同じ段階のものであるにせよ、互いに段階を異にしているにせよ、それらは相携えて、同じくその段階組織に属する少なくとも一つの永遠的客体を構成する成分、ないし二次的成分であること。

注意すべきことであるが、永遠的客体の成分は必ずその客体自身よりも低度の複合性をもつ。したがって、そのような段階組織に属する成員で第一段階の複合性をもつものは、その成分として、ただグループgの成員しか持つことができない。また第二段階に属する成員は、成分として、ただ第一段階の成員ならびにgの成員しか持つことができない。以下同様にしてより高次の段階に至る。

抽象の段階組織が満足すべき第三の条件は、これを連結（connexity）の条件と呼ぼう。抽象の段階組織はその基盤から出発する。それは、その基盤から次々に進む各段階を含み、どこまで段階を重ねるか分からない場合もあれば、最高段階にまで達する場合もある。またこの段階組織は、より低い段階に属する成員の集合が、その段階組織を構成する少なくとも一つの成員の成分、ないし二次的成分の集合として、（より高次の段階に）再現することによって、「連結されて」いる。

抽象の段階組織は、それがある有限の段階をもつ複合的客体で終わる場合、「有限的」と呼ばれる。これに反し、その組織に含まれたそれぞれの成員が複合のあらゆる度合に属している場合は、「無限的」と呼ばれる。

ここで注意すべきことであるが、抽象の段階組織の基盤は、有限数にせよ無限数にせよ、任意の数の成員を含むことができる。なお、基盤の成員の数が無限であることは、その段階組織が有限的であるか無限的であるか、という問題とは無関係である。

抽象の有限的段階組織は、定義によって、そのうちに最高度の複合性の段階を有するであろう。この段階の成員はこの段階組織の任意の段階に属する他のいかなる永遠的客体の成員でもない、ということがこの段階の特徴である。また、最高度の複合性をもつこの段階がただ一つの成員しか持たないことは明らかである。さもなければ連結の条件が満たされないからである。逆に任意の複合的な永遠的客体は、分析を押し進めることによって発見されうる一つの抽象の有限的段階組織を限定する。われわれの出発点となるこの複合的な永遠的客体は、その抽象の段階組織の「頂点」である。すなわち、それは最高度の複合性の段階に属する唯一の成員である。分析の第一段階においては、その頂点の成分が得られる。これらの成分は複合性をいろいろ異にしているであろうが、頂点より一段低次の段階の複合性をもつ成員が少なくともそれらの成分の中になければならない。与えられた永遠的客体よりも一段低次の段階を、その客体に対して「最近位の段階」と呼ぼう。次にわれわれは頂点の成分のうちで最近位の段階に属するものを取り上げ、第二段階としてこれらをまたその成分に分析する。これらの成分の中には、このように分析された成分客体に対して最近位の段階に属するものが何かなければならない。これらの成分客体に加えて、頂点の成分にしてかつその頂点から見て第二最近位の段階に属するものを掲げ、第三段階としてさきと同じ分析を行ってみる。このようにすれば、頂点から見て第三最近位に属する客体が分かる。さらにこの客体に加えて、この段階に属する成分にして今までの分析にとり残されたものを掲げる。このようにして次々と分析を進め、ついに単純なる客体の段階に到達する。この段階は段階組織の基盤を構成する。

注意すべきことは、段階組織を取り扱うさいわれわれはまったく可能態の領域内にいる、ということである。それゆえに永遠的客体は実在的共存をしないで、どこまでもそれぞれ「孤立」の状態にある。

アリストテレスが現実的事実を分析していっそう抽象的な要素を得るのに用いた論理的手段は、種と類に分類することであった。この手段は科学内の予備段階に適用されて大きな働きをしている。しかしこれが形而上学の記述に用いられると、形而上学的境位の正しい映像を歪めてしまう。「普遍」という言葉の使用はこのアリストテレス的な分析と密接な関係がある。この言葉は最近意味広く使われるようになっているが、なお右のような分類的分析を暗示する。それゆえわたくしはこの言葉を避けたのである。

ある現実契機aには単純な永遠的客体のなすグループgがあり、これらの客体は最も具体的なかたちでそのグループを組成する。創発する個々の契機の形成において他のもろもろの永遠的客体と個別的本質とが最も完全に溶け合うように、単純な永遠的客体がその契機を完全に組成することは明らかにその契機独特のもので、なにか他のかたちに定められることはできない。しかしその組成は必然的にこれに属する特殊な特徴を持っている。この特徴とは、aというこの完全なまとまりにすべての成員が等しく含まれるような、gを基盤とした抽象の無限的段階組織が存在する、ということである。

そのような抽象の無限的段階組織の存在ということが、現実契機を概念によって記述し尽くすことはできない、という立言の意味なのである。わたくしは、aに結びついている抽象の無限的段階組織を、「aと結合した段階組織」と呼ぼう。これはまた、現実契機の連結性という概念の意味でもある。このような一つの契機の連結性は、契機の綜合的統一性ならびに把握可能性に必要である。その契機に適用される諸概念を連結した段階組織があり、それはあらゆる度合の複合性をもった諸概念を含んでいる。またその現実契機においては、これらの複合的諸概念に含まれたもろもろの永遠的客体の個別的本質が感性的綜合のかたちを成就し、その感性的綜合のかたちから一つの独立した経験としてその契機が産み出される。この結合した段階組織は、その契機の完全な実現に加わるものからその契機が構成されているかぎり、その契機のかたち、あるいはパターン、あるいは形相である。

可能態からの抽象が、抽象の程度に関するかぎり、現実態からの抽象と反対の方向に走る、という事実のために、考え方の混乱が起こっている。なぜならば明らかにわれわれは、現実契機aを記述するさいに、aと結合した段階組織の成員で高度の複合性をもつものをaに関して述べることによってaを記述するならば、その具体的事実全体にいっそう接近するからである。そのときわれわれはaに関していっそう多くのことを言ったことになる。このように複合性が高度になればaの完全具体性に一層接近し、複合性が低度になればこの接近が少なくなる。したがって単純なる永遠的客体は現実契機からの抽象の最大限を表わすが、また一方において単純なる永遠的客体は可能態の領域からの抽象の最小限を表わす。高度の抽象ということが言われるとき、普通意味されているものは可能態の領域からの抽象、換言すれば精緻な論理的構成であることが分かるであろう。

以上わたくしは現実契機をただその完全な具体性の面において考察してきた。契機はまさにこの面によって自然における出来事となる。しかし通常の意味における自然の出来事とは、完全な現実契機から抽象されたものにすぎない。完全な契機は、認識経験において記憶、予想、想像および思惟のかたちをとるものを含んでいる。経験するという契機（experient occasion）におけるこれらの要素はまた、複合的な永遠的客体が、創発する価値の要素として、この綜合的抱握態に含まれる方式でもある。それらの含まれ方は完全な具体的進入とは相違する。ある意味でこの相違は説明し難い。なぜならば、それぞれの含まれ方はみな独特のもので、他のものをもってして説明できないから。しかしながら、これらの含まれ方を、さきに論じた完全な具体的進入と区別する共通の差異がある。この差異（differentia）は分断（abruptness）である。わたくしの分断という意味は、記憶されたり予想されたり想像されたり思惟されたりするものが、一つの有限的な複合的概念に包み尽くされる、ということである。いずれの場合にも、一つの有限的な永遠的客体があって、それが一つの有限的段階組織の頂点としてその契機の中に抱握されている。現実の無際限性からこのように分断されていることは、任意の契機において、精神的と呼ばれるものを、精神の働きがかかわる自然的出来事に属するものから区別する理由である。

一般に、いま問題にしている永遠的客体の把握においては、鮮明さが多少失われるように思われる。例えばヒュームは「朧げな模写」[7]ということを言っている。しかしこの朧げということは、区別を立てるにはきわめて危険な根拠と思われる。同じものが思惟に現われる場合の方が、特に注意しないでなされる自然的経験に現われる場合よりもずっと鮮明であることがたびたび起こる。しかし精神的と解される事物は、思惟に現われたそれらの関係の中に複合性のますます高度の段階をわれわれがどこまでも探索しようと試みるとき、もはや先に進めなくなる、という条件につねに支配されるのである。いかなる内容であれ、ただこのことだけ考えたがそれ以上考えなかった、ということがわれわれには始終ある。無際限な複合性のより高次の段階から有限な概念を分断する境界というものがある。

こうして現実契機とは、一つの無限的段階組織（その契機と結合した段階組織）を、さまざまの有限的段階組織とともに抱握したものである。その契機に無限的段階組織を綜合することは、その段階組織独自の実現様態に従って、また、有限的段階組織の綜合はまた別のさまざまの独自の実現方式に従って成される。経験するという契機の一般的特性に関するこの説明が合理的一貫性をもつために不可欠な、一つの形而上学的原理がある。わたしはこの原理を「実現の透明性」(the translucency of realisation）と名づける。この言葉の意味は、いかなる永遠的客体も、それがどのような実現様態に含まれていても、それ自身は変わらない、ということである。もし個別的本質がかたちを変えればそのさい必ず異なった永遠的客体が生まれる。それぞれの永遠的客体の本質には、現実契機に進入するいかなる様態をも分け隔てなく待ち設けていることを表わす、不確定性というものがある。こうして認識経験においては、同じ永遠的客体が同じ契機の中に一つ以上の実現様態に含まれて進入していることの認識がありうる。このようにして永遠的客体が実現においで透明であることと、同一契機への進入様態が数多く可能であることとが相寄って、真理対応説[8]の基礎を成すのである。

われわれは、右のように、現実契機を永遠的客体の領域と連関させて説明し、数学の本質を論じた第二章における一連の思想に立ち帰った。すなわち、われわれはピタゴラスに発したイデアの考えを敷衍し、これを形而上学の第一題目として展開してきた。次章では、形而上学的にいえば事実ではないであろうと思われるがゆえに特別の意味でそれ自身一つの事実である、というような出来事のある現実経過が存在する、というむずかしい問題を採り上げる。しかし他の形而上学的研究、例えば認識論や、可能態の領域における無量の富をつくる諸要素の分類などは省略する。この後の方の主題からは形而上学の前にさまざまの学問の専門主題の展望が開けてくるのである。

（1）拙著『自然認識の諸原理』、第五章、第一三節。

〔1〕「出来事」（event）「現実契機」（actual occasion）あるいは、「現実態」（actuality）、さらに後に術語として「現実的実質」（actual entity）と呼ばれるものは、相重なる概念であり、初期の自然哲学から後期の形而上学的思惟へと変化していったホワイトヘッドの思想の変遷をたどる上で、鍵をにぎる語といえる。この意味で、本書はホワイトヘッドの転換を知る上で重要な意味をもっているといえる。これらの概念の個体的意義に対する、プラトン的イデア論のホワイトヘッド的現代的解釈が、この章の関心である。

〔2〕ダンテの『神曲』、「地獄篇」、三部、五八―五九連に、「はからずもわれ認めたり、彼の者の影を、こころ臆して大いなる拒絶をなせし者」とある。

〔3〕「普遍」が実在であるか、それとも単なる「声として出た風」であるか、について中世には大きな論争（普遍論争）が行われた。前の立場を「実念論」、後の立場を「名目論」ないし「唯名論」と称するが、両者間の論争は単に論理に関わるものではなく、神学の根本問題に関する意味をもっていた。

〔4〕可能態が自己否定して現実事態に進入する。Aがaに完全に進入すれば、「aはAである」は真であり、Aがaに進入していなければ、「aはAである」は偽である。「カテゴリカル（明確）な進入形態」というとき、真偽の主張がなされ得る、すなわちなんらかの断言できる、形態が成立することを意味する。

〔5〕Aは永遠的客体の領域において他のもろもろの永遠的客体B、C、……と関係している。そのさい、B、C、……は単に「関係的本質」を有するにすぎないが、Aがaに進入するとき、Aと他の客体との関係もその進入に参与し、しかもそれによってB、C、……はその「個別的本質」が限定されてくる。それゆえにAとaとを含む命題が真であるのみならず、aとB、aとC、を含む命題もまた当然真となる。

〔6〕ここに「自己超越体」と訳したsuperjectという言葉は、もちろん通常の辞書に出ているような英語ではなく、また哲学書においてすら出会うことのないものである。superjacio というラテン語は、cast or throw over, exaggerate, overtop, surmount などの意に用いられるが、subject が本来は「下に投げられたもの」であるのに対し、superject は文字通りに「上に投げられたもの」、すなわちはっきりと表に現われたものを意味するであろう。あらゆる現実契機はそれ自身、生きた内容をもった個性的なものである。近代観念論などは、その契機の基体に変わらぬ何かを subject として立てようとするが、現実契機はあらゆる他の現実契機および永遠的客体を選択的に統一した抱握体であり、基体的同一性を完全に否定するのではないが、一個の現実契機に「他のあらゆる影響がその上に投げられて統一した生に達する」という意味がこめられている。その意味で私は以前は「現上態」という訳語をあてた。本書では、この一箇所にのみ用いられているが、『過程と実在』ではしばしば用いられている。個々の現実契機（『過程と実在』では「現実的実質」）はそれ自身他の多くの現実契機を抱握するが、その仕方にそれぞれ独自な形式があり、その意味でそれぞれが主観・主体（subject）であるが、抱握された内容を選択し、あるものは消極的に、あるものは積極的に生かされ、それぞれの現実契機の個体的完全体をかたち造っているのであって、そこに superject と言うほかないものが同時に成立する。そのためホワイトヘッドは subject-superject という用語で示される性格を現実契機の具体相となし、subject と述べている場合にも、この性格を見失ってほしくない、というように語っている。

〔7〕ヒュームにおいて印象と観念とが区別された。前者は外的または内的の現実的感覚であり、後者は印象のなくなった後に残るところの記憶または想像の表象である。印象は強さおよび鮮明さにおいて観念にまさり、観念は印象のおぼろげな模写にすぎない。

〔8〕判断は真偽にかかわるが、普通に真偽を「対応」で考えるときは、頭の中に在る観念と事実とを比較し、観念と事実との間に対応があれば真理、しからざれば虚偽、というように考えている。この考えはこれだけでは漠然たるを免れない。ホワイトヘッドにおいては、真偽は、もろもろの現実的出来事が内

的に結びついてなす、一つの組織体の述語となり得ると考えられた複合的永遠的客体と、この組織体が実際に示す現実の諸性質との間の比較に関係する、と考えられている。観念と事実との比較というときは別の次元に在るものを比較することになるが、ホワイトヘッドの考え方では比較される二つのものは或る意味では共に現実的であり、したがって同じ次元のものと言える。

第十一章　神

アリストテレスはその形而上学を完全なものにするために、〈原動者〉[1]、すなわち神、を導入することを必要と考えた。このことは、二つの理由から、形而上学史上の重要な事実である。まず第一に、もしわれわれが、洞察力に富む天賦、広く備えた学識、形而上学の師表として与えた刺戟から見て、誰かに最も偉大なる形而上学者という地位を与えようとするならば、アリストテレスを選ばなければならない。第二に、彼はこの形而上学的問題を考察するにあたってまったく冷静であった。彼はヨーロッパにおける一流の形而上学者の中で、右のように言ってさしつかえない最後の人である。アリストテレス以後、倫理や宗教に対する関心が形而上学の結論に影響し始めた。ユダヤ人は初めのうちは進んで、後にはやむなく四散し、ユダヤ・アレクサンドリア学派が起こった。次いでキリスト教が、すぐこれに続いて回教が、入りこんできた。アリストテレスを取り巻くギリシアの神々は、まったく自然内にある従属的な形而上学的存在であった。したがって彼は、その〈原動者〉をとり上げるにさいして、彼のもつ一連の形而上学的思想の導くがままにどこへでも随《つ》いていく以外には、なんの動機も持たなかったであろう。その思想は宗教上の目的に役立つ神を産み出す方向に深く彼を引きこむというものではなかった。本来一般的な形而上学が、別の動機を自分の中に不当にもとり入れることをしないで、果たしてアリストテレス以上に進みうるか否かは、疑わしいであろう。しかし彼の結論は、比較的狭い経験的地盤に基づく証拠を概念構成に大いに役立てるためには欠くことのできない、第一歩を表わしている。なぜならば、限られたかたちの経験内では、いかなる事物も、あらゆる現実的事物の根底にある何らかの存在についてのわれわれの観念を形成することに対して、事物の一般的特性がそのような存在を要求するのでないかぎり、光明を与えることができないからである。

〈原動者〉という言葉によってわれわれは、アリストテレスの思想が誤った物理学や誤った宇宙論の細目に囚われていたことを教えられる。アリストテレスの物理学では、物質的事物のなすもろもろの運動を支えるために、それぞれ特別の原因が必要とされた。宇宙で起こる全般的運動を支えうるかぎり、それらの原因は容易に彼の体系の中にはめ込まれることができた。そうすれば、営みを続ける宇宙全体に結びついて、各々の事物はそれぞれ正しい目標を与えられえたからである。[2] それゆえ、事物の調整を司るもろもろの球面の運動を支える〈原動者〉が必要とされた。今日われわれはアリストテレスの物理学およびアリストテレスの宇宙論を否認するから、まさに右の論そのものが成り立たないことは明白である。しかしもしわれわれの一般的形而上学がとにかく前章に略述したものに近いならば、前と同じような一つの形而上学的な問題が起こり、それは前と同じような方法で解決するほかはない。いまや、アリストテレスのいう〈原動者〉としての神の代りに、〈具体化の原理〉(principle of concretion)としての神が必要である。この主張を裏づけうるためには、現実契機の進展、すなわち実現の過程、の一般的意味をもっぱら論じなければならない。

われわれは現実態というものを無限の可能態と本質的に関係するものとして考える。永遠的客体は現実契機に段階組織[3]のパターンを与えるのであるが、それらのパターンは、千差万別のかたちで含まれもすれば排除されもする。別の観点からこの同じ真理を見れば、あらゆる現実契機は可能態に加えられた制限であり、この制限によってそこに成立した事物の共存態のもつ特殊な価値が創発する。右のようにしてわれわれは、ただ一つの契機が可能態としてどのように見られるべきであるか、また可能態がただ一つの現実契機としてどのように見られるべきか、を表現する。しかし孤立した契機という意味でのただ一つの契機というものはない。現実態はあくまでも共存態、――現実態に加わらない場合はそれぞれ孤立したもろもろの永遠的客体の共存態、ならびに、あらゆる現実契機の共存態である。本章におけるわたくしの仕事は、もろもろの現実契機の統一を叙述することである。前章においては抽象的なものに関心を集中したが、本章では具体的なもの、すなわち共存態となっているものを取り扱う。

或る契機aを考えてみよう。われわれは、いかにして他のもろもろの現実契機が、それらとaとの関係がaの本質を構成するという意味において、aのうちに含まれているか、をひとつひとつ調べ上げなければならない。aそれ自体は、単一の現実的経験である。したがってわれわれは、いかにして他のもろもろの契機がaなる経験に含まれるか、を問うてみよう。なおさしあたりわたくしは認識経験を除外する。右の問いに対する完全な答えは、もろもろの現実契機間の諸関係が、ちょうど抽象の領域におけるもろもろの永遠的客体間の諸関係と同じく、そのかたちがかぎりなく多種多様である、ということである。しかしそのような関係の基礎をなすいくつかのかたちがあり、これによって多種多様の関係全体を記述することができる。

（或る契機が別の或る契機の本質に入る）いろいろな入りこみ（entry）方を理解する準備として、それらの入りこみ方が前章で論じた抽象の段階組織の実現様態に含まれていることを注意しなければならない。aに実現された段階組織に含まれている空時的諸関係はすべて、aならびにaに入りこむもろもろの契機によって限定される。こうして、入りこむもろもろの契機はその段階組織にそれぞれの相を与え、それによって空時的様相を明確《カテゴリカル》な規定に転じる。またその段階組織はこれらの契機に形式を与え、そうすることによって、入りこむ契機がただこれらの形式を帯びてのみ入りこむように限定する。こうして、いかなる契機もみなあらゆる永遠的客体を種々の段階の現実態に限定されたかたちで綜合したものである（前章で見た通り）と同じように、それぞれの契機はあらゆる契機を種々の入りこみ方に段階づけて綜合したものである。各契機は独自の様態を限定されて内容の全体を綜合している。

aと他の諸契機との間に成り立ついろいろのかたちの内的関係から見て、（aを構成する）これらの他の契機は種々多くの仕方で分類できる。これらの契機はすべて、過去、現在および未来についての各種の定義に関係をもつ。従来哲学では通常、これらのさまざまの定義が必ず同等でなければならない、と想定している。しかし物理学内における現在の考え方では、たとえ物理学によってそのような定義をさまざまに立てることが不必要と思われても、右のような想定が形而上学的に誤っていることは動かすことができないとしている。この問題は〈相対性〉の章ですでに取り扱った。しかし物理学でいう相対性理論は、形而上学的に主張しうるさまざまの理論の周辺にわずかに触れているにすぎない。わたくしの主張にとっては、その中で現実的なものに一義的な明確《カテゴリカル》な規定を与えるような、無制約的自由というものを固執することが重要である。

いかなる現実契機もみな過程として現われる。すなわち生成である。現実契機は、このようなものとして現われながら、多数の他の契機と相並ぶ一つの契機である。それは、それら他の契機がなければ存立することができないであろう。それはまた、永遠的客体の限りない領域をその契機特有の仕方で一点に凝縮するような、一つの特殊な個体的成立形態として限定される。

或る一つの契機aは、相集ってaの過去をつくるもろもろの契機から出てくる。それはそれ自ら、相集ってaの現在をつくる他のもろもろの契機を顕示する。この直接的現在に顕示された、aと結合した段階組織から見れば、その契機はそれ自身の独自性を得ている。その顕示こそ、その契機がそのときの現実態全体に自ら参与していることにほかならない。この顕示はその契機の生まれた過去によって制約され、かつ完全に限定されさえするであろう。しかしこのような条件のもとで現在に顕示することは、その契機の抱握的活動から直接創発するものである。契機aは自己自身のうちに未来というかたちの不確定性をもっており、その不確定性はそれがaに含まれているために一部確定性をもち、またaの過去およびaの現在をなすもろもろの現実契機、ならびにa、に対して確定した空時関係をもつ。

この未来は、非存在としての永遠的客体をaのうちに綜合したものであるが、なおこれらの永遠的客体は、（aと確定した空時関係をもつ）他の個体的なものにaが移行して非存在を存在にすることを必要とする。

またaには、わたくしが前章において明確な永遠的客体の「分断的」実現と名づけたものが存在する。この分断的実現には次のいずれかを必要とする。すなわち一つには、有限的段階組織の基盤にあるもろもろの客体を、過去、現在および未来における、（それらの客体の在り場所として）a以外の確定的な契機に関連させることである。また一つには、これらの永遠的客体が確定した関係をとって実現されること、しかも現実契機間の空時的関係図式に含まれないかたちで実現されることである。各々の契機に永遠的客体がこのように分断的に綜合されることは、永遠性の領域の分析的特性[4]が現実態に含まれることである。この含まれ方には、各契機をそれぞれその本質的限定によって特徴づけるような、種々の現実態の段階が限定されている。このように永遠的客体間の関係が現実契機間の相互関係を超えた範囲に実現されることこそ、永遠的客体間の関係の全域が各々の契機に抱握されることである。わたくしはこの分断的実現を、各々の契機が自己の綜合態のうちに抱握する「段階づけられた直視（graded envisagement）」と名づける。この段階づけられた直視は、現実的なものが（或る意味では）非存在たるものを自己自身の成立の積極的因子として含むことである。それを源として誤謬や真理、また芸術や倫理や宗教が生まれてくる。これがあるために事実は二者択一につき当たる。

このように出来事を単一の経験を産み出す過程として一般的に把えることにより、出来事を次の三つに分析する道が得られる。すなわち、(1)実体的活動力、(2)綜合されるべく条件づけられたもろもろの可能態、(3)綜合の所産としての成立形態、この三つである。すべての現実契機の統一があることによって、実体的活動力をもろもろの独立的存在に分析することは許されない。それぞれの個体的活動力とは、全体的活動力が課せられた条件によって個別化された様態にほかならない。綜合態に入りこむ直視はまた、その綜合活動を条件づける特性でもある。全体的活動力は、契機や永遠的客体が存在であるという意味での存在ではない。それは、契機によってそれぞれの様態を採りながらあらゆる契機の基底にある、一般的な形而上学的な特性である。これと比較できるものはなに一つない。それはスピノザの唯一無限実体である。その属性は個別化して多数の様態となる特性をもち、かつこれらの様態にさまざまに綜合されるもろもろの永遠的客体の領域である。したがって、永遠的可能態と多数の個体に化する様態的分化とが唯一実体の属性である。実際、形而上学的境位を構成するそれぞれの一般的要素は、実体的活動力の属性である。

様態の一般的属性が限定されていることを考察すれば、形而上学的境位のいま一つの要素が顕わになる。この要素は実体的活動力の一属性として加えられなければならない。それぞれの様態は他の様態とならないようにその本質において限定されている。しかしこのように個々のものが限定されている上に、様態的個別化全体も二つの仕方で限定されている。まず第一に、それはもろもろの出来事のなす一つの現実経過であって、永遠的可能態に関するかぎり他の経過となりえたでもあろうが、事実はただそのものだけの経過となっているものである。この限定はまた三つのかたちをとる。すなわち、(1)すべての出来事が従わなければならない特殊な論理的関係、(2)出来事が実際に従う関係の選択、(3)論理および因果の一般的関係内においてさえ、その経過に影響する特殊性、である。そのときこの第一の限定は前もって選択が行われるという限定である。一般的な形而上学的境位に関するかぎりでは、論理的限定やその他の限定を離れて多数の様態が差異なく成り立つかもしれない。しかしそれでもこれらの様態は成り立ちえないであろう。なぜなら、各様態はある規準に従うように規定されたもろもろの現実態の綜合を表わしているから。ここに第二の規定の仕方がでてくる。かたちの制限というものが価値の価格なのである。あらかじめ価値の規準があって、直視する活動的様態の前に置かれたものを受容するかまたは拒絶するか、はっきり示すのでなければ、価値は成り立ちえない。このようにここでは、反対とか程度の差とか対立とかを持ちこんでもろもろの価値をあらかじめ限定しているということがある。

右の論に従えば、現実契機の過程があるという事実、ならびに契機は右のような限定を必要とする価値の創発であるという事実、のいずれよりしても、出来事の経過は、価値の条件や特殊化や規準などから成り立つ先行限定を受けて展開しなければならないことになる。

このようにして、形而上学的境位の第二の要素として限定を行う原理が必要となる。現実契機は、在り方（how）が特殊でなければならず、また事実として何（what）であるかも特殊でなければならない。これを認めないとすれば、現実契機の実在性を否定するほかに道はない。現実契機のもつ外見上非合理的な限定と見えるものは悪い誤りのしるしと考えなければならず、われわれはこのような外見の背後に在る実在を求めなければならない。もしわれわれがこの外見の背後に在る別のものを斥けるならば、実体的活動力の属性に加わっている限定に対してその成立根拠を与えなければならない。この属性は、いかなる理由も与えられえない限定を立てる。というのはいかなる理由もその限定から発するからである。〈神〉は究極的限定力であり、〈神〉の存在は究極の非合理性である。なぜなら、神の本性に基づいて課せられる、まさにその限定には、いかなる理由も与えられえないから。〈神〉は具体者ではないが、具体的現実態の根拠である。〈神〉の本質が合理性の根拠であるゆえに、〈神〉の本質に対してはいかなる理由も与えられえないのである。

右の論において注意すべき点は、形而上学的に不確定なものがそれにもかかわらず絶対的《カテゴリカル》に確定的でなければならない、ということである。ここに合理性の限界がある。すなわち、いかなる形而上学的理由からも発しない絶対的《カテゴリカル》限定がある。万物を規定する原理が形而上学的には必要であるが、何が確定的に現われるかに対する形而上学的な理由はありえない。かりにそのような理由があるとするならば、ほかになんらかの原理も不必要となるであろう。なぜなら、形而上学がすでに規定の原理を与えているであろうから。経験論の一般原理が依拠しているのは、抽象的理性によって発見できない具体化の原理がある、という考えである。神についてさらに知りうることは、個々の経験の範囲に求めなければならず、したがってそれは経験を基盤にしている。この個々の経験の解釈に関して、世界にはずいぶん違った考えがある。神は、エホバ、アラー、ブラフマン、天なる父、天道、第一原因、至高存在、運、などといろいろの名で呼ばれてきている。各々の名は、これを用いた人びとの経験に基づく思想体系に対応している。

中世および近代の哲学者たちの中には、神の宗教的意義を確立しようとするあまり、神に形而上学的な挨拶を送る不幸な習慣が支配的であった。神は究極的活動力を備えた形而上学的境位の基礎として考えられた。もしこの考えを固執するならば、神の中に一切の善のみならず一切の悪の起源をも認めるほかはない。そのとき神は最高の脚本作者であり、したがって、その成功ばかりでなくその不備欠陥をも神の責任にしなければならない。しかし、もし神が最高の規定根拠と考えられるならば、〈善〉を〈悪〉から分かち、〈理性〉の権威を「最高支配圏内」に確立することは、神の本質そのものに存する。

〔1〕アリストテレスは運動を論じて、動かされるものは動かすものを原因として起こる、したがってこの

動かす原因（動力因）を追求していくと、ついに自身は動かずに一切を動かす〈原動者〉に達するという思想を述べた。

〔2〕第一章（一七―一八頁）を参照。

〔3〕前章（二七四頁以下）を見よ。

〔4〕前章（二七〇―二七一頁）を見よ。

第十二章　宗教と科学

宗教と科学との関係という問題にたち向かうさいの困難は、この問題を解くために、「宗教」なり「科学」なり、その言葉の意味について明確な観念を頭の中にしっかりと持っていなければならないという点にある。わたくしはできるだけ一般的な話をし、科学や宗教のそれぞれもつ信条を比較することは表面に出さないようにしたい。われわれはまず、この二つの領域の間に存在する典型的な関係を理解し、ついで現在世界が直面している当面の状況に関して明確な結論を引き出さなければならない。

われわれが宗教と科学という主題を考えるときおのずから念頭に浮かぶのは、両者間の闘争、ということである。まるで、過去半世紀の間、科学の産み出した成果と宗教の説く信仰とが露骨な対立状態に陥り、これを脱するためには、科学の明らかな教えか、宗教の明らかな教えか、いずれか一方を棄てるほかはないかのようである。この結論はいずれの側に立つ論者によっても強く主張されてきた。もちろん、あらゆる論者がそうだというわけではないが、すべて論争の場合に花形となるような鋭い知性をもつ人びとはしきりに主張したのである。

われわれは、感じやすい心の困惑や、真理を求める熱意や、帰趨の重要性についての感得などに、衷心からの共感を禁じえない。人類に対して宗教はどんな働きをするか、また科学はどんな働きをするか、を考えるとき、将来の歴史は現世代が両者の関係について下す決定によって左右されるといっても過言ではない。両者は、人間を動かす（さまざまの感覚の示す単なる衝動は別として）最も強力な大きな力である。そしてそれら、すなわち、宗教的な直観力と正確な観察および論理的演繹に駆り立てる力、とが互いに相拮抗させられているように思われる。

ある偉大なイギリスの政治家がかつて同胞に向かって、実際の国際関係に見られる緊迫、破局、一般的誤解などを防ぐ方法として、全体が見渡せる地図の使用を奨めた。これと同じように、人間性のうちにある永遠的要素間の衝突を取り扱うさいにも、われわれの歴史を全体が見渡せるように描いて、当面の軋轢に直接心を奪われないようにすることが大切である。このようにすれば、ただちに二つの大きな事実を発見する。第一には、宗教と科学との間にはつねに闘争があったということ。第二には、宗教も科学とともにつねに不断の発展状態にあったということである。キリスト教の初期においては、キリスト教徒たちの間に、世界は当時の人びとが生きているうちに終末に達すると一般に信じられていた。この信念がどの程度まで権威をもって唱えられていたか、についてわれわれはただ間接に推測できるのみであるが、それが広く信じられていたこと、またこれが民間の宗教思想の有力な一部をなしていたことは、確かである。この信念は誤りであることが明らかになり、キリスト教の教えはこの変化に自ら調子を合わせた。次に初期の教会においては、個々の神学者たちは強い確信をもって、物理的宇宙の本質に関する意見を聖書から演繹した。たとえば紀元五三五年にコスマス[1]という修道僧が『キリスト教の地誌』と題する書物を書いた。彼は大の旅行家で、インドやエチオピアを訪れたこともあり、晩年は当時の文化の一大中心であったアレクサンドリアのある修道院で暮した人である。彼はこの書物において、彼が文字通りに解釈した聖書の原文の意味を根拠として、対蹠地の存在を否定し、世界は長さが幅の二倍ある平たい平行四辺形であると主張したのである。

十七世紀においては、地動説はカトリックの宗教裁判によって異端とされた。また今から百年前には、地質学の想定した広大な時間のために、プロテスタントたるとカトリックたるとを問わず、信仰深い人びとが困惑した。[1]さらに今日進化論が同じく躓きの石となっている。以上は一般的な事実を例証するほんの二、三の例を挙げたにすぎない。

しかしながら、もしこのように時々繰り返される困惑が宗教と科学との間の矛盾だけにかぎられていて、両者間の論争においてつねに宗教が誤っており、つねに科学が正しかったと考えるならば、人間のあらゆる思想に間違った展望を与えることになるであろう。この問題に関する真の事実ははるかにもっと複雑なもので、右のような単純な言葉では概括できないものである。

神学自身もまったく同じように漸進的発展の性格を示しており、その発展は神学固有の諸観念間の闘争の面から起こってきた。この事実は神学者たちには分かりきったことであるが、論争の激しさのためにとかく見失われやすい。話があまり大きくなると困るから、ローマ・カトリック教会の著述家たちだけについて語ろうと思う。十七世紀に博学なジェズイット教徒ペタヴィウス[2]神父は、キリスト教の初期三世紀間の神学者たちが、第五世紀以後異端として非難されたような言葉や文句を使っていることを示した。また枢機卿ニューマン[3]は一論文を著して、もっぱら教義の発展を論じた。彼がそれを書いたのはローマ・カトリック教会の高僧となる前であったが、この書物は彼の生涯をつうじて決して撤回されることなく絶えず版を重ねた。

科学は神学以上に変わりやすいものである。いかなる科学者も、ガリレオの信念や、ニュートンの信念や、あるいは十年前の自分が抱いたすべての科学的信念に、無条件に賛成はできないであろう。

宗教および科学、という二つの思想領域のいずれにおいても、それにいろいろのものが付け加えられ、排除され、修正されてきた。したがって今では、千年ないし千五百年前になされたと同じ主張が今日なされたとしても、その主張は、以前の時代には考えられなかったような、意味の制限もしくは拡張を受けている。論理学者の説では、命題というものは真か偽かのいずれかであって、その中間はありえない。しかし実際上われわれは、ある命題が重要な真理を表わしていても、それが今のところ未だ発見されていない制約や制限をやがて受けなければならないことを知るであろう。われわれの知識の一般的特徴として、われわれはもろもろの重要な真理をそれとはっきり意識してはいるが、しかもこれらの真理についてわれわれの構成しうるかぎりの定式は、いつか修正されなければならないかもしれない一つの一般的な考え方を前提しているということがある。科学から二つの例を引こう。ガリレオは地球が動き、太陽が動かないと言い、異端審問所は地球が動かず、太陽が動くと言った。そしてニュートン派の天文学者は絶対空間説を採用して、太陽も地球もともに、動くと言った。しかし今日われわれは、「静止」および「運動」という言葉の意味をこれら三つの立言のそれぞれに応じるようにはっきり定めるならば、どの立言も等しく真である、と言う。ガリレオが異端審問所と論争したころ、ガリレオの採った事実の述べ方は疑いもなく科学研究のために実り多い方法であった。ただし、彼の立言そのものが異端審問所側の公示よりも真であったというわけではない。しかし当時は相対運動に関する現代的な考えは誰も知らなかった。したがって、いずれの立言も、それがもっと完全に真理を表わすために必要な諸条件があるということを知らずになされた。しかも、この地球ならびに太陽の運動という問題は、宇宙における真の事実を表明しており、いずれの側もこの事実に関する重要な真理を把握していたのであった。ただ当時の知識をもってしては、それらの真理は両立しえないように思われたのである。

次にいまひとつ、現代物理学の状態から一例を取り出そう。十七世紀におけるニュートンならびにホイヘンスの時代以来、光の物理的性質に関して二つの説が行われてきた。ニュートンの説では、光線は極めて小さな粒子、すなわち微粒子の流れから成り、これらの粒子が眼の網膜に当たるときわれわれは光を感じる。一方ホイヘンスの説では、光は全空間に行きわたるエーテル内

における きわめて小さな振動波から成り、これらの波が光線方向に進んでいく。この二つの説は互いに矛盾する。十八世紀にはニュートン説が信じられ、十九世紀にはホイヘンス説が信じられた。今日多数の現象より成る或る一群はただ波動説によってのみ説明され、他の一群はただ粒子説によってのみ説明される。科学者はこの現状を放置して、両説を和解させるさらに広い視野に達することを頼みにしつつ、未来を待たなければならない。[4]

われわれはこれと同じ原則を、科学と宗教との対立が見られるいろいろの問題にも適用すべきである。われわれはこの二つのいずれの思想領域においても、われわれ自身なり有能な権威者なりの批判的研究を根拠とした堅固な理由によって確証されると思われないものは、いっさい信じないであろう。しかし、真面目にこうした用心をすることはまことに結構であるとしても、両者が重なり合うような細部に関して両者が衝突するからといって、われわれが堅固な証拠を持つ主張までもさっさと放棄してはならない。しかし、われわれが二組の主張のうちどちらか一方に特別関心を持つ、ということはあるであろう。われわれが多少とも全体的な眺め方をし思想史なるものをわきまえているならば、静かに構えて罵り合いを慎しむであろう。

われわれは静かに待たなければならないが、手をこまねいたりやけになったりしてはならない。衝突があるのは、宗教がいっそう深遠になり科学がいっそう精緻になってそこで和解し合うような、さらに広大な真理とさらに素晴らしい展望がやがて得られる、という徴《しるし》である。

したがってある意味では、科学と宗教との闘争は元来些細な事柄であるのに、不当にも大げさに言われてきたのである。単に論理的矛盾があるということだけでは、なんらかの調整、おそらくいずれの側においてもささやかな調整、が必要であることだけを指摘しうるにすぎない。われわれは、出来事の非常に異なった面がそれぞれ科学および宗教で扱われることを、忘れてはならない。科学は自然現象を規制すると思われる一般的諸条件にかかわりを持ち、これに反し宗教は道徳的・美的価値の観想に没頭する。前者の側には重力の法則があり、後者の側には聖美の観想がある。それぞれ互いに一方の見るものを他方は見落としているのである。

例えば、ジョン・ウェズレーやアッシジの聖フランシスの生涯を考えればよい。自然科学から見れば、彼らの生涯はたんに、生理化学の諸原理および神経作用の力学に従う働きを示す、きわめてありふれた例にすぎない。宗教にとっては、彼らの生涯は世界史上最も深い意義を有するものである。右の例に適用される、科学の原理と宗教の原理とにかなう、完全無欠な言葉遣いがないために、この二つの隔たった立脚点からなされる彼らの生涯についての説明が、いろいろ相容れない点を含むということに、諸君は驚くであろうか。もし含まないとすれば、それこそ奇蹟であろう。

しかしながら、われわれが科学と宗教との闘争について心を労する必要はないと考えるのは、見当違いであろう。主知的な時代においては、すべて活発な関心は決して真理の調和を眺めうる望みをことごとく棄て去りはしない。対立を黙諾することは、誠実や道徳的清潔さを滅ぼすことである。思想のあらゆる縺《もつ》れをたぐってこれを完全に解きほぐすことは、矜持をもつ知性の任務である。この衝動を押さえるならば、われわれは、目覚めた溢れる思想から生まれる宗教をも科学をも獲ち得ないであろう。重要な問いは、われわれはいかなる精神においてこの問題にたち向かおうとしているか、ということである。ここでわれわれは絶対的に重大なものに突き当たる。

思想の衝突は禍いでなくてむしろ福である。わたくしはこの意味を説明するために科学からいくつかの例をとってみよう。窒素原子の重量はよく知られていた。任意の量を取って測った原子の平均重量がつねに同一であることも、科学の定説であった。二人の実験者、故レイリー卿[5]およびサー・ウイリアム・ラムゼー[6]は、重量を計るために等しく役立つ二つの異なった方法で窒素を得た場合、両者におけるその原子の平均重量の間につねにわずかの差異が認められることを発見した。ところで、化学理論と科学的観察との間のこの衝突のために、彼らが絶望したとすれば、その態度は正しいと言えるであろうか。かりに或る理由からこの化学理論が或る地域全体にわたってその地域の社会秩序の基礎として非常に尊重されていたとした場合、実験の結果がこれと一致しないという事実を公言することを禁じるのは、賢明であろうか、公正であろうか、道徳的であろうか。それとも反対に、サー・ウイリアム・ラムゼーおよびレイリー卿は、その化学理論が今や化の皮を剝がれた、と宣言すべきであったろうか。否、われわれにはいずれの行き方も、まったく誤った精神で問題にたち向かうものであることがただちに分かるのである。レイリーとラムゼーのなしたことはこうであった。すなわち、彼らは、これまで観察に現われなかった化学理論の或る微妙な点を明示するような、研究の一方向を発見したことをただちに認めた。この不一致は禍いではなく、化学知識の領域を拡げる機会をもたらす福であった。その後のいきさつは御存知の通りである。結局新しい化学元素アルゴンが発見された。これは窒素の中に混合していて、今まで発見されなかったものである。しかしこれには後日談があり、そこからわたくしは第二の例を引き出す。この発見によって人びとは、異なる方法によって得られる化学的元素の重量の微細な差異を、正確に観察することの重要性に注意を向けるようになった。正確度に最もよく注意を払う他のいろいろな研究が行われた。そしてついに、イギリスのケンブリッジにあるキャヴェンディッシュ研究所で研究していた、F・W・アストン[7]といういまひとりの物理学者が、同一の元素でさえも同位元素と名づけられる二つないしそれ以上の異なったかたちを取ること、ならびに平均原子量不変の法則がこれらのかたちのいずれにも成り立つが、異なる同位元素の間ではその量がわずかに異なること、を発見した。この研究は化学理論の力をいちだんと大きく躍進させ、その重要さにおいてはこの研究の源になったアルゴンの発見をはるかに凌いでいる。右の二つの話の教訓は一目瞭然であり、宗教対科学の問題にこれをあてはめてみることは諸君におまかせしたい。

形式論理学においては、矛盾は敗北を示すものである。しかし実質的な知識の進化においては、矛盾は勝利に向かって進む第一歩を表わす。このことは、さまざまの意見の対立をできるかぎり許容すべしとする、一つの大きな理由である。この寛容の義務は、「両《ふた》つながら収穫《かりいれ》まで育つに任せよ」[8]、という言葉に要約し尽くされている。キリスト教徒たちが最高の権威をもったこの教えに則って行動できなかったのは、宗教史上の不思議の一つである。しかしわれわれは真理探求に必要な道徳的気質をまだ充分論じ尽くしていない。単に幻影的な成功にみちびくにすぎない近道がいろいろある。われわれの見る証拠の半分を無視することに甘んじているかぎり、論理的な調和をもち、事実の領域に適用して大いに役立つ、理論を見出すことはきわめて容易である。いかなる時代にも、明晰な論理的知性をもち、人間のある経験領域の重要性をものの見事に把握し、自己の興味を惹くこれらの経験にぴったり合う一つの思想図式を、錬り上げるなり継承するなりする、人びとが生まれるものである。そういう人びとはとかく、彼らの図式をこれと矛盾する実例によって混乱させるような、すべての証拠をあくまで無視したり、適当にごまかしたりしがちである。図式にうまく嵌めこめないものは彼らにとって愚にもつかないものである。しかし証拠全体を考慮に入れずにはやまないという断乎とした決意のみが、左右に動揺する流行の意見に惑わされずに中正を持する唯一の道である。この忠告は見たところ守りやすそうで、実際はなかなか守り難い。

これが守り難いという一つの理由は、われわれが、まず考えた上で行動に移る、ということができないところにある。生まれ落ちた瞬間から身を動かすことに精一杯で、時たま発作的に思慮によって行動を律するくらいのものである。したがってわれわれは、さまざまの経験領域において、その領域内に役立ちそうな観念を採用しなければならない。たとえわれわれが解くことのできない精妙細緻なものがその中にあると知ってはいても、一般に用が足りる観念に信頼を置くことが絶対に必要である。また行動する上に必要なものという点は別としても、完全に整った理論ではないが、ともかく理論のかたちにまとめる以外には、証拠全体をはっきり心に留めておくことすらできない。われわれは無限に多様な細部を網羅して考えるわけにはいかない。われわれのもつ証拠は、それが一般的諸観念によって統率されて提出された場合にのみ、そのもの本来の重要性を獲得しうる。これらの観念をわれわれが継承し、これらはわれわれの文明の伝統を形成する。このような伝統的諸観念は決して不動ではない。それらは力衰えて意味のない公式と化するか、でなければ、いっそう緻密な把握によって新しい光を投じられ勢力を増していく。それらの観念は批判的理性に促され、情緒経験に現われる生き生きした証拠や、科学的知覚の把える冷厳な事実によって、かたちを変えられる。これらを静止させておくことはできない、という一つの事実は確かである。いかなる世代もたんにその祖先の姿をさながら再現するだけに止まりえない。絶えず形を変動させながら生命を保持するか、それとも生命の退潮のうちに形を保存するか、はできるであろう。しかし同じ生命を同じ型の中に永遠に閉じこめておくことはできない。

ヨーロッパ諸民族間に見られる宗教の現状は、わたくしが右に述べたことを例証している。この現象は雑然たるものである。いくたびとなく反動があり再興があった。しかし全体として言えば、多くの世代にわたって、ヨーロッパ文明における宗教の影響はしだいに衰微してきている。復興のたびにそれの達する頂点は以前の復興よりも低く、沈滞期のたびにその底はさらに低くなる。平均曲線は宗教的色調の急激な下降を示している。宗教的関心の度合は国々によって違いがあるが、この関心が比較的強い国々においてさえ、世代の推移とともにやはり下降していく。宗教はいまや、安楽な生活を飾る上品な決まり文句に堕さんとしつつある。ところで、このように大規模な歴史的運動は多くの原因が相集って起こるものである。わたくしはその原因のうち、本章の考察範囲に入る二つだけを取り上げてみたい。

まず第一に、過去二世紀以上にわたって宗教は防御の立場に立ってきており、しかもその防御力は弱いものであった。この期間は先例のない知的進歩の時代である。したがって新しい事態が思惟の対象として続々と産み出されてきた。そのたびに宗教的思想家はなんの準備もなく迎えなければならなかったのである。絶対に動かせないものと宣言されていた或る事柄が、闘争と苦難と呪詛を重ねた末、ついに修正され異なった解釈を施された。これを受けた次の世代の宗教弁証論者たちはこのとき、宗教界がより深い洞察を得たといって祝盃を挙げた。しかし多くの世代をつうじて不面目な敗退が絶えず繰り返された結果、ついに宗教的思想家の知的権威をほとんど完全に失墜させた。これとは反対に、ダーウィンやアインシュタインがわれわれの観念を修正する理論を宣言するとき、それは科学の凱歌である。われわれは科学の古い観念が放棄されたからといって、科学がまたもや敗北したと触れまわりはしない。むしろわれわれは、科学的洞察がさらに一歩を進めたことを知るのである。

宗教も科学と同じ精神で変化というものに対決しえないかぎり、昔日の力を回復しないであろう。宗教の諸原理は永遠的なものではあろうが、これらの原理の表わし方は絶えず発展しなければばならない。この宗教の進化とは大体において、過去の人びとが想像によって描き出した世界像を用いて宗教的観念を表わしたため宗教に忍びこんできた、外来の諸観念から、自己本来の観念を解放することである。このように宗教を不完全な科学の絆から解放することはまったく有益である。宗教は自己本来の福音を強調する。われわれの銘記すべき重要なことは、通常科学の進歩によってさまざまの宗教的信念の言い表わし方が幾分修正されなければならないことが明らかになる、という点である。その言い表わし方は敷衍したり説明したり、さらにはすっかり言い改めたりしなければならないこともあるであろう。もし宗教が真理の健全な表現であるならば、このような修正はただ重要な眼目をいっそう適切に示すことにほかならないであろう。こういう処置は宗教にとって利益である。したがって、およそ宗教が自然の事実とかかわりをもつかぎり、これらの事実を見る観点は科学知識の進歩につれて絶えず修正されなければならない、ということは当然であろう。このようにすれば、これらの事実が宗教思想に正確に適合することはいよいよ明らかになるであろう。科学の進歩ということは結局、宗教思想が絶えず新しい表現を得、それによって宗教が大きな利益を収める、ということでなければならない。

十六・十七世紀の宗教的論争は、神学者たちをきわめて不幸な精神状況に置いた。彼らはつねに攻撃と防御とに心を用いた。彼らは自分たちを敵軍に包囲された要塞の守備兵として描いた。こうして描かれた絵図はすべて半面の真理しか表わしていない。それゆえにこそ、これらの絵図は人気を得ているのである。しかしこのような絵図は危険である。そのような絵図にかぎって、実際は信仰の根本的欠如を表わす抗戦的党派精神を養い育てた。彼らは修正を施す勇気がなかったが、それは、彼らの魂の福音を特殊な影像との結び付きから解放する仕事を体よく避けたからである。

一例を挙げてこれを説明しよう。中世初期においては〈天国〉は空にあり、〈地獄〉は地下にあり、火山は〈地獄〉の入口であった。わたくしはなにもこのような信じ方が公の教義形成に加わっていたとは言わないが、それは〈天国〉と〈地獄〉についての通説を理解する民衆の受け取り方には確かに加わっていた。これら二つの概念は、来世説に当然含まれたものだと誰も彼もが考えていたものであった。それらはキリスト教信仰を説いて大きな影響を与えた人びとの説明の中に入りこんできた。例えば、これらの概念はグレゴリウス大法王[2]の『対話集』に出ているが、この人は最高の公職にあったのみならず、さらに人類に対してもこの上なく多大の貢献をした人である。わたくしは来世についてわれわれがなにを信じるべきかを言っているのではない。正しい説がなんであっても、この場合、地球を第二級の太陽に属する第二級の遊星の地位に引き下げた科学と宗教との衝突は、これらの中世的幻影を雲散霧消させることによって宗教の霊性に大きな利益をもたらしたのである。

この宗教思想進化の問題に対するいまひとつの見方は、ある期間世人に対して述べられてきた言葉の言い回しは曖昧さを露呈するものであり、しかもそのような曖昧な点こそしばしば意味の核心に打撃を与えることに、注意することである。ある説を過去において有効に成り立たせていた意味は、論理の罠《わな》を知らずに述べられた言葉遣いを、単に論理的に分析するだけでははっきり規定できない。われわれは思想図式に対する人間性の反動全体を考慮に入れなければならない。この反動は、いろいろのものが中に入り混じっており、人間の低級な本性に由来するいくつかの感情をも含んでいる。これあるゆえに、科学および哲学のなす非情の批判が宗教の進化に手を差し延べるわけである。この発展の推進力の実例は枚挙にいとまがない。例えば、宗教の力による人間性の道徳的浄化という説に内在する論理的難点のために、キリスト教はペラギウスとアウグスティヌスの時代、すなわち五世紀初頭に分裂した。〔9〕このときの論争の反響は今日なお神学に残っている。

以上わたくしの言おうとしたことを要約しよう。すなわち、宗教は人類の基礎的諸経験の一つの型を表わすものであること、宗教思想は発展してますます正確な表現をもち、外来の影像から解放されること、そして宗教と科学との間の相互影響はこの発展を促進する一大要因であること。

次に、近代において宗教的関心が薄らいでいる第二の理由を述べなければならない。これにはわたくしが本章の初めに述べた根本問題が含まれている。われわれは宗教という言葉の意味を知らなければならない。各宗派はこの問題の答えを提出するに当たって、宗教の次のような面を強調した。すなわちそれは、過去の時代の感情的反応に適したかたちで表わされる面、もしくは現代人の非宗教的な感情的関心を誘うことを目指したかたちで表わされる面である。初めのかたちの意味は、こうである。一つには、古代世界の専制帝国の不幸な民衆の心に根を張っていた、暴君の忿怒に対する本能的恐怖を刺戟するように、またとくに未知なる自然力の背後にある全能専制の暴君に対する恐怖を刺戟するように、宗教が人びとの心に訴える、ということである。このように打てば響く野蛮な恐怖本能に訴えることは、今日しだいに力を失いつつある。人はもはやそのような訴えにおいそれと乗ってこない。近代科学や近代の生活条件によってわれわれは、不安な事態に対処するにはその事態の原因や条件を批判分析すべきである、と教えられているからである。宗教とは、人間性が〈神〉探求に向かう働きである。〈神〉を力というかたちで表象することは、近代人のもつ批判的反応の本能をいっせいに目覚めさせる。これは宗教にとって致命的である。なぜなら、宗教はその主要な主張が即座の同意を得られなければ崩壊するものであるから。この点で、古い言い表わし方は近代文明人の心理にそぐわない。この心理の変化は主に科学に基づくもので、科学の進歩が宗教のもつ古い表現形式の力を弱めたさいの主な働きの一つである。次に近代の宗教思想に入りこんだ非宗教的な動機というのは、近代社会の住み心地よい組織を求める欲求である。宗教は人生を規制する貴重なものとして見られてきた。宗教の権利は、正しい行為を宜しとするものとしての働きを根拠としてきた。ところがまた、正しい行為の目的というものはすぐさま堕落して、好ましい社会関係を構成するだけのことになる。これはつまり、宗教的観念が、より鋭い倫理的直観の影響を受けて漸次浄化された後にすぐ続いて、いつ知らず堕落することとである。行為というものは宗教の副産物、しかも必然的な副産物であるが、その眼目ではない。すぐれた宗教家はいずれも宗教を単なる修身と見る考えに反抗してきた。聖パウロは〈律法〉を痛撃し、清教徒の神学者たちは律義ものは薄汚ないぼろ着をまとっていると言った。修身の教えをどこまでも主張することは宗教的熱情の衰退を表わすものである。なによりもまず、宗教的生活とは快適を求める道ではない。ここに至ってわたくしは、はなはだ面映ゆいことながら、わたくしが宗教的精神の本質と考えるものについて述べなければならない。

宗教とは、眼前の事物の移り行く流れの彼岸や背後や内奥に在る何ものか、実在しながらも現実化されるのを待っている何ものか、遠い彼方の可能態でありながら最大の現在的事実である何ものか、すべての移り行くものに意味を与えながらしかも捕捉し難い何ものか、摑めば至上の福となるがしかも手の届かない何ものか、究極の理想であって望みなく探求を続けなければならない何ものか、のヴィジョンである。

この宗教的ヴィジョンに対する人間性の端的な反応は礼拝である。宗教は野蛮な想像の作り出した最も粗雑な空想を混じえながら、人間の経験として現われてきた。ヴィジョンは徐々に着実に気高い澄んだかたちをますます高めつつ昔から幾度も現われている。それは人間の経験のなかで一貫して向上傾向を示す唯一の要素である。それは弱まってもまた盛り返してくる。しかもその力を新たにするたびに、その内容がいよいよ豊かさと純粋さとを増すのである。宗教的ヴィジョンがあるという事実、ならびにそれが絶えず拡大してきた歴史は、われわれに楽観論の一つの根拠を与えてくれる。それがなければ人生は、山なす苦痛と悲惨を照らし出す時たまの喜びの閃光、移ろいやすい経験の果敢ない戯れ、にすぎない。

宗教的ヴィジョンは礼拝以外に何ものも求めない。そして礼拝とは、同胞愛という原動力に促されて、捨身同和という要求に身を委ねることである。このヴィジョンは決して威力でおさえはしない。それはつねに存在していて、それを満たせば永遠の調和が得られるような唯一の目的を授ける愛の力を持つ。われわれが自然の中に見出す秩序は決して強制によるものではない。それは森羅万象を整然と調和させる唯一の働きとして現われる。悪とは、この永遠的なヴィジョンを無視する偏頗な目的を押し進める粗暴な力である。悪は万物を威圧し、阻止し、傷つける。〈神〉の力は〈神〉が霊感を吹き込む礼拝にほかならない。この最高のヴィジョンの把握を呼び起こすような儀式と思想とを持つ宗教こそ強力である。〈神〉の礼拝は安全規則ではない。それは魂の冒険、到達し難いものを追い求める飛翔である。宗教の死滅は、冒険の高き希《のぞ》みを抑圧するところに起こるものである。

(1) レッキー著『ヨーロッパにおける合理主義の勃興とその影響』、第三章、参照。
(2) グレゴロヴィウス著『中世ローマ市史』、第三巻、第三章、第二部、参照。

〔1〕地質学と宗教との闘争は化石の問題に関するものが最もよく知られている。化石はアダム以前に死んだ動物であるとする科学説は宗教より攻撃されたが、後に化石はノアの大洪水によって生じたと解され、

これは科学と宗教とを一致させる説として歓迎されたこともある。しかし一般的にいって聖書の字義通りの解釈がキリスト教徒の中に強い勢力を保持し、地質学に久しく反撃を加えた。十八世紀の末に、英国のアッシャー司教は世界の創造を紀元前四〇〇四年と決定している（現在よりおよそ六千年前となる）。なお一八五九年においてさえ、化石は人間の信仰を試さんがために神によって岩石の中におかれたものと考える人びともあった。このような宗教の反撃にもかかわらず地質学はジェイムズ・ハットン James Hutton（一七二六—九七）によって基礎をおかれて以来、ウイリアム・スミス William Smith（一七六九—一八三九）を経て、サー・チャールズ・ライエル Sir Charles Lyell（一七九七—一八七五）によって大いに業績を上げた。地質学は化石はアダム以前に死んだ動物であること、一度の洪水によって化石が生ずるはずのないこと、世界的な大洪水はこの六千年ないし六万年の間に起こらなかったこと、自然の示す諸々の形状は突然的な変化によって一挙に成立したものでなく、徐々の沈澱変化の堆積結果にほかならぬこと、を明らかにした。

〔2〕ペタヴィウス Dionysius Petavius（一五八三—一六五二）はフランスのジェズイット派〔イエズス会〕の神学者にして、ジャンセニストのアルノーと激しい論争を行った。

〔3〕既出、第五章の注〔10〕を見よ。

〔4〕光現象に関して考えられる二つの対立する性質、すなわち粒子性と波動性との間の矛盾は、今日の量子力学において、光量子が或る時刻に空間の或る点に存在すべき確率を与えるものが光の波動式である、というように解決されている。

〔5〕レイリー卿 Lord J. W. S Rayleigh（一八四二—一九一九）はイギリスの物理学者。音響学、弾性波に関する研究、電気単位の精密測定、アルゴンの発見、など種々の業績がある。

〔6〕サー・ウイリアム・ラムゼー Sir William Ramsay（一八五二—一九一六）はイギリスの化学者。ラム

ゼー・シールズの式やラムゼー・ヤングの規則を発見した。一八九四年にレイリー卿と共にアルゴンを、一八九八年以後トラヴァースと共にネオン、クリプトン、キセノン等を発見した。このように稀有気体の発見に大きな功績を持つほかに、放射性元素の変脱説を主張した。一九〇四年にノーベル化学賞を受けた。

〔7〕アストン　William Aston（一八七七―一九四五）はイギリスの物理学者。質量分析器を製作し、これによって殆どすべての元素についてその同位元素を明らかにした。一九二二年にノーベル化学賞を受けた。

〔8〕マタイ伝、第十三章、三〇。

〔9〕ペラギウス　Pelagius（三六〇頃―四四〇頃）は禁欲主義的な神学者。自由意志を認め、アダムの堕罪は一つの悪例にすぎず、従って罪は人間に生得的でなく自由意志の結末にほかならないと考え、原罪説を否定した。また神の恩寵は罪の赦しよりも、人間における理性の存在において認められる。このような主張はアウグスティヌスによって反対を受け、四一八年のカルタゴ会議及び四三一年のエフェソス会議によって異端とされた。

第十三章　社会進歩の要件

以上本書においてわたくしは、各世代の活動を規制するあの背後に隠れた本能的諸観念の形成に当たって科学の与えた影響を、分析することに努めてきた。このような背後にあるものは、結局のところ、事物についての決定的な言葉となるものに関して、ある漠然たる哲学のかたちをとる。近代科学の時代を形成している三世紀は、神、精神、物質、の諸観念、ならびに物質が単に位置を占めることを表わす性格を持つ空間および時間の観念をめぐって展開した。哲学は、全般的にいって、精神に力点を置き、そのため後の二世紀間には科学との接触を失った。しかし、心理学の勃興、ならびに心理学と生理学との結合によって、哲学はしだいに昔日の重要な位置を取り戻しつつある。またこのような哲学の旧位回復は、十七世紀に設定された物理学の諸原理が最近崩壊したために促進された。しかしこの崩壊の起こるまでは、科学は、物質、空間、時間、そして後にはエネルギーなどの諸観念の上にどっかと腰を据えていた。また位置移動を規定する自然の諸法則が専断的に定められていた。それらの法則は経験的に成り立ちはしたが、ある定かならぬ理由から、普遍的に成り立つと見做されていた。実践においても理論においても、これらの法則を無視する者は仮借なき非難を浴びた。科学者たちの取ったこの立場は、彼らが彼ら自身の立言を信じていたと信用しても、まったくの虚勢であった。なぜなら、ある現在の契機に内在する直接の知識が、その契機の過去なり未来なりに光を投じる、という仮定は、彼らの間に通用する哲学では決して正当づけることができなかったからである。[1]

またわたくしは、物質の代りに有機体を立てる別箇の科学哲学を略述した。この考えでは、唯物論に含まれた精神は消えて有機体の機能となる。そのとき心理学の領域は、出来事が本来いかなるものであるか、を明らかにする。身体的な出来事はとくべつ複雑なタイプの有機体であり、したがって認識を含んでいる。さらに、最も具体的な意味での空間および時間は、もろもろの出来事の場所となる。有機体とは、ある決まったかたちの価値を実現するものである。ある現実的価値の創発は、横合から価値実現を減殺することを許さない限定に依存して成り立つ。したがって出来事とは、この限定があるために独立した価値となった事実である。しかしそれはその本質そのものよりして、自己を保つためにはまた全宇宙を必要とする。

重要さは存続（endurance）のいかんによって決まる。存続とは時間をつうじて価値の成立形態を保持することである。存続するものは同一のパターンであり、これを自ら受け継いで行く。存続は有利な環境を必要とする。科学全体はこの存続する有機体の問題をめぐって展開するのである。

現代における科学の全般的影響は、次の四項目に分けることができる。すなわち、「宇宙に関する一般的観念」、「技術の応用」、「知識の専門化」および「行為の動機に及ぼした生物学説の影響」、である。わたくしはさきの各章でこれらの問題の大要を示すことに努めた。この最後の一章では、文明社会の当面する諸問題に対する科学の影響を考察しようと思う。

科学によって近代思想に導き入れられた一般的諸観念は、デカルトが示した哲学的境位と切り離すことができない。すなわち、それは物体と精神とを、互いに他との関連を必要とすることなくそれ自らの権利によって別々に存在する、独立した個体的実体である、と仮定している。そのような観念は、中世の精神的修練から出た個体主義とぴったり調和した。しかし、この観念が容易に受け容れられたことは右のように説明できるとしても、この観念の成立由来それ自身は、きわめて当然ながら実は不幸な混乱に基づいていた。精神的修練は個体存在の内的価値を強調していた。この強調によって個体および個体の経験という概念が思想の前面に押し出されていた。ここから混乱が始まる。各存在に創発する個体的価値はかたちを変えて、各存在はそれぞれ独立実体として存在するという、まったく別の概念になったのである。

わたくしは、デカルトがはっきりした推理によって、この論理的な、否、むしろ非論理的な概念改変を行った、と言おうとするものではない。それどころか、彼のなしたことはまず、彼自身の精神という独立世界内にある事実としての、彼自身の意識経験をもっぱら考察することであった。彼がこのような思弁に進んだのは、人間の自己全体に備わる個体的価値を強調する当時の思想に導かれたためであった。彼は、彼自身の実在という事実そのものに内在して創発するこの個体的価値を、独立実体のさまざまの受ける働き《パッション》、すなわち様態、から成る私的世界へといつ知らず改めたわけである。

また物体的実体に独立性が与えられたために、この実体は価値の領域からまったく斥けられてしまった。物体的実体は、外に存在する発明の才を暗示する以外には、まったく無価値なメカニズムに堕落した。こうして天は神の栄光を失った。このような精神状態の一例は、プロテスタントが物質的なものの与える美的効果に反撥したことに見られる。そのような考えは結局、本来無価値なものに価値を与えるものと思われた。この反撥はすでにデカルト以前から勢を振っていた。したがって、それ自身に固有な価値を持たない個々の物質を説くデカルトの科学はただ、科学思想やデカルト哲学に入りこむ前に流行していたある考えを、明白な言葉で構成したものにほかならなかった。おそらくこの考えは、すでにスコラ哲学に潜んでいたであろうが、十六世紀になって北ヨーロッパの精神に出会うまでは、未だその帰結を示すに至らなかった。[2] しかしデカルトによって準備を整えられた科学は、ある一つの見地を安定させ知的なものとし、その見地が、近代社会の前提している精神的立場にきわめて雑多な影響を及ぼしてきたのである。その見地の良い影響は、当時最も探求に適していたかぎられた領域内での科学研究の方法として、それが有効に働いたことから生じた。その結果、ヨーロッパ精神は遠い未開時代のヒステリーが残した汚点をすっかり拭い取られた。[3] これはまったく結構なことであり、その最も完全な例は十八世紀に見られる。

しかし、社会が変貌して工業生産形態に移って行った十九世紀には、右のような考えの影響はまことに寒心すべきものとなった。精神を独立の実体と見る考えは、単に経験の私的世界にばかりでなく、道徳の私的世界にもただちに通じるものである。道徳的直観はただ心理的経験の厳密に私的な世界にのみ通用すると考えられる。したがって、自尊心と己れの個人的機会の活用とが結合して、当時の指導的工業家たちの実際に役立つ道徳を構成した。今日西洋世界は、三代前から受け継いできた狭い道徳観のために苦しんでいる。

また、単なる物質をまったく無価値とする考え方から、自然美や芸術美の取り扱いに敬虔さを欠くようになった。ちょうど西洋世界の都会化が急速な発展を示し始め、新しい物質的環境のもつ美的性質を綿密かつ熱心に考察することが必要になったとき、それまでの美的観念は見当違いであるとする説が隆盛を極めた。工業の最も発達した国々では、芸術は児戯に類したものとして取り扱われた。十九世紀半ばにおけるこのような精神状態を示すいちじるしい例はロンドンで見られる。すなわち、テームズ河がうねりながらこの都市を貫流している、その河口の素晴らしい美は、美的価値をまったく顧慮されずに建設されたチェアリング・クロス鉄橋によって、気まぐれにも毀損されているのである。

この場合二つの悪が見られる。一つは、各有機体がその環境と結ぶ正しい関係を無視することである。いま一つは、究極目的を考えるさいに考慮に入れなければならない環境の固有な価値を無視する習慣である。

現代が当面しているいま一つの大きな事実は、専門家養成の方法が発見されたことである。専門家は特殊の思想領域を専攻し、これによってそれぞれの専門内の知識の総和をますます増やしていく。この知識の専門化が成功した結果、現代を過去の時代と区別する、注意すべき二つの事柄が現われた。まず第一に、進歩の速度が激しいので、普通の寿命の一個人は、その都度かつて出会わなかったような状況に直面しなければならない。決まった仕事に決まった人、というのは以前の社会では非常にありがたいものであったが、未来では社会の害となるであろう。第二に、現代における知識の専門化は、知的領域に関するかぎり、逆効果を生じている。現代の化学者は動物学に暗く、エリザベス朝演劇についての一般的知識はなお乏しく、英語の作詩法におけるリズムの原理にはまったく無知である場合がありうる。古代史についての彼の知識を云々しない方がよいであろう。もちろんわたくしは一般的な傾向を語っているのであって、技師や数学者や古典学者にしても化学者と同然である。ここでの実際に役立つ知識とは、専門的知識であり、この知識に従属する有益な題目だけに通暁していることによって支えられている。

このような状態は危険を蔵している。それは軌道にはまった精神を産み出す。どの専門もみな進歩して行くが、それはそれ自身の軌道上の前進である。ところで、精神的に軌道にはまっているとは、与えられた一組の抽象的観念を眺めて暮すことである。軌道は広い天地を逍遥することを妨げ、抽象はわれわれがもはや注意を払わないものを捨象する。しかし人生を包むに足る抽象的観念の軌道というものはない。そこで現代世界においては、中世の有識階級の守った独身生活に代って、完全な事実を具体的に眺める考察と縁切りした、知性の独身生活というものが生じた。もちろん、なんぴとも単に数学者とか、たんに法律家とかに終始するわけにはいかない。人びとはその専門の職業や事業の外にも生活を持っている。しかし問題は真剣な思索が軌道内に局限されるところにある。専門外の生活は、専門から引き出された不完全な思惟範疇によって浅薄に取り扱われる。

こういうかたちの専門化から生じる危険は重大であり、ことに現代の民主主義社会においてそうである。理性の指導力が弱められ、指導的立場の知性人は平衡を欠いている。彼らは状況が二組あるとき、いずれか一方だけを見るが、二組ともあわせて見ることはしない。両者を結び整える仕事は、ある決まった仕事で成功するだけの力もしくは資質を欠いた人びとに委ねられる。つまり、社会の諸機能は分化したかたちではますます立派に行われ、ますます進歩するが、全体として進むべき方向ははっきりした目標をもたない。細部に偏した進歩は、結び整える仕事の低調なために生じる危険を増大するだけである。

現代生活に対するこのような批判は、社会の意味をどのように解釈するとしても、どこにでも適用される。これを国家、都市、地方、団体、家族、さらには個人、のいずれに適用しても妥当するのである。特殊な抽象的観念は発達しているが、具体的な味得は衰退してきている。全体はそれのもつ諸相の一つに没し去っている。といっても、個人あるいは社会としての指導的な智慧が現代では過去より劣っていると主張することは、必ずしもわたくしの主眼ではない。あるいはその智慧は少し良くなっているかもしれない。しかし進歩の新しい速度よりして、不幸を避けようとすれば、従来よりも強力な指導が必要である。わたくしの言いたいことは、十九世紀におけるいろいろの発見が専門化の方向において行われ、その結果、現代のわれわれは智慧をより豊かにしているどころか、ますますそれを必要とする状態に置かれているということである。

智慧は、平衡を保った発達から生まれるものである。個性のこのような平衡を保った発達こそ、教育によって獲得されるべきものである。近い未来に対して最も有益な発見は、進まざるをえない知的専門化を損わずに、右の目的を推進することに関係を持つであろう。

伝統的な教育方法に対するわたくし自身の批評は、それが知的分析ならびに型にはまった知識の習得に心を奪われすぎている、ということである。つまり、われわれは個々の事実を、それらに創発する価値が影響し合っているままに、具体的に味得する習慣を強めようとせず、ただたんに、さまざまの価値が影響し合っているということの面を無視する、抽象的公式ばかりを重んじている。

どの国においても、一般教育と専門教育の均衡の問題が注意されている。わたくしは自国以外の国については直接の知識をもって語ることはできない。教育の実際にたずさわっている人びとの間には、今のやり方に相当の不満があることを、わたくしは知っている。また、教育組織全体を民主主義社会の要望するところにいかに適応させるかは、未だ決して解決されていない。わたくしは、この解決の秘訣が徹底的な専門知識と比較的浅い一般知識との対立というかたちの中に潜んでいる、とは思わない。徹底した主知的な専門家養成に均衡を保たせるために付け足すべきものは、主知的な分析的知識とは根本的に類を異にしたものでなければならない。現在の教育は、少数の抽象的観念の徹底的研究と、多数の抽象的観念の比較的浅い研究とを、結合させている。学校の定めた教課においてはあまりにも書物を偏重する嫌いがある。一般教育は、われわれの具体的理解を啓発することを目標とし、つねになにかをなさずにはいられない青少年のむずむずした気持を満足させるべきである。そのさいにも多少の分析は行われなければならないが、さまざまの領域におけるものの考え方を例証する程度に止めるべきである。エデンの園においてアダムはまず動物を見てからこれに名をつけたが、伝統的な教育法では、子供たちは動物を見るより先にその名前だけを教えられる。

教育の実際上の困難を一挙に解決できるような方法はない。しかしながら、教育の一般理論においては、ある簡単な指導原理をもつことができる。学生はある限られた領域を専攻すべきである。そのような専攻はこれに必要なすべての実習的および知的な課目の修得を含むべきである。これはふつう行われている教科課程である。そしてこれに関連してわたくしは、専攻のための便宜を減らすよりもむしろ増やしたいと思っている。専攻科目にいくつかの補助学科、例えば科学に対しては語学、が結びつけられている。このような専門家養成の実施計画は学生の性に合った明確な目的にかなうものでなければならない。右の主張の諸条件をここで詳説する必要はない。

そのような教育はもちろん、その目的に必要なだけの幅を持たなければならない。しかしその教育計画は、他の諸目的を考慮して複雑化されることがあってはならない。この専門教育はただ教育の片面だけに触れうるにすぎない。それの重心は知育にあり、それの主要な道具は印刷された書物である。教育の他の半面の重心は、環境全体から離れた分析的方法を採らない直観にならなければならない。後者の目的はものを骨抜きにする分析を最小限にとどめて、ものを端的に把握することである。一般的目標として最も必要なものは価値の種々相の味得である。すなわち美的感性の発達である。単なる実際家の大まかに分けた価値と、単なる学者の細かく分けた価値との間に位する、何ものかがある。双方ともその何ものかを見逃している。この二組の価値を合わせても、その見逃されたものは得られない。必要なことは、それ自身に固有な環境に在る有機体の達成した、生きた価値の、かぎりない種々相を評価することである。太陽について、大気について、地球の自転について、すべてのことを理解しても、なお日没の光耀を味わい得ないこともあろう。事物の具体的な成立形態を現実のままに端的に悟ることは、他のものをもって代えることができない。われわれの望むものは具体的事実であり、しかもその事実の尊さにあずかって力あるものが強く照らし出されているかたちにおいてである。

わたくしが言おうとしているのは芸術および美的教育のことである。しかしながら、わたくしのいう芸術とは非常に一般的な意味のものであるから、そういう言葉を使いたくないくらいである。いわゆる芸術は特殊な一例である。われわれの求めることは美的把握の習慣を養うことである。わたくしが展開してきた形而上学に従えば、そうすることは個体性の深みを増すことである。実在を分析すれば、二つの要因が現われる。すなわち、活動力と、それが個体化されて創発する美的価値とである。創発する価値は活動力の個体化された形態を示す尺度である。われわれは、客観的価値の保有を目指す創造的な能動的行動を助長しなければならない。能動的行動なくしては把握は得られず、把握なくしては能動的行動は得られないであろう。具体的なものに向かうやいなや、行動を除外することはできない。衝動なき感受は頽廃を引き起こし、感受なき衝動は野蛮を招く。わたくしは「感受」(sensitiveness)という言葉を最も一般的な意味に用いており、自己の外にあるものの把握をも含んでいる。すなわち、当面の一切の事実の感受を意味する。したがってわたくしが用いようとする一般的な意味での「芸術」とは、もろもろの具体的事実によって実現される個々の価値に注意を向けるために、それらの事実を配列調整する選択作用である。例えば、日没をよく眺めようとして身体や眼の位置を定めるだけのことも、一つの簡単な芸術的選択作用である。芸術の習慣とは、生きた価値を味わう習慣なのである。

しかしながらこの意味における芸術の関わるものは、日没以外にいろいろある。機械を備え、一団の工員をかかえ、一般大衆に社会的に奉仕し、組織と企画の才によって経営され、株主を富ませる力を潜めた工場は、さまざまの生きた価値を示している、一つの有機体である。われわれが養いたいと思うものは、そのような有機体をその全体相において把握する習慣である。アダム・スミスの死(一七九〇)に続く第一期に行われた経済学は益より害が多かった、ということは大いに主張してよい。なるほど、それは多くの経済的誤謬を一掃し、当時進行していた経済革命についての正しい考え方を教えはした。しかしそれは、現代精神に不幸な影響を与えた一組の抽象的観念を人びとに深く植えつけた。それは産業を非人間的なものにした。このことは近代科学に潜む一般的な危険の一例にすぎない。科学の方法論上の手続きは排他的で偏狭であり、またそうあるのは当然である。科学はある決まった一群の抽象的観念に注意を固定し、他の一切のものを無視し、科学が握って離さなかったものに関係の深い知識や理論のどんな端くれもあまさず拾い上げる。この方法は、抽象的諸観念が穏当であるかぎりは、勝利を収める。しかしいかに勝ち誇っても、その勝利は限られた領域内でのことである。この限界を無視すれば、不幸な見落としを犯すようになる。科学の反合理主義は、その有用な方法論を守るものとして、一面では正しい。しかし一面では単なる非合理的な偏見にすぎない。現代の専門化とは、この科学の方法論に順応するように精神を訓練することである。十七世紀の歴史的反逆、およびこれに先立つ自然主義に向かう運動は、中世の教養ある人びとを魅惑した抽象的諸観念を超克した実例であった。中世は合理主義の理想を持っていたが、それの追求に失敗した。なぜなら彼らは、推理方法論は抽象的なものに含まれた制限を免れない、ということを注意しようとしなかったから。したがって真の合理主義はつねに、霊感を求めて具体的なものに立ち帰ることによって、自己を超越しなければならない。自己満足的な合理主義は事実上一種の反合理主義である。それは特殊な一組の抽象的観念のところで勝手に停止することである。科学のなしたことはまさにそれである。

事物の本質そのものに内在する二つの原理があって、われわれがいかなる領域を探求するとしても、いつもこれが特殊なものに具体化されて現われている。それはすなわち、変化の精神と保守の精神とである。この両者がなければなにものも実在しえない。保守を伴わない単なる変化は無から無への移行である。それを全部集めても単に果敢ない非存在があるばかりである。また変化を伴わない単なる保守は自己を保守できない。なぜならば結局、状況はたえず流動しており、存在の清新さは単なる繰り返しの下では消え失せるからである。存在する実在の特性は、事物の流動をつうじて存続するもろもろの有機体から成り立つ。低級の有機体は、自然的生全体を支配する自己同一性を得ている。電子や分子や結晶体はこれに属する。それらは実質的で完全な同一性を表わしている。生命が現われる高等のものにおいては複雑性が増している。したがって一つの複雑な存続するパターンがあっても、それは全体としての事実の内奥に潜んでいる。ある意味では人間の自己同一性は結晶体のそれよりいっそう抽象的である。それは魂の生である。それは創造活動力の個体化された形態と結びつき、したがって環境から受けとる変転する周辺状況は、生きている個人から引き離され、その個人の知覚する領域を構成するものと考えられる。実は、知覚領域と知覚する精神とは抽象によって得られたもので、具体的にはこの二つが結合して、継起する身体的出来事を成している。もっぱら感覚的客体と変化しやすい感情とに占められた心理的領域は、ささやかな永続であって、単なる変化という非存在をかろうじて免かれているものである。これに対し精神は、大きな永続であり、心理的領域全体を貫き、その存続は生きた魂である。しかし魂は、自らのもつもろもろの移ろいやすい経験によって養われなければ、枯れしぼむであろう。高級の有機体の秘密は、こうした二段の永続を持っているところにある。これによって、環境の清新さは魂の永続のうちに吸収される。変化する環境はもはや、その種々相のゆえに、この有機体の存続を損うものではなくなる。高級な有機体のもつパターンというものは、個体として現われた活動力の内奥に潜んでいる。それは、種々の周辺状況に一様に対処する方式となっており、この方式は、対処できる程度の多様性をもつ周辺状況を有することによってのみ強力にされる。

このように魂を肥やすことが、芸術の必要な理由である。静的な価値は、いかに厳粛重大なものであっても、それの存続がすさまじいほど単調なものであるために、存続し難いものとなる。魂は声高く変化への解放を求める。それは閉所恐怖症[4]の苦悶を味わう。諧謔、機智、遊戯、睡眠、そしてとりわけ芸術、などのしばしの慰みが魂に必要である。偉大なる芸術は、生き生きしてはいるが移ろいやすい価値を魂に与えうるように、環境を整えることである。人間というものは、なにか心を一時奪うもの、なにか日常から外れたものでじっと眺め得るものを要求する。しかしわれわれは、頭で抽象的に分析する以外には、生を細分することはできない。それゆえに偉大なる芸術は一時的な慰み以上のものとなるのである。それは魂の自己完成の永続的な豊かさを増大させる。それは、直接味わわれかつまたわれわれの内奥を鍛えることによって、充分な存在理由をもつ。芸術によって鍛えられることは、それを味わうことと別でなく、味わうがゆえに鍛えられるのである。それは魂を転換させ、以前の自己ではできなかった価値を永続的に実現させる。芸術の中にあるこの移ろいやすい要素は、芸術史に現われた不安動揺によって示される。ある時代がある一つの様式をもった傑作に食傷する。そのときなにか新しいものが発見されなければならない。人間は放浪を続けて行く。しかし事物には均衡というものがある。質または量のいずれかにおいて充分な業績を上げないうちに行われる単なる変化は、偉大なものを不成立に終わらせる。しかし、前進を続けつつしかも不朽の徴《しるし》を残す生きた芸術の重要であることは、いかに力説してもなお足りないのである。

文明社会の美的要求に関する科学の影響は、今日までのところ不幸なものであった。科学の唯物論的地盤は、価値と対立する事物に注意を惹きつけた。この対立は、具体的な意味に解釈すれば、偽りのものである。しかし普通にものを考える抽象的な考え方では正しい。このように力点を置き違えたことは、経済学の抽象的諸観念と結びついたのであったが、これらの抽象的観念は、実は商業貿易が行われるさいに用いられる抽象的観念である。このようにして社会組織を考えるすべての思想は、物質的事物および資本というかたちで表わされた。究極的なもろもろの価値はそこから除外された。人びとはそれらの価値に鄭重な会釈をしたのち、これを僧侶に譲り渡して毎日曜日だけに利用させた。競争を是とする商業道徳の信条は、ある点では奇妙なほど盛んに高揚されたが、それは人間的生という価値に対する考慮をまったく欠いていた。労働者は労働の共同供給源から取ってきたたんなる手であると考えられた。神の問いに対して人びとは、「我あに我が弟の守り手ならんや」、というカインの答えをもってし、そうしてカインの罪を犯したわけである。これが、イギリスにおいて、また他の諸国においても広く、産業革命が遂行されたときの雰囲気であった。この半世紀におけるイギリス内の歴史は、新時代の第一期に作り出された禍いを、苦しみのうちに徐々に除去しようとする努力であった。文明は、あるいは、機械の導入を包んでいた悪い思想風土から決して逃れえないかもしれない。この思想風土は進歩的な北ヨーロッパ諸民族の商業組織全体に拡がった。その源は、一つにはプロテスタント派の犯した美的誤謬、また一つには科学的唯物論、また一つには人間本来の貪欲、さらにいま一つには経済学の抽象的諸観念、にある。わたくしの主張を裏がきする一例は、サウジー[5]の『社会に関する対話』を批評したマコーレー[6]の論文に見出される。それが書かれたのは一八三〇年である。そしてマコーレーは、その時代に生きていた人びと、否、いつの時代にも生きている人びと、の中でもきわめて模範的な人物であった。彼は天才を備え、温情に富み、清廉の士にして、改革者であった。引用の一節はこうである。「現代はわれわれの先祖が想像もしなかったほどの惨虐を考え出し、社会はむしろ全滅させられた方がましであるような状態に陥っているが、これもまったく紡績工たちの住居がなんの飾りもない四角四面のものであることによる、と言われている。サウジー氏の言によれば、彼は工業の与える影響と農業の与える影響とを比較する方法を発見した、とのことである。この方法は何であるかと言えば、丘の上に立って農家と工場とを眺め、そのいずれがより美しいかを見ることである」。

サウジーは右の書において多くの馬鹿げたことを述べたようであるが、この引用文だけにかぎって見れば、彼が約一世紀近く経過した今日再びこの世に現われるなら、有利な立場に立つことができるであろう。初期の産業組織の弊害は今日では周知の事実である。わたくしが主張している点は、当時の最もすぐれた人びとでさえも、国民全体の生活における美的なものの重要性にまったく盲目であった、ということである。わたくしは、われわれが未だ正しい評価をなしうるに至っていないと思う。この不幸な誤謬を産み出すのにあずかって大いに力のあった原因は、運動する物質が自然における唯一の具体的な実在であり、したがって美的価値は外から加わったお門違いのものである、という科学の信条であった。

頽廃の起こりうべきさまざまの事情を描いたこの絵図には他の半面がある。現在、科学や技術の急速な進歩によって生じた新しい事態において、文明の将来がどうなるか、について盛んに論議が行われている。将来起こるべき禍いは、宗教的信仰の喪失とか、物質力の悪意的な利用とか、下等な人間の方が高い出生率を示すことに伴う堕落とか、美的創造の抑圧とか、いろいろに診断されてきている。いかにもこれらはすべて危険な恐るべき禍いである。しかし新しいものではない。歴史の黎明期以来、人類は、つねにその宗教的信仰を失ったり、つねに物質力の悪意的な利用に苦しんだり、最上の知性をもつ人間の殖えないことにいつも苦しんだり、芸術の周期的頽廃をいつも目撃したりしてきている。エジプト王ツタンカーメン[7]の治世において、近代派《モダニスト》と伝統派《ファンダメンタリスト》との間に激烈な宗教論争が行われた。また洞窟の絵画を見ると、巧緻な美的業績を示した後に、これに代って比較的低俗な時期があったことが窺われる。中世においては、信仰上の指導者、偉大な思想家、偉大な詩人や著述家、僧職にたずさわる人びと全部、がほとんど子供を持たなかった。最後に、もしわれわれが過去に実際あったことに注意を向け、民主政体、貴族政体、国王、将軍、軍隊、商人、などについてのロマン主義的影像を無視するならば、物質力は、通常盲目的に頑固にかつ利己的に、しばしば野蛮な悪意をもって、行使された。それにもかかわらず人類は進歩してきた。荒涼たる現代においてわずかながら古代よりすぐれた面があるとしても、最盛期の古代ギリシアに生きていたなら最も幸福を得られそうなタイプの現代人はおそらく（今のところでは）ごく普通のヘビー級の職業拳闘家であって、オックスフォードあるいはドイツ出のごく普通のギリシア学者ではないであろう。実際オックスフォード出の学者がその時代に生きていたとして、彼が役に立つ主な点は拳闘家を讃える詩が書ける能力くらいであろう。現在における自己の義務を果たす勇気を人びとから奪う最も有害なものは、現代一般の不振に引きくらべ過去の卓越していたいくつかの点にのみもっぱら注目することとである。

しかしなんといっても、真に頽廃を示した時代がいくたびかあった。そして他の時代と同じように現代でも社会は頽廃しつつあり、その対策を講じなければならない。専門家というものは今に始まったものでない。しかし過去においては、専門家たちは進歩に役立たない階級を構成していた。ところが現代では、専門化ということが進歩と密接に結びついているのである。世界は今や、世界が止めることのできない、独りでに発展する、一つの組織《システム》と対峙している。この状態にはいろいろな危険もあれば利益もある。物質力が増せば社会改良の機会が得られることは明らかである。もし人類がこの難局に対処できれば、前途には人類に裨益《ひえき》する創造の黄金時代が横たわっている。しかし物質力そのものは、倫理的には善でも悪でもない。それは悪い方向にも同じように充分働くことができる。問題は、いかにして偉大なる人びとを産み出すか、にあるのではなく、いかにして偉大なる社会を産み出すか、にある。偉大なる社会は人びとを奮起させて難局に対処させるものである。唯物論哲学は、物質の与えられた量を強調し、それから派生的に環境の与えられた性質を強調した。これによってその哲学は、人類の社会的良心にきわめて不幸な影響を与えた。なぜならば、それはある固定した環境内における生存競争の姿にほとんど全部の注意を向けたからである。相当強い程度に環境は固定されており、この程度に応じて生存競争が行われる。それゆえ、宇宙をバラ色の眼鏡で見ることは馬鹿げている。われわれは競争を認めなければならない。問題は、誰が落伍するかにある。われわれが教育者であるかぎり、この点に関してわれわれは明白な観念を持たねばならない。なぜなら、それによって、産み出されるべき人間のタイプと、説かれるべき実践倫理とが、決まるからである。

　しかしながら過去三世代をつうじて、ものごとのこうした姿にもっぱら注意を向けることは実に重大な不幸であった。十九世紀の合言葉は、生存競争、優勝劣敗、階級闘争、国家間の貿易競争、戦争、などであった。生存競争はそれの意味よりして憎悪の福音となった。進化を説く哲学から引き出される結論全体は、幸いにも、もっと均衡のとれた性格のものである。成功する有機体は自己の環境を改変する。互いに助け合うように自己の環境を改変する有機体が勝利を獲得する。この法則の実例は自然に数多く見出される。例えば、北米のインディアンは彼らの環境をそのまま受け入れ、その結果、僅かな人口が広大な大陸に住みながらかろうじて生活を維持するという程度にとどまった。ヨーロッパ民族はこの同じ大陸に到着したとき、インディアンとは反対の方策を採った。彼らはただちに協力して自己の環境を改変した。その結果、インディアンの二十倍以上の人口が今日同じ土地を占めているが、この大陸は未だ余裕がある。さらに例を挙げれば、相互に協力し合う異種間の結合がある。このような種の分化は、電子と陽電気をもつ核との結合のような最も単純な物理的存在にも、生物界全体にも、見られる。ブラジルの森林を作っている樹木は、各種の有機体が相互に依存し合って成す結合に依存している。ただ一本の木だけでは、環境の変転によって偶然に生じるあらゆる不利な状態に支配される。例えば、風がその生長を阻み、気温の変化はその葉の繁りを妨げ、雨はその土壌を洗い流す。その葉は吹き散らされ、土地を肥やす用をなさない。一本一本の見事な木を見るのは、特別の環境にある場合か、人間が手を加えて育てた場合だけである。しかし自然においては、樹木が正常な繁茂を遂げるのは、それらが結合して森林を作っている場合である。各々の木はその一本一本としての生長においてはやや完全に達しないとしても、生存条件を保持するために互いに助け合っている。土壌が保存され、影を与えられる。こうして、これを肥やすに必要な微生物は焼け死ぬことも、凍え死ぬことも、洗い流されることもない。森林の成立は相互に依存し合う種のなす有機体形態の勝利である。

なおまた、森林を死滅させるようなたぐいの微生物は、そこでは全然生きていけない。次に雌雄両性は同じく分化のもたらす利益を示している。世界の歴史を見ると、暴力を振うための手段、否、防御の武器ですらも、それの特に発達している種が勝利を得てはいない。事実、自然界で最初に産み出されたものは、生を損うものを防ぐために固い甲《かぶと》をかぶった動物であった。また身体の大小について適不適が試された。しかし守る武器を持たず、温血で鋭敏かつ敏捷な、比較的小さな動物が巨大な動物を地表から一掃した。また獅子や虎が勝利を得た種でもない。なにかといえばすぐ暴力を振うことはかえってその目的を損う。その主要な欠点は、協力を不可能にすることである。いかなる有機体も、一つには激しい変化から身を守るために、また一つには必要なものを獲得するために、友だちとともにあるという環境を必要とする。〈力の福音〉(gospel of force) は社会生活と相容れない。わたくしの言う力とは最も広い意味での敵対ということである。

また〈画一の福音〉(gospel of uniformity) もほとんどこれに劣らず危険なものである。高度の発達を遂げうる条件を保持するためには、国家や民族の相違が必要である。動物が向上を示すさいの一つの要因は移動力である。おそらく、甲に身を固めた巨獣が憂目を見た理由はそこにあるであろう。彼らは移動できなかった。動物は移動して新しい条件に入る。そのさいこれに適応するか死ぬかのいずれかである。人類は樹上から平原へ、平原から海岸へ、風土から風土へ、大陸から大陸へ、生活習慣から生活習慣へ、と移動を続けてきた。人間が移動を止めたとき、もはや生の向上を中止するであろう。身体の移動も重要ではあるが、人間の魂の冒険——思想の冒険、熱烈な感情の冒険、美的経験の冒険――の力は、なおもっと偉大なものである。人間の魂というオデュッセウス〔8〕に刺戟と材料を与えるために、人間社会間の相違が絶対必要である。異なる習慣をもつ他国民は敵ではなく、ありがたいものである。人間はその隣人に対して、理解できる程度に近しいもの、注意を唆《そそ》られる程度に異なっているもの、そして尊敬を払わせられるほど偉大なもの、を求める。しかしながらわれわれは美点ばかりを期待してはならない。なにか興味をひくほど変わったものがあれば、満足すべきである。

近代科学は人類に移動の必要を課した。科学の進歩する思想および進歩する技術は、世代を追って進む時間上の移動を、まさに海図なき冒険の海へ乗り出す移動にしている。移動の利益はまさしく、それが危険であって、禍いを防ぐために熟練を要するという点にある。したがってわれわれは、未来がさまざまの危険を顕わにすることを予期しなければならない。危険を孕んでいることが未来の役目であり、科学が自己の任務を果たすために未来をあれこれと整備することは、科学の功績の一つである。十九世紀を支配した富裕な中産階級は、生活の平穏を過度に重んじた。彼らは新しい産業組織の課した社会改革の必要を正視することを拒み、また今日は新知識の課する知性改革の必要を正視することを拒んでいる。世界の未来について中産階級の抱く悲観論は、文明と安全とを混同するところからきている。手近な未来には手近な過去におけるよりもなお安定が乏しく、安定が欠けているであろう。もちろん、不安定も度を越せば文明と両立しなくなることは認めなければならない。しかし一般的にいって、偉大な時代はいつも不安定な時代であったのである。

以上わたくしは本書において、思想の領域における一大冒険の記録を示そうと努めてきた。この冒険には西欧の全民族が参加した。それは大衆運動の緩慢さをもって展開された。それの時間的単位は半世紀である。この物語は、理性の顕現の中の一挿話を歌った叙事詩である。そこには、ある特殊な方向を目指す理性が、過去の長期にわたる準備によって或る民族の中に創発すること、その理性の誕生後、それの主題が漸次展開されること、それが勝利を収めること、それの影響が人類の活動の根源そのものを作り上げること、そして最後にそれが成功の絶頂に達したとき、それの限界が暴露されて改めて創造的想像力を働かさなければならなくなること、などが語られている。この物語の主意は、理性の力、人間的生に対する理性の決定的な影響である。アレキサンダー大王からシーザーに至る、またシーザーからナポレオンに至る、偉大な征服者たちは後代の生活に深い影響を与えた。しかしこの影響の結果全体も、タレスより現代に至る、長い系列をなす思想家たちのつくり出した、人間の習慣ならびに精神の全面的改造に比べれば、見る影もない。この思想家たちは個人としては無力であるが、究極において世界を支配するものである。

〔1〕物質が空時に単に位置を占めるという唯物論的仮定では帰納法の成立根拠を与え得ない、という説明が第三章（八六―八七頁）に示されている。

〔2〕宗教改革の烽火は一五一七年にルターによって、一五三六年にカルヴィンによって、上げられた。なおデカルトは一五九六年に生まれている。
〔3〕例えば、第四章（九九頁以下）を見よ。
〔4〕閉所恐怖症とは閉めきられた部屋などを極端に恐れる一種の精神病である。
〔5〕サウジー　Robert Southey（一七七四—一八四三）はイギリスの詩人にして歴史家、若い頃フランス革命を熱心に讃え、またコールリッジと親しくなり詩作に入った。彼の『ネルソン伝』は今もひろく読まれている。
〔6〕マコーレー　Thomas Babington Macaulay（一八〇〇—五九）はイギリスの歴史家、政治家。若くしてミルトンに関する論文を発表して以来文名が高まった。下院に入り政治家として立ったときその雄弁で名を轟かせた。代表作は『ジェイムズ二世即位後の英国史』四巻（一八四八—五五）である。
〔7〕ツタンカーメン　Tutankhamen はエジプト第十八王朝の王（在位前一三六〇—前一三五〇頃）で、彼の即位以前においてアメンホテプ四世の行った世界最古の宗教改革（アモン神を排して太陽神アトンを崇拝す）を、彼もまた支持したが、アモン神を信仰する伝統派の力が強く、アトン神を捨ててアモン神信仰に帰った。
〔8〕オデュッセウス　Odysseus はギリシアの伝説中の人物で、トロイ戦争のとき木馬の中に兵を潜める奇策でトロイを陥落させた。しかし帰国のための航海に乗り出してから、幾多の苦難に際会した。この冒険航海はホメーロスの詩に大きく歌われている。

訳者あとがき

『科学と近代世界』はA・N・ホワイトヘッド（一八六一―一九四七）の多くの著書の中の代表作の一つであり、哲学を研究する人びと以外の多くの人びとによって読まれ、彼の著作として版を重ねること最も多く、その意味で最もポピュラーなもの、代表作中の代表作と言われてよい。この書の刊行されたのが一九二五年、その前年の一九二四年にハーヴァード大学の招きによって彼はイギリスよりアメリカに移っている。この移住は単なる住居変更ではない。数学者ホワイトヘッドの哲学者ホワイトヘッドへの転身でもあった。若きホワイトヘッドは数学者としてその公的生涯を始めたが、哲学への関心はもともと深かった。またハーヴァードに移り、哲学者としての公的生涯をそこで終わるが、数学的世界への関心を失うことはなかった。「数学者にして哲学者」、それが彼の全生涯を一言にして特色づける言葉である。しかし、数学者にして既に哲学者であった彼が、文字通り哲学者として、形而上学者として明確な姿を現わすのは、アメリカ移住からであり、『科学と近代世界』公刊からである。それ故、われわれはこの時期をホワイトヘッドの転機と見ることができる。そのあたりの事情をやや詳しく眺めてみよう。

ホワイトヘッドの業績は大きく三部門に分けられるが、その各部門が彼の生涯の三時期の区分と対応するのみならず、彼の居住地とも結びついている。これは珍らしい現象だと言ってよい。生涯ケーニヒスベルクから離れなかったカントのようなひともまた珍らしいが、業績・時期・居住地の相互連関がホワイトヘッドのように明確な哲学者はたしかに珍らしい。第一期は数学及び数理哲学の時代（一八八五―一九一四）、この時代は彼のケンブリッジ時代と呼んでよい（一九一〇年にロンドン大学に移っているが）。第二期は自然哲学あるいは科学哲学の時代（一九一四―二四）、彼のロンドン時代である。第三期は哲学一般あるいは形而上学の時代（一九二四―四七）、彼のハーヴァード時代である。たしかに一九二四年のアメリカ移住は大きな転機であったと思われるのである。

これに関して興味あることは、ホワイトヘッド自身は、「自分は三つの連続した時期に三つの生涯を過ごしたような気がする。第一期、一八六一年から一九一四年まで。第二期、一九一四年から一九一八年までの戦争期。第三期、第一次大戦以後」と述べていることである（ルシアン・プライス編、『ホワイトヘッドの対話』、岡田雅勝・藤本隆志訳）。「三つの生涯を過ごす」とはどういうことであるか。またホワイトヘッド自身一九一八年以後を第三期と見ていることと、一九二四年のハーヴァード行とどのように結びついているのであろうか。普通に「生涯」とは誕生から死亡までの生存の連続的時間である。つまり、始めがあり、終わりがあるということである。その意味でわれわれは連続的生存のうちに自覚的な始めと終わりとを持つ「生涯」をいくつか区切ってよい。ホワイトヘッドはそれを三つに区切った。戦争というものはいかなるひとにとっても生存の非連続を意味する。ホワイトヘッドが第二期として大戦期を挙げていることから、彼の区分が単に大戦に着目してなされているように見える。しかしそれだけなら、彼以外の英国人であっても彼同様の「三つの生涯」を持つであろう。推測するしか道はないが、彼の第一期は誕生から『プリンキピア・マテマティカ』第三巻の公刊まで、換言すればケンブリッジ中心の生涯であった。ラッセルと協力して出来上ったこの数理哲学の大著の歴史的背景に思いを致し、精神的物質的労苦の大きな結着を第三巻の公刊に見ることができる。第二期は彼のロンドン時代であり、大戦期を含む。第三期は第一次大戦後であるが、誰しも戦争の終結によって暗黒より光明への転換を感ずるであろう故に、ホワイトヘッドの第三期の区切りも常識的に理解されるかもしれない。前記の『ホワイトヘッドの対話』の一節をここで引用しておく。彼の息子二人は大戦に参加し、娘は外務省に入った。一九一〇年にロンドンに出たホワイトヘッドは生活は楽でなく、一九一四年に教授職を得て公的活動に乗り出した時、大戦が勃発し、一家を挙げてイギリス防衛に参加したわけであるが、次男のエリックは飛行士として散華した。

年月をかけ、徐々にホワイトヘッド家を知るようになってはじめて、ひとは、エリックの死がどのように受けとめられたのかを、わずかながらも理解する。ついには、かれらはエリックのことを熱心に、しかも笑いを交えながら話すことができるようになるのであるが、しかし、ホワイトヘッドは一度次のように語ったことがある。かのことばの達人たち、英国の詩人たちが、どれほど、生き生きと苦悩を語り、慰めの努力をしてくれても、それは、自分にとって「現実の感情を陳腐なものにしているだけ」だった、と。これが第二巻の結末である。

戦争にさいして愛するものを失った人びとは多いし、傷心を久しく保つことはなんら珍らしくない。右の長き引用においてホワイトヘッドも悲しい親の一人であったことを示している。確かにホワイトヘッドの「三つの生涯」のうちの第二期はこれをもって閉じてもよい。しかし第三期はいかにして始まるのであろうか。

大戦は終結し、ホワイトヘッドは傷心よりの立ち直りに努力し、またその努力はロンドン大学における多くの仕事への励精と結びついていた。それらは確かに一個の新生であり、彼の第三期の始まりであった。しかし、ハーヴァード行、つまり哲学者として生きる道を公けに与えられることも、このころの彼の意識の背後に既に哲学者としての自覚が生まれつつあったからこそ、彼にとって特に大きなエポックと感ぜられなかったのではなかろうか。私は一九一八年ごろを彼が「第三期」と言って、特に一九二四年を挙げない理由をこのように考えたい。確かにロンドン時代の彼の仕事は自然哲学方面に集中している。しかし、歴史、文明、また宗教、そして生と不滅の問題が彼の心の深いところで潑酵し始めており、彼の自覚にとってハーヴァード行は一個の契機であったが故に、アメリカで語られた上記『対話』において一九一八年以後の彼の生涯が一つの連続であったと思われる。

一九二四年、ホワイトヘッドは停年によりロンドン大学を去る。六十三歳であった。その彼に全く突然ハーヴァード大学からの招聘が舞いこむ。彼の決断はいわば瞬時であった。彼のアメリカ行のいきさつは、さきの『対話』によると、次の通りである。「もちろん、ローウェル氏が大学総長として招請状を送ったのであるが、その計画はローレンス・ヘンダーソンに端を発し、ホワイトヘッドの教授職のための資金が、ヘンリー・オズボーン・テイラー一家によって醸出されたのである。この事実は、何年も後になるまで、ホワイトヘッド一家の人たちにも分からなかった。」私はアメリカ側のヘンダーソンやテイラーのことについて何ら知るところはないし、これらの人びとがホワイトヘッドにどのような期待を抱いていたかもまったく知らない。アメリカが世界各地より世界的頭脳を集めるのは、アメリカの伝統と言ってよい。ホワイトヘッドのアメリカ招待もその伝統のひとつの表現であろう。メイ・フラワー号が一六二〇年、ハーヴァード大学開校は一六二六年である。アメリカで最も古く最も有名なハーヴァード大学はその哲学科において遠き過去はエマーソン、近き過去はジェイムズ、ロイス、サンタヤナ、ミュンスタバーグ、などの大きな名を含んでいる。アメリカに招かれた当時のホワイトヘッドは、学界において数理哲学者・自然哲学者として知られているにすぎない。彼の名はいわゆるポピュラーではなかった。その彼を伝統あるハーヴァード大学の哲学科教授として迎えるということは、アメリカ側として相当の考慮があったことであろう。ハーヴァードでの契約は五年であった。そのための資金の提供があった。それが彼に対するアメリカ側の期待を語っているようである。しかしとにかく、このような伝統を持たないわれわれにとって、かかる招聘はまったく善き話である。

ホワイトヘッド自ら語るところでは、第一次大戦後（一九一八年以降）は彼の第三番目の生涯であった。ハーヴァード行から第三期の生涯が始まるのではなかった。しかし、このハーヴァード行が彼にとって一転機でなかったというわけではない。ロンドン時代の終わりごろの彼は、英国数学会会長、ロンドン大学理事、インペリアル・カレッジ学長、大学評議会議長、アリストテレス協会会長、などの公職にあり、カレッジでの応用数学の講義、自然哲学関係の著述という彼本来の仕事と併せて、きわめて多忙な年月であった。教育行政に関する職務は彼をして、一般教育や専門教育への反省を通じて、多くの教育に関する論文を産ましめる要因となったことは否定できない。多忙であったが疲労困憊はない。彼自身、ロンドン時代は多くの人びとと会い、多くの経験によって学ぶことも多く、ケンブリッジ時代の狭い学究生活で得られないものを得た、というように語っている。六十三歳の停年はもちろん活動停止を意味するものではなかった。しかし彼の心の裡には、公職の雑務を離脱して研究に専念したいという強い希望が渦巻いていたであろう。そこへハーヴァードからの招きがあった。週三回の講義しか義務を課さず、しかもそれが哲学の講義であること、この条件は停年を迎えたホワイトヘッドにとって、これまで内に秘めていた夢の実現を約束するものであった。そこに瞬時の決断の意味があった。

『科学と近代世界』はアメリカにおけるホワイトヘッドの最初の著作である。さきの『対話』の中で彼は語っている。「ケンブリッジでの青年時代から、その後のロンドンと、わたしはずっと数学の講師でした。一九二四年、六十三歳の年になって、わたしは初めて哲学の講義をするためにハーヴァードに来ました。もちろん、その間ずっとわたしはケンブリッジやロンドンで哲学の議論を聞き、これに参加してきましたし、ロイヤル・ソサイティでちょっとした論文を発表したこともあります。ですから、哲学はほぼわたしの頭の中に入っていたわけです。その後、一九二四年の秋、ある意味では新しい通常の講義に加えて、ローウェル講義をするよう要請を受けました。現在出来上っているあの本の四分の三がそれらの講義だったのです。それらは講義用に一週間に一回の割合で書かれたものです。」この言葉はホワイトヘッドの哲学者としての自覚を充分に物語っている。彼はハーヴァードにおいて哲学者としての公的生涯を始めた。しかし彼自身は、アメリカに来る以前より既に哲学者として生き、哲学者として仕事をしていた、と自認していた。『科学と近代世界』を開いてみると、そこに取り扱われている問題がきわめて広汎であることを見出すのである。単なる数学者の一般的教養を超えた知識や洞察や批判がそのうちにある。彼の『自伝』によると、少年時代の彼は歴史や文学（殊に英詩）に深い関心を示し、ギリシア語やラテン語を通じて古典に目を向け、ケンブリッジに入ってからは、一群の友人たちと自由な討論研究を定期的に続けている。政治、宗教、哲学、文学、などに関し、いわゆる「プラトン的対話」が行われ、それが新しい読書を促進した。こういうものが当時のケンブリッジの教育法であった。彼は数学のフェローシップを得るまでに既に、カントの『純粋理性批判』の一部を暗記するに至っていた。『科学と近代世界』を毎週一章ずつ書くということは、われわれから見て大変な労苦と思われるが、彼は「この本に書かれていることは、どれも過去四十年間、話し合ってきたことばかりだ」と語っている。その内容のすべてが学生や同僚との間の討論から生まれたとは言い過ぎになろうが、この短い言葉は、ホワイトヘッドにおける哲学的関心及び研究の持続を物語っている。ケンブリッジでの研究は主として数理哲学であったが、ロンドン時代の彼はアリストテレス協会に関係し、自らの研究をいくつか発表する。一九二二年にはアリストテレス協会会長となり、「一様性と偶然性」と題する就任演説を行っている。彼は応用数学の教師ではあったが、ロンドン時代既に自ら哲学者として生きていた。

『科学と近代世界』の「序文」においてホワイトヘッドは、八回のローウェル講義を行ったこと、第二章、第十・十一章、第十二章はその講義に新たに附加されたものであること、しかし「本書は一つの一貫した思想を表わしている」こと、を述べている。ハーヴァードでの定期の講義以外に、毎週一回のローウェル講義を八回続けるということは、われわれから見て、相当大きな負担であったと思われる。彼はその講義のため心血を注いだ。彼の妻の言葉によると、まさに「白熱」の仕事であった。書物の一章分を一回の講義として原稿を書いたということは、彼の計画の綿密さと共に、そこで取り扱われる内容は多年の対話や思索によって、ある程度整理されたかたちで既に彼の頭の中にあったことを物語っている。過去四十年にわたって、吸収されて沈澱し、新しい刺激によって攪拌されては再び沈澱する、という繰り返しを経過した蓄積があったからこそ、各章を各週に発表しつづけることができた。だがしかし、そのような蓄積はなんらかの原則によって照明され、その照明の下に整理整頓されねばならなかった。そういう原則は彼の言う「一つの一貫した思想」でなければならない。その一貫した思想はローウェル講義の各章に顔を出しているが、それを正面に打ち出したものは第十・十一章であり、本書に初めて述べられた彼の形而上学である。ロンドン時代の彼は、自然哲学の三部作を次々に公刊してきた。しかしこの自然哲学は形而上学を求めていた。それは彼のロンドン時代に明瞭なかたちを既に得ていた。そうでなければ、アメリカに行きハーヴァードにおいて哲学講義を公務とするに至っても、渡米直後の彼がローウェル講義をなし、『科学と近代世界』を公刊することができなかったであろう。たしかに彼の哲学活動の第三期は、一九二五年の『科学と近代世界』の公刊によって始まる。しかし彼は一九一八年から第三の生涯を始めている。一九一八年以降、彼は自ら既に哲学者であった。一九二四年のアメリカ行は、彼自身における哲学者を世界に対して明確に打ち出す機会であった。一九二四年以後の生涯は彼にとってそれ以前の生涯と連続していた。一九二四年は、ロンドンとハーヴァードと、彼の生活を分ける非連続の一点であり、生涯の一転機ではあった。だが、繰り返し言うように、彼の自然哲学が彼自身に要求していた形而上学は、アメリカで一夜にして誕生したものではない。その形而上学は「オーガニズムの哲学」にほかならない。この名は彼自らの命名であり、この名の哲学が世界の舞台にその全姿を見せて行くのがハーヴァード時代であり、その最初の登場が『科学と近代世界』なのである。

この書物の初版は一九二五年マックミラン社によって刊行され、翌一九二六年にはケンブリッジ大学によって英国でも出版された。一九二六年のうちにアレグザンダー、ブレイスウェイト、デューイ、ラッセル、などの著名な哲学者に加えて、生物学者ヘンダーソン、詩人・文芸批評家ハーヴァード・リードが書評を書いた。『科学と近代世界』はホワイトヘッドにとってかつてない成功の書であり、哲学者ホワイトヘッドの名を不動のものとした。彼を招聘したアメリカ側の期待を超えるものであったと思われる。この書物の成功が一要因であったであろう、五年という最初の契約が延長され、彼は十三年間ハーヴァードで講義を続けることができた。退職後も名誉教授としてアメリカに留まり、そして彼の第三番目の生涯をアメリカで閉じるのである（一九四七年）。八十六歳の死に至るまで彼は大著『過程と実在』のほかに多くの哲学的著作を公刊した。しかし『科学と近代世界』ほど刊を重ねたものはない。ペンギン文庫やメンター文庫の一冊として英米の一般読書人に受け入れられてもいる。外国語訳としては一九三〇年に出たフランス語訳が最初であり、一九四五年にはイタリア語訳、一九四九年にはドイツ語訳とスペイン語訳、一九五四年には日本語訳（上田・村上による）、一九五九年にはオランダ語訳、が世に出ている。現在ではフリー・プレスとして入手できる。このようにこの書はホワイトヘッドの著作のうちで最もポピュラーであるが、それだからといってこの書の内容が通俗的で分かり易いというわけではない。そのことは本書を開かれる読者自ら感得されることであろう。

＊＊＊

自然哲学から形而上学へという歩みは、ホワイトヘッドにおいていかなるものであったか。西洋哲学にはアリストテレスの第一哲学（形而上学）と第二哲学（自然哲学）との区別が伝統的に生きている。自然的存在の原理追求に対し、存在一般の原理追求という形而上学は、極端な実証主義者を除いて、哲学者が真実に哲学者として体系確立を希求するかぎり、哲学者の主関心であった。もちろん、時代によって自然哲学はその具体的内容に変化があり、従ってまた希求される形而上学の内容にも変化が起こってくる。自然哲学の単なる拡張が形而上学になるのではない。自然哲学の内容のもつ当然の制限、自然的存在以外の諸問題、伝統的な形而上学との関係とその批判、といった問題が反省されねばならない。このような伝統的な問題意識は哲学者ホワイトヘッドの背景にある。

彼の自然哲学は、きわめて大ざっぱに言えば、自然科学（主として物理科学）は人間の自然経験よりいかにして客観的知識として成立しうるか、という問題を取り上げたものである。これはカントの『純粋理性批判』の問題の再現であり、二十世紀における自然科学の内容を顧みての再提起である。ホワイトヘッドの自然哲学は二つの理論を提出する。一つは「延長抽象化の方法」であり、他の一つは「対象」（object）を論ずるものである。また大ざっぱに言えば（詳細な解説はそれぞれの訳者にゆずらねばならない）、「延長抽象化の方法」は、例えば自然記述に不可欠な空間的諸概念を現実の自然経験より導き出す問題であり、「対象」の理論は、自然科学の科学理論構成に必要な対象の成立と位置を、自然経験における諸々の対象との関係において明確化する問題である。ところで自然科学が経験科学である以上、それは自然の観察より出発せねばならない。自然観察においてわれわれに経験されるものは何か。ここでの経験とはわれわれの意識に直接に与えられるものでなければならない。自然はわれわれの感覚的な意識にたいし、それぞれが特殊性を持ち空時的連続体として現実的具体的な「出来事」(events)の複合体として現われる。一個の孤立した出来事というものはない。もろもろの出来事が絡み合い、互いに他の存在に関係し合っている。それをホワイトヘッドは出来事、(あるいは常識的な用語に従って)事物(things)の、「関係態」(relatedness)と呼ぶ。

自然哲学が科学理論の成立基礎を問うかぎり、そこでの自然は観察し経験するわれわれに対するもの、対象的存在としての自然である。経験するわれわれに対して一個の複合体であり、まとまりあるもの、自ら閉じた一個の全体、として論ぜられるのは当然である。しかしわれわれが知覚し、経験するということもひとつの出来事であり、経験とはわれわれの側の出来事と自然の側の出来事との関係態のひとつにほかならない。自然哲学的著作においてホワイトヘッドはそのことを「知覚という出来事」(percipient event)として捉えている。しかし、知覚とか経験とかを主題として論ずることは、自然哲学の立場では避くべきである。だが自然哲学の立場に止まりながら、知覚や経験を出来事として把握し、自然的出来事との関係態のひとつと見るホワイトヘッドにおいて、自然と人間とを併せ含む世界を「出来事」という基礎概念に立って統一的に理解せねばならない、という課題が存する。そこに自然哲学より形而上学への問題意識がどうしても生かされねばならない所以がある。右と連関することであるが、万物相関という関係態は、事物間の連結をいわばスタティックに把えた感じを与える。ホワイトヘッドは自然の歩み、自然の移り行き（passage of nature）を語る。スタティックな出来事というものは現実的ではない。ダイナミックな出来事の真相を明確なかたちで説かねばならない。それも自然哲学期における彼に残された問題であり、それは当然新しく形而上学への展望を示してくる。つまり、出来事の現実的具体的特殊性はいかにして出来事の世界において成立するか、そのような出来事の連結はいかなる働きであるか、という問題が提起されよう。つまり、出来事の「関係態」の問題は、出来事が出来事として現実化されるプロセスの、簡単にいって「実現」（realization）の問題として具体化されるのである。このように自然哲学から形而上学への道が、ロンドン時代のホワイトヘッドにおいて既に準備されていた。

ヴィクター・ロー（V. Lowe）に拠れば、ホワイトヘッドはロンドン時代既に、精神と自然、価値と事実、とを統合する形而上学の必要を何回か論じている。ラッセルは、息子エリックの死がホワイトヘッドを哲学に向かわせ、機械論的な世界観より脱する道を求めさせた、と言うが、こうした悲劇は彼の思想を深化させる一因であったであろう。アメリカからの招聘が彼に大きな刺激であったことと並べて、彼の形而上学成立の外的事情のひとつである、というようにローは見ている。さきに私は『対話』におけるホワイトヘッドのエリックに寄せる悲しみの言葉を引用したが、エリックの死という悲劇が彼の個人的な傷心として久しく記憶されているだけではあるまい。私がホワイトヘッドの言葉をそのまま、やや長きにわたって、引用したのは、読者に判断を委ねる意味もある。しかし、外的なものが内的なものとなり、一時的なものがかたちを変えて存続し、死せるものが生きたものの生涯形成の要因となる、という意味において、この悲劇を自らの哲学思想の内に位置づけ意義づけることができなければ、哲学者ホワイトヘッドの真正の誕生というものが考えられないのではあるまいか。

第三期のホワイトヘッドの哲学は『科学と近代世界』より始まる。「オーガニズムの哲学」と彼自ら称する形而上学の成立である。その思想の具体的内容については本書を直接手に取って読むほかないが、多少の説明を加えておくべき事項がある。先ず「オーガニズム」(organism)について一言したい。私は旧訳(一九五四年)においてこの単語に敢えて日本語訳を与えなかった。今回の改訳において他の訳書との術語統一が求められ、「有機体」を採用したが、この日本語の持つイメージに囚われるとホワイトヘッドの思想理解に最初から躓くかもしれない。そのことは「オーガニズム」に対する英語国民においても同様である。「オーガニズム」はわれわれの辞書においては「有機体」とか「生体」とかである。これらの言葉は生物学に属する。従って「有機体の哲学」といえば生物学的世界観を意味すると早急に考えられるかもしれない。たしかに彼はメカニズムとオーガニズムとを対比的に考えてはいる。しかし彼は、電子、陽子、分子、などという物理的存在を生体とひとしく「有機体的統一体」(organic unity)と見ており、しばしば引用される言葉として、「生物学は比較的大きい有機体の研究であり、他方物理学は比較的小さな有機体の研究である」、と述べる。「身体」とか「肉体」とかは、われわれにとって明らかに有機体である。しかし例えば、電子や陽子は有機体である、と言うであろうか。奇妙なことに見えるが、彼は工場のごときものでさえ有機体のひとつと考える(第十三章)。このようなホワイトヘッドの「オーガニズム」の用法はわれわれを躓かせるものであるが、反語的にこの躓きが却ってわれわれに彼の思想理解の鍵ともなるであろう。躓きが有効な鍵となるかもしれないという意味において、ホワイトヘッドにとってあらゆる「出来事」が有機体、あるいは諸々の有機体の有機体的統一である、と言っておこう。ピラミッドも電子も身体も森林も出来事なのである。

自然哲学的著作における「出来事」(event)は、『科学と近代世界』においては「現実契機」(actual occasion)と言い換えられる。「出来事」が空時統一体として捉えられているのは、アインシュタインの相対性理論やその数学的記述におけるミンコフスキーの理論を背景に置いて考えられ、その影響下にアレグザンダーやホワイトヘッドがあることは否定できない。『科学と近代世界』では「現実契機」も「出来事」も共に使用されているが、同義のものとして理解されたい。私の旧訳では「現実契機」は「現実事態」となっているが、「契機」と「事態」といずれが'occasion'の含意に迫りうるか、は読者の判断に委ねるほかない。この「現実契機」はまた『過程と実在』において「現実的実質」(actual entity)とも表現され、この表現が存在論体系としての

『過程と実在』では主たる術語である。私の旧訳では「現実的存在」となっているが、'entity' の採用はホワイトヘッドにおいても相当の苦慮があったのではないかと思う。

有機体の哲学においてわれわれは特殊な術語に出会う。「出来事」や「現実契機」のほかに、「抱握」(prehension)、「永遠的客体」(eternal object)、「進入」(ingression)、「創発」(emergence)、などがある。『過程と実在』においてはホワイトヘッドの新概念が更に増加し、われわれをしてその複雑さに頭を痛めさせることになる。ホワイトヘッドの哲学の晦渋さは定評があるが、それは彼の用語に(もちろん、彼の思考およびその表現の方法に関係しているが)基因することが多い。自己の思想に適確な表現を与えねばならないのは当然の義務であるが、特殊な術語の使用はホワイトヘッドにおいて既に自然哲学期より始まっている。ともかく『科学と近代世界』における若干の術語について多少説明を加えたい。

「抱握」について。ホワイトヘッドにおいて現実の世界は、出来事あるいは現実契機という要素より成り立つ。いかなる現実契機も他のあらゆる現実契機と関係を結んでいる。それをさきに「関係態」(relatedness) と言い表わしたが、その具体的意味は、あらゆる現実契機は互いに影響し合っている、ということである。現実契機は生まれ、そして滅する。つまり、現実契機はそれぞれ自己独自のものに生成し (becoming)、自己独自の生涯を持つ。簡単にいって、それぞれの現実契機は個体的生命を持つ。ホワイトヘッドの現実契機はライプニッツのモナドに当たる。ライプニッツのモナドはそれぞれの立脚点において宇宙を映す生きた鏡である。だが彼の場合、モナドの独立性・個体性を主張するために、モナドは「窓なきもの」とされた。つまり、他のモナドからの影響を受けず、モナドはその立脚点において自らの表象を発展させる。各モナドが宇宙においてそれぞれ独自の立脚点を持ち、そこから独自のパースペクティブを得る、ということは、あらゆるモナドの関係態が提出されていると言ってよい。しかしホワイトヘッドは、世界を「映す」ことを、現実契機が能動的に世界を自分の生成に取り入れる働き、と解する道を歩む。外からの影響を取り入れることは個体性・独立性と相容れないように思われる。この困難を乗り切るための着想を彼はF・ベイコンの次の言葉に見出している。「あらゆる物体は、よし覚識を持たないにしても、表象を持っている、ということは確かである。なぜなら、一つの物体が他の物体に出会うとき、好ましいものを抱き、好ましからぬものを排除または排斥する一種の選択が行われる。そしてこの物体が変化しつつあろうとすでに変化していようと、常に表象は行動に先立つ。さもなければ、すべての物体は互いに似通ったものになるであろうから。」ホワイトヘッドは右の文章を『科学と近代世界』において二回引用する。それは「表象」(perception) の強調を意味する。「表象」とか「知覚」とかいうとき、われわれは意識的把握を考えるのが普通である。しかしそれは人間における意識とか精神とかに特権を容認する身勝手さであろう。われわれは意識すると否とに拘らず、諸々の事物から、環境から、世界から、影響を受けている。影響は多種であり、受容仕方も多様であり、われわれはそれによって個体的存在を保持している。われわれと万物との「関係」の具体的地盤は無意識的影響受容である。受容というも実は能動的な取得を意味する。かかる無意識的影響取得を現実契機相互間の関係と見る。認識、つまり意識的把握を'apprehension'で示すのが普通である故、この接頭語の'ap'を除いた'prehension'でもって無意識的把握を意味させるところに、ホワイトヘッドの苦心が見られる。しかし彼の念頭に、ライプニッツにおける'perception'と'apperception'との区別が無かったとは思えない。「抱握」(prehension)は'to grasp or to take account of'を内包する。この概念は有機体の哲学理解の鍵の一つである。各々の現実契機はかくて抱握的統一体であり、その存在は抱握のプロセスである。一個の現実契機の自己形成は世界万物の参与を媒介にするというわけである。

「永遠的客体」(eternal object)と「進入」(ingression)について。「客体」および「進入」という語は、ある独立した事物の中に他の独立した事物が無理にでも入り込み、それによって前者がなんらかの被害を受ける、といった印象をわれわれに起こさせる。こうした印象は英語国民においても同様であろう。それほど奇異な言葉である。ここにバラの花があり、それは現在或る一定の形を保ち、赤い色を持ち良い匂いを放っている。このバラの花は一個の出来事であり、現実契機である。今・ここ、という限定を離れて現在のバラは現実的に存在しない。或る形、或る赤、或る匂い、といったものは、他の形、他の赤、他の匂い、と区別された独自性(個別的本質)を持っている。これらは現在のバラにおいて現実的に存在しているが、今・ここという限定を超えたものと解される。他のバラが現在の形や赤や匂いを持つかもしれない。つまり、その形や赤や匂いは他のバラにおいて再び現実的に存在する可能性を持つと言わねばならない。形や赤や匂いは、現在のこのバラが今・ここに存在している、という意味で存在していると言うことはできない。それらは現実的存在ではなく可能的存在であり、現在のこのバラがその形や赤や匂いを失ったからとて、その形や赤や匂いが本来存在しないものであったということにはならない。ホワイトヘッドにおいて、ここでの形や赤や匂いは「永遠的客体」であり、今・ここの現実契機にそれらが「進入」している、と考えられている。諸々の永遠的客体は或る現実契機に進入することによって、その現実契機に明確な規定を獲得させるが、他の現実契機にも進入することができる。再出現可能という存在性格を持ち、現実契機の生成消滅と共に生成消滅するものでない。そこに「永遠的」と形容される理由がある。赤や匂いといったものは「感覚的客体」と呼ばれるが、これも永遠的性格を負わしめられている。英国経験論やその流れを汲む人びとは、赤や匂いのごとき感覚的性質は認識主観の側に帰せられ、なんらの客観的存在を持たない、と見做してきた。その代表が二次性質を説くロックである。ホワイトヘッドは性質の一次・二次の区別を認めない。一次性質にも二次性質と等しい客観的存在を認める故に、それらに「客体」の語を適用する。しかし現実契機がそれぞれ客観的独立存在を持つという意味での客観的存在ではない。現実契機は空時的世界に存在し、永遠的客体は現実契機とは別箇の領域を持つ。永遠的客体と現実契機との関係は哲学史上の諸問題と関わる。プラトン的なイデアと現実的事物との関係、可能態と現実態との関係、中世での普遍論争など、ホワイトヘッドが哲学者として一応の解答を出さねばならない問題がある。それらの検討は『過程と実在』においてなされる。ここで一言附け加えておきたいが、二次性質を感覚的客体として主観より切り離したが、感覚的客体を永遠的客体の領域の最低辺の基盤に置き、個々の単純な感覚的客体を定立することにおいて、ホワイトヘッドは英国経験論の伝統の中に生きているのである。永遠的客体は多種多様であり、単純なものもあれば複合的なものもあり、相互に結びつきうる永遠的客体もあれば、相互に結びつきえない永遠的客体もある。こうした問題は『過程と実在』ではほとんど論じられていない。『科学と近代世界』の第十章「抽象」がそれを取り扱っている。或る赤や或る匂いは単純な永遠的客体である。今・ここのバラに実現された「バラ」は複合的な永遠的客体であろう。かくて永遠的客体間に階層を認めねばならないのは当然である。このような「段階組織」(hierarchy)の理解にラッセルの「階型論」(theory of types)を適用したものとして、マルティンの研究がある(R. M. Martin, *Whiteheadzs categoreal scheme and other papers*)。彼の言うごとく、ホワイトヘッド研究は多いが、「抽象」の章の研究は不幸にもほとんど無い。数理論理学に関心のある読者にマルティンの存在を伝えておこう。

「創発」(emergence)について。この訳語は今回の改訳において採用したもので、私の旧訳では「偶現」である。ホワイトヘッドは『科学と近代世界』の序文において、ロイド・モーガンとアレグザンダーの二人の名を挙げ、彼らに負うところ大きいことを語っている。それは「創発的進化」(emergent evolution)の思想の受け入れを意味する。「創発」について私の旧稿の一節を引用しておこう。「ルイス(George Henry Lewes)は『生命及び精神の諸問題』の第二巻(一八七五年)において、偶発的に生起したもの(emergent—創発したもの)と合成的に生起したもの(resultant)とを区別した。混合物の性質はその構成要素より予見される、つまりそこには構成要素に還元できないような新しい性質は存在しない。そういう混合物はその構成要素の resultant なのである。それに対して、emergent はその偶発的生起に先立って存在する構成要素の性質より予見できない性質を含む。つまり emergent はその構成要素の数学的和を超越したもの、従って構成要素に対していえば単なる量的発達ではなく質的変化を得たものである。この二つの概念の区別がモーガンを通じて、アレグザンダーに受けつがれた。……emergence という言葉はどこまでも自然に即していると共に、機械論的な解釈に反抗して立てられる、とモーガンは語っている」（筑摩書房版哲学講座、第四巻『哲学と科学・宗教』「アレクサンダー」の項）。ここで読者の注意を惹いておきたいが、『科学と近代世界』では「創発」の使用はきわめて多いが（それだけアレグザンダーの思想に傾斜していた）、『過程と実在』ではこの語は出てくることは出てくるにしても、回数は少なくそれほど重要視されていないのである。「創発」は合成的生起と区別される事態に対する呼び名であって、「創発」としか呼びようがないという事態の素朴な承認であり、そこに論理的反省が加えられていない。簡単にいえば、「創発」の使用のみに終わることは論理の放棄である。それは思弁的合理主義者であるホワイトヘッドの自ら容認できることではない。「抱握」概念によって自らの立場を明確にした彼は、現実契機においていかにして抱握が成立するか、その抱握の諸段階はいかなるものか、の思弁的追求を進める。それは『過程と実在』における「抱握」の章に結集する。ここに至って非合理的な「創発」の排除がある、と言うことができるが、この章「抱握」はそれだけに複雑難解なものになっている。

最後に『科学と近代世界』におけるホワイトヘッドの思想をまとめておこう。彼にとって現実の世界は創造的世界であり、それ以外のものであってはならない。個々の事物は創造的生命を宿し、それぞれが個性的な生涯を展開し、全体としての世界の創造的前進に参加する。実在するものは創造的前進のプロセスである。現実の存在する事物は抱握の過程（process）であり、抱握活動によって自らを完成させる進展（process）である。このプロセスを説くことは、一切の事物や世界をオーガニズムと見る「有機体の哲学」と成る。だが「有機体の哲学」は独断的形而上学であってはならない。有機体の哲学は歴史の上に自らの正当性を証明せねばならない。そのため彼は「科学的唯物論」と歴史的に対決する。近代世界は十七・十八世紀に近代自然科学を産み出した。この科学はニュートンを中核とする。ニュートン物理学の成功は科学内の出来事たるに止まらず、従来のものの観方、すなわち伝統的な世界観を変えさせるに至った。それはヨーロッパ世界にとって不幸な影響であり、この科学に基づく世界観を彼は「科学的唯物論」と呼ぶ。この名の下に彼がマルクス主義を含めて考えたかどうか、を判定する材料はない。科学的唯物論を排除することは、その基礎となる物理学の基本思想を批判的に排斥することを要求する。それは「物質は時間・空間内に単に位置を占める（simple location）」という考え方である。この考え方の成功、この考え方に還元できない物理現象の発見、この考え方の困難による新しい考え方の模索、そういうものを彼は近代科学史において明瞭に描き出すのである。科学の行きづまりは従来成功してきた考え方の批判を要求する。究極を物質的メカニズムに置く科学の困難を解消させるには、物質的メカニズムが究極的でないことを自覚させることが何より必要である。それは同時に新しい自然観の提出を要求する。ホワイトヘッドはオーガニズム的自然観をそこに提出する。十九世紀から現代に至る心理学、生理学及び生物学の発展は、彼のオーガニズム的自然観を支持する方向を示している。また科学的唯物論に対する反動にすぎなかったロマン主義も、このオーガニズム的自然観に立つ科学とは対立しないであろう（若かりしホワイトヘッドは英詩に親しみ、ことにワーズワースとシェリーに深く傾倒した。この両詩人の洞見したものがオーガニズム的自然である、と彼は考えるが、実は彼のオーガニズム的自然観をこの両詩人に見たのである）。かくてホワイトヘッドは暫定的実在論としてオーガニズム哲学を世界の前に呈示する。「暫定的」とは謙遜を意味するものであったであろうか。『科学と近代世界』の公刊は彼の六十四歳の時である。この書は、多年にわたる彼の思索の結果の奔出であり、彼の語り口は若々しい情熱の盛り上りに満ちている。彼は多くの検討すべき問題の所在を抱握しており、それを感得している。「暫定的」はそれを含意する。自覚的哲学者の自負を見ることができるのである。

＊＊＊

本書の初訳（一九五四年）に当たり、私と村上至孝氏はマックミラン社の第十二版（一九五〇年）をテキストに用い、初版を参考にした。今回加筆訂正するにさいして、私はやはり第十二版を用い、現在入手できるフリー・プレス版を参照することはなかった。本書をホワイトヘッド著作集に加える以上、ホワイトヘッド特有の用語に関し、ある程度出版社の要求を容れて改めざるをえなかった。彼特有の術語には英語としても途惑う英語国民も多いことだろうし、まして適切な日本語を見出すことは困難である。彼の著作の翻訳に当たった諸々の研究者は、それぞれ自らの判断によって訳語を選択されたわけであるが、『ホワイトヘッド著作集』〔一九八〇―八九年、松籟社〕と銘打って彼の著作を総括して刊行する以上、できるだけ訳語を統一したいという希望を持つことは、出版者・編集者において当然のことである。同一訳語の採用は望ましいことであっても、訳文は訳文としての文脈を持ち、訳者個人の解釈を前提している故に、訳語の機械的統一は不可能であり、時には有害ですらある。「できるだけ」の訳語統一は言うは易しく行うは難い。そのため私は出版責任者の沢田都仁氏と共にいくたびか訳語を検討した。彼の多大の努力に深く敬意を表したい。私は今度の訂正にさいし私なりの努力を尽くしたと信ずる。今回の訳の責任はすべて私にある。読者の方々より御叱正・御教示を賜わりたいと思う。

今回の出版にさいし、T・S・エリオットの『科学と近代世界』の批評〔一九三〇年〕を加えた〔中公クラシックス版では割愛〕。さきに解説したごとく、第五章「ロマン主義的反動」に示した英詩解釈は、ホワイトヘッドの「オーガニズムの哲学」と深い関係を持つ。それだけに問題を含むと言うことができる。詩人・批評家たるエリオットが一言せざるをえない所以がある。エリオットの批評は読者のホワイトヘッド理解に資するところあるであろう。エリオットの引用するホワイトヘッドの文章の訳文は、大浦幸男氏のものとわれわれの訳（第五章の訳はほとんど村上氏ひとりのものであるが）と多少異なるが、私は敢えて手を加えていない。大浦氏よりエリオットの訳文全体について私は自由な訂正加筆を許されたが、訳文におけるホワイトヘッド独特の術語だけの訂正に止めた。

＊＊＊

最後に、いささか私事にわたることを附け足すことを許されたい。旧制高校の理科より哲学に進んだ私は、大学卒業後の三年間は甲南高校で、それから以後は三高で、哲学概論を担当したが、多分に科学哲学的な内容の講義をも求められた。ホワイトヘッドの本書はそれ以前より知っており、田辺元先生より翻訳をすすめられたこともあったが、講義の必要上読むことは読んでも、その難解さに手を焼き、独力で訳することなど思いもよらなかった。当時旧制三高には深瀬基寛氏という名物教授がおられた。どういう加減か、若輩の私は深瀬さんときわめて親しくなり、深瀬さんの激励により翻訳を決心した。村上至孝さんを共訳者に得ることができたのも、深瀬さんのおかげである。村上さんはハーヴァード留学から帰国され、三高で英語を教えていられた。私たちは、或るときは研究室でストーブの消えぬよう気づかいながら、或るときは竜安寺の蟬しぐれの中にいくたびか汗を拭いつつ、翻訳に精根を傾け、八ヶ月以上を経てやっと終わることができた。その間、分からぬ箇所に関して深瀬さんの教示を受けた。一九五四年に訳業は創元社によって刊行された。そのさい、辻村公一さん（京大哲学教授）の弟の辻村明さん（東大教授）のお世話になった。或る日、深瀬さんはエリオットの批評を口にされ、「ホワイトヘッドの英詩解釈は我田引水に似てるみたいなことを言ってるよ」と語られ、やがてエリオットの批評をわざわざタイプさせて、私に自分で読んでみるよう渡された。私は、いつの日かこの批評も附け加えたい、と思った。その希望が今回実現した。エリオットの訳者の大浦幸男さんも深瀬さんと親しく、また三高での私の同僚である。今回の改訳にさいし、私はひとり苦労しながら、今は亡き深瀬さんを偲び、また健康すぐれぬ村上さんのことを思った。旧三高で不思議にも結ばれた因縁がしみじみ感ぜられた。私は一九五九年から一年間ハーヴァードにいた。哲学科はやはり論理実証主義や分析学派の影響が強く、ホワイトヘッド研究者は見当らなかった。ポール・ティリッヒ教授の声名がハーヴァード全体に響いていた。また私のホワイトヘッドに対する関心も薄らいでいたのである。一九七二年から七七年まで、辻村公一さんの温かい圧力の下で、私は京大哲学科で『過程と実在』について講じた。私がホワイトヘッドに帰ったのか、それともホワイトヘッドが私に帰ってきたのであろうか。私は彼の哲学的著作に、また多くの研究書に、心を傾けた。三年前に大病し、今は健康回復の途次にある私は、今回の『ホワイトヘッド著作集』刊行において、『科学と近代世界』を再び世に出す機会を与えられた。ホワイトヘッドがまだ私を呼びつづけているという思いで、与えられた好機を生かし改訳に力を注いだ。ホワイトヘッド、そしてこの訳業を完成させるべく直接間接に助けて頂いた人びと、に感謝を捧げつつ、「あとがき」の最後の筆を進めている。来年三月、私は京大を停年退職する。六十三歳の年を迎える。ホワイトヘッドがハーヴァードにおいて『科学と近代世界』の想を練りつつあったのは彼の六十三歳の時、いま私の胸裏をさまざまなものが去来する。

一九八〇年十一月十二日

上田泰治

ビザンツ帝国　Byzantine Empire　27
非真の命題　Untrue Proposition　262
非存在　Not-being　268, 269
微分学　Differential Calculus　92, 93
非連続的存在　Discontinuous Existence　227
物（質）　Matter, Matterial　31, 71, 83〜86, 111, 171
物理学　Physics　71〜94
物理的作用の場　Physical Field　169
普遍　Universals　262, 279
分断　Abruptness
　進入における（in Ingression）——　281
分類　Classification　52
変化　Change　148〜151
変数（項）　The Variable　47, 54, 271
抱握　Prehension　115, 119〜121, 245
　綜合的（Synthetic）——　265
法王（制）　Papacy　19, 27
保持　Retention　178
本質　Essence
　出来事の（of Event）——　208, 209, 211　→内的関係

ま　行

未知数　Unknowns（in Mathematics）　54
密度　Density　84, 226
未来　Future　291, 292　→過去、現在
メカニズム　Mechanism　31, 128〜130, 132〜134, 176, 187, 189, 190

や　行

有機体　Organism　31, 63, 71, 106, 123, 134, 135, 146, 158, 172〜190, 215, 221〜229, 244〜256
有機体的機械論　Theory of Organic Mechanism　135, 183
陽子　Proton　61
様態　Mode　117
様態の限定　Modal Limitation　293〜296

ら　行

力学的説明　Mechanical Explanation　31
立脚点　Standpoint　108〜123
量子論　Quantum Theory　60, 61, 218〜229
歴史的反逆　Historical Revolt　18〜34, 68, 69
連続　Continuity　171
ローマ　Rome　29
ローマ人　Romans　15
ローマ法　Roman Law　23, 27
論理（学）　Logic
　スコラ（Scholatic）——　24
　抽象（Abstract）——　48

素原体　Primate　222〜228
存在　Being　269
存続　Endurance　149, 178〜191, 203〜211, 223, 224, 250
振動の（Vibratory）――　61〜64

た　行

第一次性質　Primary Qualities　91, 155
代数　Algebra　52〜54
第二次性質　Secondary Qualities　91, 155
単に位置を占めること　Simple Location　83〜93, 97, 98, 107, 112, 116〜121
知覚　Perception　115〜119
力　Force　78〜80
中国　China　15, 129
抽象観念　Abstraction
数学における（in Mathematics）――　38〜64
抽象的　Abstract　263
抽象の段階組織　Abstractive Hierarchy　276〜283
――の基盤（Base of）　276
――の頂点（Vertex of）　278
――の連結（Connexity）　277
無限的（Infinite）――　277
有限的（Finite）――　277
直視　Envisagement　180〜182
――の三つの型（Three Types of）　181
段階づけられた――（Graded）　293
出来事　Event　109, 117, 120〜122, 159, 160, 177〜180, 202〜215, 294
空虚な（Empty）――　252, 253
現実の（Actual）――　178
充実した（Occupied）――　252, 253
哲学　Philosophy　4, 149
電子　Electron　60〜64, 123, 135, 222
ドイツ　Germany　70, 168, 242
同位元素　Isotopes　306
同時性　Simultaneity　208
道徳的責任　Moral Responsibility　133
トレント会議　Council of Trent　19

な　行

内的関係　Internal Relations　208, 209, 264〜274　→外的関係
内的実在　Intrinsic Reality　177　→外的実在
認識　Cognition　115

は　行

配列　Configuration　31, 32, 51, 71, 78, 85, 86
パースペクティブ　Perspective　116, 255
発明　Invention　166, 167
パドヴァ大学　University of Padua　70
反復　Reiteration　178, 179, 223, 224
悲劇　Tragedy　21, 22

索　引

さ　行

最小作用　Least Action　104, 181
逆らい難い恩寵　Irresistibl Grace　128
搾出法　Method of Exhaution　52
三角法　Trigonometry　52〜54, 56
時間　Time　203〜215
時間化　Temporalization　214, 215
自己超越　Self-transcendence　154
自己超越体　Superject　272, 273
自然淘汰　Natural Selection　189
自然の秩序　Order of Nature　11〜13, 21, 34, 50, 55, 68, 87, 123
自然法則　Law of Nature　55, 123, 183
思想の風土　Climate of Opinion 11
持続　Duration　211〜215, 227〜229
実現　Realisation　116
　——活動力（Energy of）　117, 180
　——の透明性（Translucency of）　282
実在的共存　Real Togetherness　178〜180, 248, 272, 279
実在的存在　Real Entity　254〜256
実在論　Realism　155
　暫定的（Provisional）——　120, 155　→観念論
実体　Substance　87〜94, 210　→性質
実体的活動力　Substantial Activity　183, 273　→基底的活動力
質量　Mass　78〜82, 175
質料　Matter　272
周期性　Periodicity　55, 56, 62〜64
周期律（メンデレーエフ）　Periodic Law（Mendelejev）　173
宗教改革　Reformation　18
重力　Gravitation　78, 208
主観主義　Subjectivism　151〜156　→客観主義
進化　Evolution　158, 159, 173
振動　Vibration　224〜229
振動数　Frequency　218〜220
振動的な有機体的変形　Vibratory Organic Deformation　221〜227
進入　Ingression　117, 263
真の命題　True Proposition　265
心理学　Psychology　105, 122
数学　Mathematics　16, 17, 38〜64
　応用（Applied）——　45
　純粋（Pure）——　38, 45
スコラ神学　Scholatic Divinity　24
ストア哲学　Stoicism　22, 24
生気論　Vitalism　134, 135, 176
性質　Quality　87〜91　→実体
精神　Mind　93, 94
生存競争　Struggle for Existence　189
生物学　Biology　70, 71, 105, 176
生命　Life　71
積分法　Integral Calculus　52
絶対者　The Absolute　106, 158
専門化　Professionalism　323〜327
相　Aspect　116, 177〜188
創造性　Creativeness　190
相対性　Relativity　81, 82, 199〜215
創発　Emergence　159, 173, 177, 184, 294
速度　Velocity　78, 199〜201

形　Shape　108
価値　Value　151, 160, 268, 294
過程　Process　120
可能態　Possibility　265
可分性　Divisibility　212
神　God　17, 103, 158, 287〜296
　具体化の原理（Principle of Concretion）としての——　289, 295
感覚的客体　Sense-Object　117
環境　Environment　187
関係的本質　Relational Essense　264, 271, 272　→個別的本質
感受　Sensitiveness　328
感性的綜合（態）　Aesthetic Synthesis　268, 269
観念論　Idealism　106, 155　→実在論
記憶　Memory　87
機械論　Mechanistic Theory　85
幾何学　Geometry　40〜42, 50〜52
技術　Technology　165〜174, 190
基底的活動力　Underlying Activity　117, 180, 181, 183〜185　→実体的活動力
帰納　Induction　44, 73〜77
客観主義　Objectivism　151〜156　→主観主義
教育　Education　325〜332
距離　Distance　206, 207
ギリシア　Greece　16〜18, 21, 22
空間　Space
　物理的（Phisical）——　42
空間化　Spatialisation　86, 211, 244
空時　Space-Time　83, 84, 97, 107〜121, 198〜215, 266, 267
　——の分離的特性（Separative Character）　107
　——の抱握的特性（Prehensive Character）　107
　——の様態的特性（Modal Character）　107
具体者置き違いの誤謬　Fallacy of Misplaced Concreteness　86, 98
契機（現実契機）　Occasion（Actual Occasion）　46〜49, 261〜283, 289〜295
　——の集合体（Community of）　77
　——の連結性（Connectedness）　280
　経験の（of Experience）——　46
　直接（Immediate）——　47, 75〜77
芸術　Art
　——における自然主義（Naturalism in）　29
　中世の（Medieval）——　26
形相　Form　272, 273
結合した段階組織　Associated Hierarchy　280, 282
決定論　Determinism　133
現在　Present　291, 292　→過去、未来
原子　Atom　171〜173
現実化　Actualisation　264
原動者　Prime Mover　287〜289
合理主義　Rationalism　19〜34, 68
個別（体）的本質　Individual Essense　48, 263　→関係的本質
孤立系　Isolated Systems　79, 80
根原的要素　Primordial Element　62

ワーズワース，ウイリアム
29, 131, 138, 139, 141〜144, 146〜148, 150, 151, 157, 160
ワット，ジェイムズ　166

事　項

あ　行

アラビア算術の記数法　Arabic Arithmetical Notation　52
或る　'any, Some'　271
イタリア　Italy
19, 20, 26〜28, 33, 70
位置移動　Locomotion　220, 221
振動的（Vibratory）——
221, 223, 224
引数　Arguments　54
宇宙論　Cosmology　3, 4, 8
運動　Motion
——の法則（Laws of）　78〜82
運命　Fate　21
永遠　Eternality　149
永遠的客体　Eternal Object
150, 151, 177〜181,
184, 188, 262〜283, 289〜293
——の孤立（Isolation）　272
——の成分（Components）　274
——の分析的特性（Analytical Character）　270, 274, 292
——の領域（Realm of）
180, 266, 293
単純な（Simple）——　275
複合的な（Complex）——
274, 275
エジプト人　Egyptians　28, 53
エーテル　Ether　221
エネルギー　Energy
219, 220, 225, 226, 252, 253
——の恒存（Conservation of）
175
物理学の（Physical）——
62〜64
エポック　Epochs　211
エポックをなす持続　Epochal Duration　212〜214, 229
円錐曲線　Conic Sections　52
延長　Extension　211, 212
王立協会　Royal Society　21, 53, 87
オーガニズム　Organism　31
→有機体

か　行

外延量　Extensive Quantity　212
外見上の現在　Specious Present
179
外的関係　External Relation
265〜274　→内的関係
外的実在　Extrinsic Reality　178
→内的実在
科学運動　Scientific Movement　18
科学的唯物論　Scientific Materialism　32
過去　Past　291, 292
→現在、未来
仮想仕事　Virtual Work　104
加速度　Acceleration　82

マ　行

ヤ　行

ラ　行

ワ　行

索　引

タ　行

ナ　行

ハ　行

索　引

人　名

ア　行

カ　行

サ　行

中公
クラシックス
W97

科学《かがく》と近代世界《きんだいせかい》

ホワイトヘッド

2025年1月10日発行

訳　者　上田泰治
　　　　村上至孝

発行者　安部順一

印　刷　TOPPANクロレ
製　本　TOPPANクロレ
DTP　平面惑星

発行所　中央公論新社
〒100-8152
東京都千代田区大手町 1-7-1
電話　販売 03-5299-1730
　　　編集 03-5299-1740
URL https://www.chuko.co.jp/

訳者紹介

上田泰治（うえだ・たいじ）
1918年生まれ。京都帝国大学文学部卒業。哲学者。京都大学名誉教授。著書に『知性と宗教』『ベーコン』『論理学』など。訳書にヘーゲル『近世哲学史』などがある。1992年死去。

村上至孝（むらかみ・しこう）
1910年生まれ。京都帝国大学文学部卒業。英文学者。大阪大学名誉教授。著書に『笑いの文学』『イギリス・ロマン主義の黎明』など。訳書に『ギボン自叙伝』、スペンダー『創造的要素』（共訳）などがある。1987年死去。

Published by CHUOKORON-SHINSHA, INC.
Printed in Japan　ISBN978-4-12-160186-5　C1210

■「終焉」からの始まり
――『中公クラシックス』刊行にあたって

二十一世紀は、いくつかのめざましい「終焉」とともに始まった。工業化が国家の最大の標語であった時代が終わり、イデオロギーの対立が人びとの考えかたを枠づけていた世紀が去った。歴史の「進歩」を謳歌し、「近代」を人類史のなかで特権的な地位に置いてきた思想風潮が、過去のものとなった。

人びとの思考は百年の呪縛から解放されたが、そのあとに得たものは必ずしも自由ではなかった。固定観念の崩壊のあとには価値観の動揺が広がり、ものごとの意味を考えようとする気力に衰えがめだつ。おりから社会は爆発的な情報の氾濫に洗われ、人びとは視野を拡散させ、その日暮らしの狂騒に追われている。株価から醜聞の報道まで、刺戟的だが移ろいやすい「情報」に埋没している。応接に疲れた現代人はそれらを脈絡づけ、体系化をめざす「知識」の作業を怠りがちになろうとしている。

だが皮肉なことに、ものごとの意味づけと新しい価値観の構築が、今ほど強く人類に迫られている時代も稀だといえる。自由と平等の関係、愛と家族の姿、教育や職業の理想、科学技術のひき起こす倫理の問題など、文明の森羅万象が歴史的な考えなおしを要求している。今をどう生きるかを知るために、あらためて問題を脈絡づけ、思考の透視図を手づくりにすることが焦眉の急なのである。

ふり返ればすべての古典は混迷の時代に、それぞれの時代の価値観の考えなおしとして創造された。それは現代人に思索の模範を授けるだけでなく、かつて同様の混迷に苦しみ、それに耐えた強靭な心の先例として勇気を与えるだろう。そして幸い進歩思想の傲慢さを捨てた現代人は、すべての古典に寛く開かれた感受性を用意しているはずなのである。

（二〇〇一年四月）

中公クラシックス既刊より

方法序説ほか
デカルト
野田又夫ほか訳
解説・神野慧一郎

「西欧近代」批判が常識と化したいま、デカルトの哲学はもう不要になったのか。答えは否である。現代はデカルトの時代と酷似しているからだ。その思索の跡が有益でないわけはない。

省察　情念論
デカルト
井上庄七ほか訳
解説・神野慧一郎

デカルト道徳論のかなめは欲望の統御にあり、「高邁」の精神こそはあらゆる徳の鍵である。形而上学的次元における心身二元論と日常的次元における心身合一とをつなぐ哲学的探究。

エティカ
スピノザ
工藤喜作／斎藤博訳
解説・工藤喜作

ユークリッド幾何学の形式に従い、神と人間精神の本性を定理と公理から〈神即自然〉を演繹的に論証する。フィヒテからヘーゲルに至るドイツ観念論哲学に決定的な影響を与えた。

人性論
ヒューム
土岐邦夫／小西嘉四郎訳
解説・一ノ瀬正樹

ニュートンの経験的実証的方法を取り入れ、日常的な経験世界の観察を通して人性の原理を解明し、その人間学の上に諸学問の完全な体系を確立しようとした。イギリス古典経験論の掉尾を飾る書。

中公クラシックス既刊より

モナドロジー 形而上学叙説

ライプニッツ
清水富雄ほか訳
解説・下村寅太郎

全哲学史を通じて最大の博学博識の思想家といわれるライプニッツ。その思想は、多元的、発散的、流動的なものの中に、すなわち多様そのものの中に、「調和」をもとめるものだった。

神学大全I II

トマス・アクィナス
山田晶訳
川添信介補訳・解説

西洋中世の精神世界に聳立した「聖なる教」。「神」とは何か。存在するのか。神を巡るさまざまな回廊を最大のスコラ哲学者トマスが先導しながら遺した畢生の大作。

意志と表象としての世界I II III

ショーペンハウアー
西尾幹二訳
解説・鎌田康男

ショーペンハウアーの魅力は、ドイツ神秘主義と18世紀啓蒙思想という相反する二要素を一身に合流させていたその矛盾と二重性にある。いまその哲学を再評価する時節を迎えつつある。

法の哲学I II

ヘーゲル
藤野渉／赤沢正敏訳
解説・長谷川宏

「ミネルヴァの梟は黄昏を待って飛翔する」。哲学を指すこの有名なフレーズは、ヘーゲル最後のこの主著の中に出てくる。法とは正義のこと、本書はまさしく社会正義の哲学といえる。